高庆奎评传

封杰　高剑秋　著

中国工人出版社

高庆奎

《珠帘寨》，高庆奎（右）饰李克用，樊春楼饰周德威

《汾河湾》，高庆奎（右）饰薛仁贵，程砚秋饰柳迎春

《失街亭》，高庆奎饰诸葛亮

《四郎探母》，高庆奎饰杨延辉

《铡判官》
高庆奎（右）饰包拯
郝寿臣饰五殿阎君

《赠绨袍》
高庆奎（右）饰范雎
李春恒饰须贾

《浔阳楼》，高庆奎（右）饰宋江，李慧琴饰阎婆惜

《三戏白牡丹》，高庆奎（右）饰吕洞宾，王兰芬饰白牡丹

《哭秦庭》，高庆奎饰申包胥

《煤山恨》
高庆奎（右）饰崇祯
高韵笙饰皇子

《生死板》
高庆奎（右）饰刘子忠
高盛麟饰刘定生

《史可法》
高庆奎饰史可法

《信陵君窃符救赵》
高庆奎饰信陵君

序 言

我生长在一个京剧世家，祖父高四保，父亲高庆奎，兄长高盛麟、高世泰、高世寿，高家三代在京剧界可称得上是一门英才。京剧伴随我一路成长，在父亲的影响和教诲下，我在京剧舞台上实现了自己的艺术人生。岁月漫长，我见证了父亲高庆奎为中国京剧艺术作出的杰出贡献被载入史册。当《高庆奎评传》的书稿摆在我面前时，伴随着深深的思念，我的情感记忆通道被打开，我们可以感受到一位艺术大师的个人魅力和艺术成就。父亲一生的精力都用在京剧的演出创作上，他创立的京剧高派艺术和经典剧目，成为我国京剧老生流派重要的一部分。

父亲去世那年我 13 岁，正在京剧富连成科班学艺。1942 年 2 月 4 日，父亲带着对京剧事业，对家人、亲友的深深眷恋离我们而去。在家里兄弟中，我年龄最小，父亲非常疼爱我，我从小就跟随在父亲身边。有时他到谭鑫培、杨小楼、梅兰芳、程砚秋、尚小云等人家里做客总是带上我，他演出时也会带上我。我 5 岁时便登台与父亲一同演出《汾河湾》，在戏中扮演薛丁山。后来，我还在父亲和程砚秋、尚小云等名家主演的《三娘教子》《汾河湾》《明末遗恨》《铁莲花》等戏中扮演娃娃生。其实，我父亲最初也是扮演娃娃生的，他幼时坐科庆祥和科班，师从贾丽川、贾洪林学文武老生，12 岁登台为谭鑫培配演娃娃生，后曾搭班杨小朵“翊文社”、刘鸿声“陶永社”、谭鑫培“同庆社”、俞振庭“双庆社”演出。

本书以时间为线索，以史实为基础，讲述了父亲高庆奎人生中的重要演出阶段和成长历程，反映了他从拎着靴包开始，奔波在不同戏班跑龙套，边搭班、边唱戏、边学艺，到后来博采众长创立了京剧高派艺术的历程。作者通过翔实的史料，将高庆奎“学演戏，先学做人”的人格魅力和艺术成就，真实、生动地展现在读者面前。

父亲高庆奎是京剧高派老生艺术创始人，京剧“四大须生”之一，原籍山西榆次，生于北京，祖父高四保（士杰）为清末京剧著名演员。20世纪30年代，父亲高庆奎与余叔岩、马连良被誉为老生“三大贤”。提起父亲，必须要说他的京剧代表作“三斩一碰”。“三斩一碰”就是《斩黄袍》《斩马谡》《辕门斩子》《碰碑》。再就是家喻户晓的高派经典剧目《逍遥津》，剧中的高派唱腔“父子们在宫院伤心落泪”一段演绎得精彩绝伦，成为经典中的经典，是京剧唱腔中一座无法逾越的高峰，堪称京剧老生声腔艺术的典范。著名戏曲作家、理论家、教育家翁偶虹曾用16个字来概括高派演唱艺术，那就是“高亢嘹亮，奔放洋溢，痛快淋漓，一气呵成”。父亲创立的高派，是在演出实践中学习众多名家的演唱特点发展而来。他在演唱初期宗谭派，嗓音复原后，更加甜脆宽亮，高亢激越，音色丰富。随之，他又吸收孙菊仙、刘鸿声的演唱特点，并借鉴老旦龚云甫、花脸裘桂仙之唱法，融会贯通，加以创新。父亲曾和杨小楼、谭鑫培、王瑶卿、梅兰芳、程砚秋、尚小云、荀慧生、金少山、侯喜瑞、余叔岩、言菊朋、马连良、郝寿臣等诸多名家合作过，从各派艺术中汲取营养，创立了独具风格的艺术流派——高派。20世纪30年代末期，他因嗓疾渐渐退出京剧舞台。

有些人认为父亲高庆奎创立的“高派”就是调门高，这是一种误读。高派艺术除唱腔高亢激越外，还在于能演武生、花脸、老旦等几种不同行当的角色。他的演唱神完气足，一气呵成，尤其善用大气口，以长腔拖板的唱法抒发人物感情，以求达到声情并茂的艺术效果。他的念白铿锵有力、顿挫有致，做功深刻细致，精于表情，并且他的唱念多用京字京音。在京剧界，人们给他起了个外号叫“高杂拌”。意思就是说，高庆奎会的多、会的广，戏路子宽。父亲在舞台上扮演人物，能从人物的内心出发，或粗犷、或细腻、或质朴、或洒脱、或含蓄。著名京剧表演艺术家、戏曲教育家孙盛文曾这样高度评价父亲的表演艺术："在京剧界，高庆奎就是中国的斯坦尼斯拉夫斯基。他身段讲究，表情细致，尤其眼神的运用更为传情。"父亲在20世纪二三十年代就已经相当注意把握人物的刻画，在身份、神态、情绪、性格等方面也有了一定造诣。他刻画的人物栩栩如生，这对一个京剧演员来说，确实很不简单。他体验着剧中人物的内心世界，力求做到形神兼备。

父亲曾先后搭班谭鑫培、杨小楼、王瑶卿、梅兰芳、尚小云、俞振庭等名家领衔的戏班，可以说北京城里的戏班他都搭过，什么样的角色他都演过。在与众多有影响力的名家的合作中，不拘角色大小，他都会努力学习。他有一个著名的"三不争"原则，即不争主角配角，不争戏码前后，不争戏份多少。凭借这个"三不争"原则，父亲深得京剧界班社欢迎。父亲在由搭班、唱边配、演二路，到能唱正戏、挂头牌、自己组班这一历程中，得到了俞振庭、杨小楼、梅兰芳的提携和扶持，也因他虚心做人，不计得失，刻苦钻研和坚忍不拔，最后走上了成功之路。

父亲成名之后，最重视艺德，以艺为重，以德为先。虽然他已经是挑班演出的头牌演员，有时自己的身体不适，但为了几十人的全班演职员的生计考虑，他从不回戏，甚至撑着带病的身体上台演出。在父亲高庆奎和与郝寿臣的合作演出中，父亲常常演出独挑的大戏《探母回令》《哭秦庭》《浔阳楼》《重耳走国》等，但他从不多拿戏份。也有人讲，以戏论酬，高庆奎应该多拿郝寿臣戏份的一倍，但父亲不以为然。这些都说明了父亲身上有"宁叫艺压钱，不叫钱压艺"的道德观，有渗透于他的心灵之美。无论与哪位演员合作，父亲都尽力发挥合作者的长处。郝寿臣演曹操最出名，与郝寿臣合作时，父亲就把曹操戏放在主要位置，如《捉放曹》《群英会》《青梅煮酒论英雄》等。父亲还是一位豁达、直爽、热心肠的人，对同行的接济，一向义气慷慨。

1932年，东北沦陷，国家面临着危难。此时，父亲创作了一批有着家国情怀的爱国戏，激发了观众的爱国热情，比如，他演出的新剧《煤山恨》，传递着爱国主义的情感，引起了人们强烈的共鸣。这期间，他还演出了《史可法》《睢阳城》《杨椒山》等好几出脍炙人口的新剧。《哭秦庭》《赠绨袍》《豫让桥》《重耳走国》《吴越春秋》《八义图》等新剧大都充满着爱国情怀，讲述富有民族气节、爱国思想的历史故事，表现了忠贞不屈、慷慨激昂，鼓舞了人心，是感情充沛的京剧艺术作品，达到了思想性与艺术的高度统一。在“九一八”事变后，父亲更是积极参与义务戏演出，以支援前方抗日。1932年，父亲与荀慧生等多次义演《翠屏山》等剧目。1933年2月1日，父亲专门为“榆关抗战”前方将士举行了一场专场义演，并把演出收入全部募捐出来。特别是出演《杨椒山》一剧时，观众反响强烈，激发了他们的爱国热情。当时报界评论《杨椒山》是“浩气薄云、忠烈史戏”。父亲不仅以身作则激发观众的爱国情怀，还利用自己的影响力来弘扬爱国精神。他时刻关心着国家安危，也关心着他的戏班演员和他们的家庭，体现了一位京剧大师应有的家国情怀和责任担当。今天看来，父亲留给我们后人的不仅是一份艺术财富，更是一份宝贵的精神财富。

父亲创立的高派表演艺术，不但展现了他自己的艺术魅力，也展现了我国京剧的独特魅力。1950年3月1日，我曾在沈阳为访问苏联回国的毛泽东主席演出京剧《水帘洞》。在得知我是高庆奎的儿子时，毛主席对我讲：“你父亲高庆奎演唱的《逍遥津》，我都能一字不落地背出来。高派嗓音高亢，他的演唱一气呵成，善传悲怆激昂之情，他创造了高派艺术，我非常喜欢高派。”高派创作的爱国戏剧，核心内涵是家国情怀。这些作品最能体现他对国家和民族的崇高责任感和对京剧事业的满腔热忱。父亲在得病期间，将自己的表演艺术传授给年轻人，不仅培养了李和曾等京剧界杰出人才，也为京剧历史留下了值得珍视的一页。高派艺术在李和曾、白家麟、李盛藻、李宗义、沈金波等老一代京剧艺术家手中得到继承和发展，并在辛宝达、吴平、倪茂才、李文林等新一代京剧艺术家的共同努力下，得到进一步传承、弘扬和发展。这是高派艺术的魅力，也是中国京剧独有的魅力。

2015年8月1日，国家艺术基金资助项目——京剧高派艺术人才培训班在吉林省开班，这是国家艺术基金设立三年来资助的首个京剧人才培养项目。高派艺术，薪火相传。《高庆奎评传》的出版，能让人们更加清晰地认识高庆奎、了解高庆奎。父亲创立的京剧高派艺术，是我国京剧艺术宝贵的文化遗产，是值得代代传承的精神财富。这种传承，是一股精气神，是一种力量，更是社会责任与担当。

高庆奎之子　高韵笙

目　录

C O N T E N T S

第一篇　家世与师承 001
一、“丑圣”高四保 003
二、父子同台演出 006
三、高四保的寿诞与哀荣 008
四、开蒙学戏与授业恩师 011
五、从跑龙套到演话剧 015

第二篇　舞台崭露头角 021
一、搭班唱戏 023
二、崭露头角 025
三、“三不争”原则 028
四、成为名伶 030
五、初唱大轴 032
六、替“师”演出 036
七、和梅兰芳排新戏 037
八、继承贾洪林衣钵 040
九、向着正角努力 043

十、日本巡演受好评 045
十一、刘、谭戏皆唱 051

第三篇　沪上演出精彩纷呈 059
一、首次赴沪万事俱备 061
二、一炮而红 063
三、在丹桂第一台的演出 067
四、在沪唱红《珠帘寨》 070
五、丹桂第一台的新戏 074
六、回京初挂头牌 077
七、首赴上海亦舞台 081
八、《戏迷传》生旦净丑一肩挑 085
九、第一出高派私房戏《胭粉计》 088

第四篇　庆兴社的黄金时代 091
一、成立庆兴社 093
二、再赴上海亦舞台 096

三、再组庆兴社 098
四、与程砚秋的合作 104
五、整理本戏《鼎盛春秋》 107
六、在北京演海派戏 110
七、三组庆兴社 114
八、从《乐毅伐齐》《梨花计》到《芦花河》 116
九、演了一年半的连台本戏 120

第五篇 “三斩一探”高派艺术形成 129
一、组成玉华社 131
二、为天蟾舞台做开幕演出 141
三、班社几经改组 147
四、沪上剧坛夺锦标 155
五、初组庆盛社 162
六、上海演出连台本戏 169
七、再组庆盛社 177
八、荣记大舞台与杜祠堂会演出 183

九、三组庆盛社 191
十、同梅兰芳在天蟾合作 198
十一、四组庆盛社 204
十二、上海黄金大戏院演出 212

第六篇　最后的岁月 223
一、告别舞台 225
二、编演爱国救亡新戏 233
三、组成高家班赴沪 238
四、最后的岁月 244

附　录　高庆奎演出主要新创（整理）剧目 250

后　记　高派艺术　天意铸分 270

第一篇

家世与师承

一、“丑圣”高四保

20世纪三四十年代的中国，京剧开始兴盛，后迅速红遍全国。这时，人们的主要娱乐方式是看大戏，也就是京剧。因此，北京的戏园多、演员多。在京剧生、旦、净、丑四大行当中，尤以老生演员人数众多，而高派创始人高庆奎便是其中的佼佼者。

高家几代人见证了京剧从诞生到兴盛的发展历程，高庆奎身处其中，完成了他的艺术人生之旅。那么，高庆奎是如何从一位龙套演员走上挑班之路，又如何成为“四大须生”，再如何成为受到观众欢迎与敬仰的京剧革新家及爱国艺术家的？这一切，都要从高庆奎的家世开始讲起。

清朝嘉庆、道光年间，山西商贾闻名于世。祖籍山西的高庆奎祖上是众多晋商中的一员，常往返于北京与山西经商。到了高庆奎的祖父高文桂，开始经营戏箱的租赁业务。此时的京师花雅齐奏，粉墨繁盛。高文桂结识了有“京剧鼻祖”之称的程长庚，彼此交往深厚。随着程长庚演出业务的发展，高文桂便以分账的方式，加入了程长庚戏班，为他办理事务的同时，还和朱廷贵一起为程长庚扮戏。

程长庚对后台的规矩定得十分严格。如在演出前，程长庚有个“两不一准”原则，就是他扮戏、候场的时候不闲聊、不见客，只准许约堂会的管事到后台见他。不过，他有两次破例了。其中有一次，高文桂把家中无人照看的年幼的儿子高四保悄悄带到后台。不想生性好动的高四保，嘴里一边念着丑行［数板］，一边跑跳，正巧撞到程长庚。而程长庚见此不但没恼，反而露出喜爱之情，并允许高文桂以后可以带着儿子到后台玩。由于幼年的高四保时常口中有词，又聪明活泼，每每来到后台便惹人喜爱。根据高四保活泼好动的性格和口齿伶俐的特点，程长庚建议高文桂将他送到科班。就这样，高文桂便将儿子送进小和春科班学习丑行。

高四保出生于1857年10月17日（清咸丰七年）。12岁进入小和春科班，学习小花脸。出科不久经程长庚引荐，搭入由大名鼎鼎的张二奎与大奎官组班而成的双奎班和由俞菊笙、余玉琴、陆华云、贾丽川、胡喜禄、陈德霖、迟韵卿等人集资组成的福寿班。1905年（光绪三十一年），还搭入由陆华云、胡素仙在三庆园组成的长春班。

由于高四保出科搭班就能搭入两家清末著名班社，再加上后来长期与诸多名家配戏，因此到了民国初年，高四保在梨园行也算得上颇有资历的丑行老艺人了。谭鑫培、梅兰芳等当时最具声望的名家，都邀请高四保同台演出。谭鑫培早期演出的《乌盆记》等戏都是由高四保配演的。因此，后来很多丑行演员也以投入高四保门下为荣。著名坤丑梁花侬十分渴望拜高四保为师。有一次，高四保与梁花侬同台演出。散戏后，在后台卸妆的梁花侬强烈恳求拜高四保为师。这时，后台的同行都围拢过来，极力撮合这段师徒之缘。颇爱打趣的高四保提出跟梁花侬打赌，比一比谁的脑袋硬，如果他输了就收梁花侬为徒。原来，高四保在行内有“铁头”之称。高四保与梁花侬脑门对脑门，连撞三次下来，没承想梁花侬的脑门儿比他的还硬，而且不嫌疼，于是高四保就收了梁花侬为徒。择日，梁花侬在李铁拐斜街的德兴堂饭庄举办了正式的拜师宴。

正是高四保几十年在舞台上的摸爬滚打，才造就了他精湛的剧艺，赢得了“丑圣”之美誉。高四保出科后与余玉琴、路三宝、谭鑫培等先后合演于同庆、春台、福寿等班社，这为他积累了丰富的演出经验。此外，高四保还善于饰演彩旦。像丑行的吃功戏《祥梅寺》，尤以高四保的演出最为精彩，此戏他师从前辈王二立。

到了民国初年，即使高四保已年过六旬，但仍有新人请他来撑台。青年梅兰芳每排演一出新戏，必有高四保坐镇。例如，高四保在《牢狱鸳鸯》

中饰演的县官端坐堂上，对姜妙香饰演的卫如玉严刑逼供。可是，卫如玉由于自身清白，硬是不招认诬告。最后，县官气急败坏地冲着卫如玉道："你不肯招，也得叫你招，才好了了这场官司！"话音刚落，台下一位老者冷不防地跳到台上，指着高四保大骂："卫如玉没有杀人，为什么把他屈打成招！你这狗官，真是丧尽天良，我打死你这王八蛋。"怒吼完，老者冲上台挥起拳头就朝高四保打去。高四保一时没反应过来这是什么情况，本能地一猫腰躲到桌子底下。跪在地上的姜妙香此时也是进退两难，本想去劝慰老者，可是他身为"犯夫"，如果站起来，这台戏就没法唱了。于是，他只能继续跪着。此时，后台管事忙上台将老头拉了下去，边拉边解释道："这是做戏，不是真事，您别生气。"即便管事不住地劝解，老人家还是一个劲儿地大骂："狗官，混账，可恶！"老人家被拉走后，高四保仍心有余悸。梅兰芳则激动地表示："这只能证明您演得太像了，台下观众才动真火。"

高四保为人忠厚谦和，救人急难，对名利从不计较。有文章称："高四保随余玉琴、路三宝多年，人极和平，遇事不争，谦让有礼，尤好诙谐，内外行多乐与其亲近，与名票载君阔亭有金兰之交，载每演拿手戏之《绒花计》，必须高配公子。世杰所演之剧，时与阔亭研究。"①

在舞台上，高四保照应同行，讲究艺德。言菊朋首次彩唱登台是在为一所小学筹款的义务戏上，戏目定的是高四保和言菊朋合演《奇冤报》。演出当天，言菊朋早早地来到地安门外杏花天德泉园。戏园子里除了班底，其他人还没到，没有彩唱经验的言菊朋来早了。不久，高四保来到戏院。他告诉言菊朋拿捏扮戏与登台时间的分寸，还教授言菊朋扮戏时勒网子、吊眉毛等细节。在表演时，高四保也托着言菊朋，二人配合得严丝合缝。言菊朋对首次彩唱经历印象深刻，时常谈起此事。这也对后来高四保之孙、高联奎之子高晋卿为言菊朋操琴留下一段缘分。

---

① 1930 年 9 月 4 日《新晨报》。

二、父子同台演出

高四保娶姜氏为妻，虽然他的岳父并非梨园行中人士，但是岳父选婿很有特点：长女许配王长林，次女许配高四保，三女许配慈瑞泉，四女许配周三元。这四位女婿都是清末民初的名丑。

1890 年 6 月 15 日，妻子姜氏为高四保生下了长子高庆奎。夫妻二人十分高兴。为长子取个什么名字呢？高四保是一名艺人，注重艺德和人品的他给长子取名“高子君”，希望儿子成为一名德行深厚之人。

民国时期，人们取名字依然沿袭着中国千年的姓名传统。除了“姓氏”一代代地传下去，起了“字”还得有“名”。高四保为长子取名为“镇山”。这里面饱含着高四保对儿子的殷殷期盼：一方面，他希望儿子的品格能够像太行山一样坚不可摧；另一方面，由于其祖籍是山西榆次，他希望儿子起码能够在山西成为响当当的人物。

高庆奎便装照

在高庆奎出生两年后，高四保有了次子，但由于难产不幸夭折。后来，其妻生下第三子，即高联奎。伴随着两个儿子渐渐长大，高四保又有了女儿。他就此便把大部分精力用于培养后代上。

1897 年，高四保把 7 岁的高庆奎送进学堂念书，随后又为他请老师，让他进科班学戏。不过，学演戏得先学做人，高四保在平时潜移默化地将做人的道理传授

《琼林宴》，高庆奎饰范仲禹

给高庆奎。最令人玩味的是高四保和高庆奎同台演出的那段时光。能与儿子同台演出，高四保的心里自然十分高兴，插科打诨起来也就更加自如了。当时高庆奎尚在搭班演出阶段，也就 20 多岁。1917 年的秋天，在文明园演出《琼林宴》，高庆奎饰演范仲禹，高四保饰演大公差，张文斌饰演二公差。当范仲禹从箱子里出来后，大公差说："这不是人，这是海怪。"二公差应："何以见得？"这时，高四保抓哏："我养活他二十多年，我还不知道他的来历吗？"神志不清的范仲禹指着二公差说："姣儿。"张文斌妙语连珠："我可没有这样的大孙子，没这样的造化。"紧接着，范仲禹又转向大公差说："你是我的妻啊？！"高四保皱眉摇摇头，连忙摆手说："老子当作老婆，世事真是改良啦！"等范仲禹僵卧在地上，二公差要用棒子打他时，饰演大公差的高四保急忙制止二公差，说："别打死他，我还没有孙子哪。"现场的观众和后台演职员看到高四保现场跳出又跳入的剧情滑稽幽默，纷纷开怀大笑起来。

1922 年 9 月出版的《戏杂志》写道："高四保，都下名丑也，有子庆奎能跨灶业须生颇富时誉，四保以子，故蓄须家居，俨然封翁矣。"1922 年，高庆奎已经自组庆兴社，逐渐成为与旦角并肩的老生演员，父亲高四保的欣慰之情可想而知。高四保为儿子忙前忙后，张罗组班演出。起初，高四保或在后台给高庆奎把场，或在台下就座监督儿子演大轴。后来因为年老腿脚不便，高四保便坐卧家中，为儿子出谋划策。

三、高四保的寿诞与哀荣

1925年10月12日，高庆奎在天津演出刚结束，便立马乘车赶回北京。原来，这是因为高四保的69岁寿诞之日即将到来。高庆奎想，这些年父子俩在梨园界声望渐渐盛大，自己也在老生界立有一席之地，这次父亲的寿诞一定要办得隆重喜庆。回到北京，高庆奎、高联奎兄弟商议，决定把为父做寿的地点选在得兴堂。于是，高氏兄弟便安排人去筹办做寿所需的各项事宜，从寿堂的布置装点、寿宴安排到寿诞所邀请各界人员的名单，都作了精心安排。

高四保（左）与孙子高盛麟便装合影

10月17日清早，从得兴堂前经过的人便看见门口新搭建了一座五彩牌楼。笔韵遒劲的“寿比南山”楷书大字赫然醒目。人们纷纷打听询问，得知是名伶高庆奎之父——老伶工高四保的寿宴在这里举行。贺寿的人们穿过临时搭建的五彩牌楼，便发现前院搭建了一座小舞台，而刘宝全正在表演打鼓，还有曲艺杂技界艺人纷纷等待登场。堂屋内外摆放的是各界人士送来的寿屏、寿联、寿帐。至于数量，当时的《顺天时报》用“无算”形容数量之多。得兴堂楼下及寿堂内招待女宾，楼上招待男宾。来贺寿的人除了北京梨园界等各界人士，还有不少从上海、天津专程赶来的人。

当时有报纸记载，做寿当天的高四保精神极佳，眼看两个儿子渐渐出息，把自己的69岁寿诞办得这么隆重，一时喜不自禁。侯喜瑞时年30多岁，他此时通过搭高庆奎的班社，渐渐在花脸行立足。侯喜瑞来到寿堂，见高四保端坐在屋内中间的太师椅上，首先叫了一声“爷们”。由于侯家和高家关系匪浅，这是他对高四保亲切的称呼。然后，他走向前，向高四保行了传统的拜寿礼节。侯喜瑞礼毕起身后，也不知众人中是谁脱口而出“大花脸给小花脸叩头了”。①

高四保在71岁的时候忽然患了腿脚麻木的病症，经过调治有少许好转。不过，到了第二年的4月，他旧病复发，渐渐地不能走路，于是便卧床不起了。在高四保卧床的最后三年，他得到了家人无微不至的照料。高家贤妻孝子的名声，在梨园界受到人们的敬仰，还被剧评人士发表在报纸上。

汪侠公写了一篇《高家之贤妻孝子》：“老龄公高四保年逾七旬，染病三年不能起榻，其老妻及子媳，均逐日侍候不倦，且无一句怨言，非在剧界为难得，及社会如高家者，亦属罕有，谚云，久病床前无孝子，今高伶之老妻，及子媳如是贤德，在伶界可以风矣。”②

高四保在他最后的岁月里，虽然卧床不起，心里却是十分欣慰的。自己培养的两个好儿子，一个成了名角，一个成了名琴师。他的老伴儿和两个儿媳每天对自己悉心照料。1930年8月24日，高四保在这样的心境中，安详地离世了。

高庆奎为父亲举办了隆重的葬礼。人们聚集来为这位梨园行中忠厚老实、人缘极佳的丑行老先生送行。8月26日是“接三”之时，俞振庭、程砚秋、谭小培、郝寿臣、叶春善、茹富兰等高庆奎的搭档，以及郝锦川、

① 1925年10月22日《顺天时报》。

② 1930年4月17日《实报》。

高四保出殡，送库（前排左三为高庆奎）

何卓然等社会人士都前来给高四保送行。

1930年8月30日是高四保的“头七”之日，这天由禅道释送库。当天，何卓然、陆秋岩、汪侠公、清逸居士、程砚秋、郝寿臣、荀慧生、周瑞安、梁华亭、谭小培、尚富霞、张春彦、金仲仁、刘砚亭、文亮臣、马富禄、高登甲、李洪春、陈洪寿、李盛藻、叶盛章等都来参加了送库。①

9月3日是高四保葬礼发引的日子，从辰时开始，三十二杠的队伍从礼士胡同高家本宅出发，往南过东长安街、西长安街、和平门，顺南新华门过臧家桥，经樱桃斜街过梨园会馆门口，入观音寺、大栅栏、都一处，换六十四杠往南，至珠市口往西，经虎坊桥骡马市大街，至菜市口到永相胡同，过官菜园上街、自新路，送殡者有郝寿臣、尚富霞、余玉琴、马富禄、王福山、王又荃、常立恒，王少卿等数十人。②

那个年月，规格高的出殡仪式都要请把纸钱抛得高的“一撮毛”来撒。随行的人都说“一撮毛”这天撒的纸钱格外的高，最高抛到了4丈多。

从高四保的寿诞与哀荣之盛况可以看出，一方面，高四保秉性忠厚平和，在常年的剧艺生涯中结识了诸多故交好友，受到诸多观众的青睐；另一方面，也源于高四保家教有方，儿子高庆奎除了艺事出名之外，还是一位大孝子。当时的梨园行中，有“二奎”以“孝”著称，指的就是高庆奎与扎金奎。《立言画刊》第326期载：“惟庆奎在丰裕后，四保病及死，极

① 1930年9月4日《全民报》。
② 1930年9月4日《全民报》。

尽孝思。”可见高庆奎对父亲的孝顺在当年是有目共睹的，受到了人们的称赞。

“丑圣”高四保将高庆奎教育成为一位品格优秀的人，也将他逐步培养成为一名优秀的京剧老生演员。但高庆奎能成为京剧“四大须生”之一，这恐怕是高四保没想到的。

四、开蒙学戏与授业恩师

1903年的一天，高四保带着高庆奎到照相馆拍摄了一张剧照。高四保之所以觉得要留下影像，是因为儿子不但能登台唱戏，而且能扮演娃娃生，经常和当时的一些京剧名家同台演出。

高庆奎幼年饰杨宗保

此前家里把高庆奎送到私塾读书。可是好景不长，由于家境贫寒，学费凑不上，高庆奎只读了一年书便辍学了。高四保觉得与其让儿子闲在家里，不如让他学戏，将来还能早点立世养家。登台之初，高庆奎在梨园公会（天乐堂）为谭鑫培、王瑶卿合演的《汾河湾》中扮演薛丁山。凡是有需要人饰演娃娃生的戏，高四保都不遗余力地推荐高庆奎。当时，舞台上《桑园寄子》中的邓方，《朱砂痣》中的韩天赐，《铁莲花》中的定生，《取帅印》中的秦怀玉，《三娘教子》中的薛倚，这些娃娃生高庆奎都饰演过。据红豆馆主回忆，肃王府有一次举办堂会，高庆奎曾与他配演过《桑园寄子》的娃娃生。经高四保介绍，这时的高庆奎在同庆社饰演娃娃生。虽然年纪小，但是高庆奎演得很认真，演职员和戏迷都非常喜欢这个小演员。

由于高四保长年与梅巧玲配戏，因此两家十分相熟。一次，高四保和梅巧玲聊起梅兰芳学戏的情况。梅巧玲告诉他，给梅兰芳请的老师吴菱仙，每天早晨五时就把梅兰芳从被窝里叫起来，带他去喊嗓子。一般情况下，吴菱仙先带着梅兰芳从南城遛弯儿到城根脚下或者陶然亭一带，等身体活动开了便开始喊嗓子。回到住处，梅兰芳再练功。高四保觉得梅家督促梅兰芳练功这么严格，自己对高庆奎也不能懈怠。虽然高庆奎经常唱娃娃生，不过真要干这行，还得喊嗓子、练功。

于是，每日天刚蒙蒙亮，住在北京东城区古城墙根一带的居民就会听到一阵阵从古观象台城墙根传来的一位少年“咦、咦、咦；啊、啊、啊”喊嗓子的声音。这是高四保带着高庆奎在古观象台一带喊嗓子的情景。督促高庆奎喊完嗓子，父子俩再回家吃早饭。

高四保对少年高庆奎颇为倾力，经常一老一少地来往于陶然亭瑶台与城墙根。他碰到起早喊嗓练功的熟人朋友总要聊上几句。朋友总要向高四保关心起他儿子来，当问起什么时候登台、开蒙老师是谁的时候，高四保总是十分欣悦地说：“幼子的开蒙老师是贾丽川，他已经陪着谭鑫培、王瑶卿在梨园会馆演的《汾河湾》里，演过薛丁山啦！”

虽然高庆奎师出名门，但他是否有过坐科学艺的经历呢？这一点，很少被人提起，甚至在民国时期关于高庆奎的各种记述文章中，都难以找到关于他的坐科痕迹。由于年代久远，今天对于高庆奎到底是否进过科班，又在何处学艺等问题有着不同的说法。高庆奎的好友、剧作家翁偶虹在《鹤唳九霄三代传》文中介绍，高庆奎曾入祥庆和科班。

据《民国戏曲史年谱》介绍，庆祥和科班（1910 年至 1918 年）为北京皮黄、梆子科班，由太监王祥出资，经精忠庙批复组建。该班有学徒 64

名，以“庆”字排名，如梁庆鸿、徐庆虎等。皮黄戏有《铁莲花》《文昭关》《御果园》等，梆子戏有《广泰庄》《回荆州》《花田错》《辛安驿》等。当时，高庆奎比祥庆和科班的学员年龄都要大。因为高庆奎于1912年便正式搭班唱戏，所以他比刚入祥庆和科班的幼童年龄都大是可信的。这样推算起来，高庆奎的坐科只有两年时间，属于带艺坐科。

高庆奎之子高盛麟曾回忆父亲搭入小洪奎科班。小洪奎科班由陈丹仙承办，重视老生人才的培养。

1935年的《全民报》上有一篇关于高庆奎的专访文章。根据文章撰稿人的记述，高庆奎介绍自己早年曾在福寿班学戏。福寿班是高四保当年所搭的两个主要班社之一。福寿班除了演出，还附带成立了福寿科班，培养学员。福寿班成立于1896年春，由迟韵卿、余玉琴、陆华云等组班，阵容齐整，人才济济，其中，老生就有贾洪林、刘春喜、许荫棠，被称为“阵容非常强硬”“屈指可数的大班社了”。[①]

《伶界大王事略》记述：“洪林为福寿堂台柱，上座亦颇不弱。”[②] 由于贾洪林是福寿班的主要演员，再加上高庆奎的开蒙老师贾丽川与贾洪林是叔侄关系，于是高庆奎近水楼台先得月，后来的大多数时间便向贾洪林学戏。高庆奎的父亲高四保又是班中的丑行演员，因此高庆奎能够有幸进入福寿班带艺学戏，专攻老生。这一点，大致是无疑的了。

高庆奎的授业恩师首先要数贾丽川。由于贾丽川对收磕头徒弟十分苛刻，向来都是先收学费，再传艺。而贾丽川能破例收徒，在当时也是一桩奇闻。贾丽川给高庆奎说了《汾河湾》《三娘教子》《铁莲花》等戏。他把一个台步、一个亮相、一个道白都细致地传授给高庆奎。高庆奎的第二位老师是李鑫甫。高庆奎不仅向李鑫甫请教谭派唱腔，还向他学习把子功。

---

① 中国人民政治协商会议北京市委员会文史资料研究委会员：《京剧谈往录续编》，北京：北京出版社，1988年版。

② 吴秋帆：《伶界大王事略》，上海：文艺编译社，1917年版。

随着年岁的增长，高庆奎的领悟能力越发提高，同时又好学、爱模仿，高庆奎对贾洪林的模仿几乎到了乱真的地步。在民国初年的《群强报》中，瘦郎评戏："高庆奎学贾洪林，配角中不可多得之人物也。其年力正富，使其善自保卫，未来之造诣一定不可限量。"

在当时的剧界，模仿贾洪林之老生较多，如高庆奎、雷喜福、马连良、张春彦等，高庆奎恢复嗓音后，为有数之伶人。张春彦颇善研究，被称为"高庆奎第二世"。①

这时，高庆奎每天早起喊嗓子、练功，然后向贾洪林、李鑫甫学戏，每天反复的过程对高庆奎来说并不枯燥。他每次学戏回到家，常常把自己关在屋里。高四保推门进屋，总能发现高庆奎在默戏，复习每次学戏的内容。在这一点上，高四保十分欣慰，他觉得儿子是个学戏的材料。

高庆奎（后）与弟弟高联奎

有了贾丽川、贾洪林叔侄和李鑫甫对高庆奎从唱、念到做、打的传授，高庆奎的基础打得颇为牢靠。高庆奎学戏进步之快，在于他对京剧的痴迷。剧评家们公认高庆奎和平常演员不同的是，对于演戏，除了营生，他还有一种自发的爱好。高庆奎后来编演了大量新戏和本戏，经常演出重头戏也有这层因素，即他自己对演戏有着一种由衷的热爱。

据民国以来各家报刊记载，高庆奎还曾受到过陈嘉梁、吴连奎、

① ［日］波多野乾一：《京剧二百年之历史》，上海：上海启智印务公司，1926年版。

沈三元、朱天祥、刘喜春、陈福胜、李春福、曹允杰等人的教益。综观高庆奎的这些老师，都是清末以来能唱能做、能文能武的名人，而且大都是善于塑造人物形象的老生演员。

高庆奎既得这些名师的真传实授，又有自身的勤奋好学与科班的学戏经历，万事俱备，就等搭班唱戏了。

五、从跑龙套到演话剧

高庆奎到了 16 岁，迎来了京剧演员演艺生涯中必经的一道坎儿——变声了。高庆奎此刻的嗓子变得又干又哑，只能发出很低的音调。这段时间，高庆奎搭入以谭鑫培为主演的同庆社，以底包身份借台学艺。

《连环套》，高盛麟饰黄天霸

翁偶虹回忆：“高家两代人嗓子变声都十分奇特。高庆奎度过了痛苦、漫长的变声期，经过近 10 年时间有了一副高亢激昂的亮嗓子。高盛麟变声期却不长，不过变声后的高盛麟也有了一副又亮又冲的高嗓子。这真的让人叫绝了。”

高盛麟回忆：“父亲高庆奎的变声期的确不同于一般的戏曲演员，他的变声期显得略微长了些。科班毕业后，父亲的嗓子仍然没有倒过来，只能拎着靴包四处搭班赶角。对这一段拎靴包、跑龙套、当底包的经历，父亲从不隐瞒，也不以为耻。在他成名之后，仍然念念不忘，经常襟怀坦白地对别人说：‘我是从跑龙套、当底包开始的，是拎着靴包到处赶场那么走过来的，身上这点能耐，也是从跑龙套那儿攒起来的。’”

人们常说，万事没有捷径可走，只有不畏艰险沿着崎岖山路攀登的人，才有希望达到光辉的顶点。在梨园行也一样，高庆奎要想成为名角，还有很多的路要走。

如果说高庆奎科班的学艺是短暂的，那么其出科后的搭班历程，才是他提高剧艺的真正开始。“父亲在为别的演员跑龙套、演配角的过程中，总是细心地观察那些头牌名角们的表演，暗自模仿学习他们的唱、念、做、打各项艺术技巧。同时，他还把所有演出过的剧目的人物、场次以及各角色出场顺序、位置等都潜心记在脑海里。他不仅注意学习老生行当的剧目和表演技巧，还对其他武生、花脸，以至老旦等行当的剧目和演技也进行研习，用以丰富自己的艺术知识。“每天演出回来，无论多晚，他也要再研究一会儿唱腔，或是再琢磨一会儿身段动作才上床睡觉。”高盛麟回忆道。

为了能借台学艺，高庆奎甚至到了派他什么角色就演什么角色的地步。有一年，王瑶卿排演八本《雁门关》，高庆奎饰演杨八郎的女儿香姐。王瑶卿十分惊讶：这在其他的老生，如非堂会义演反串，是绝不肯为的。高庆奎能饰演这么一个小角色，可见他为了能与前辈名家同台演出、观摩学习的魄力了。

“倒仓”后的高庆奎一边练习武功、研究剧目，搭班充当底包借台学艺，一边做出了一个大胆的举动，登上中国早期新剧舞台——话剧。这一举动，高庆奎事先是和父亲高四保商量过的。

高四保完全是出于对儿子的爱护：如果儿子变声不成，或许走刚刚新兴的话剧这条路也不错。当时，话剧从国外传进来，拥有一批青年观众，对传播新思想、推动社会进步有着一定的贡献。然而，让高庆奎没想到的是，话剧潜移默化地影响了他的舞台艺术道路。从剧目的主题立意到演员对人物的刻画、表演方法等，都深深地影响着高庆奎后来的演艺之路。

在小小新剧社，高庆奎与当时的文化进步人士一同出演新剧。由于有戏曲表演的基础，高庆奎在剧社的表演是得心应手的。在一些现代生活的场景表演上，高庆奎还是下了一番功夫的。不过，最关键的是，话剧以念白为主，没有演唱，演员的肢体表演难度增加。高庆奎和剧社社员一起研究如何通过细腻的肢体动作来刻画人物、表演人物的行走坐卧和思想感情。后来，他就把对人物肢体语言的刻画运用在戏曲舞台上，即使是一些很小的细节，他也不放过。如在《打渔杀家》中，高庆奎饰演的萧恩再次出场时，就生动地做了一个伸懒腰的动作，随后唱出“昨夜晚吃酒醉和衣而卧”，通过这样一个小小的细节就把睡眼惺忪的萧恩形象刻画了出来。

1912 年 2 月，演出新剧的牖民社在北京成立了。观众在《越南亡国惨》《新茶花》《猪仔记》等剧中看到了高庆奎的身影。牖民社的演出地点大多在当时北京孝顺胡同的燕喜堂。参加的社员有高庆奎、冯子昆、史俊民（民国新闻界人物）、史醒民、王辅民、王小民、梅癯癯、伍镜吾、乔银泉、卓小江等。当时的中国尚未出现男女合演的剧团。牖民社缺少饰演女性的演员，高庆奎便介绍学演青衣的诸茹香加入了牖民社。牖民社的演员基本上是义务演出，完全是为了宣传进步思想。剧社只给演员提供便饭和茶水，其余的便没有什么了。当时，牖民社并没有什么资金用于布景等装置，只是用素幔子将后台遮盖起来。虽然演出条件简陋、收入不高，但是高庆奎通过

《打渔杀家》，高庆奎饰萧恩

参与新剧的演出增加了表演经验，而且在他的心中埋下了一颗“思想革新”的种子。

一次，高庆奎正和社员演出《越南亡国惨》，观众中一位法国人铎尔孟突然站了起来，跑到台口向演员提出抗议。会说英语的王辅民和他说：“我们演出不过是要警醒国人，以免酿成亡国惨剧，不是有意和法国人为难。”铎尔孟则叫喊说：“法国对待越南，没有你们演得这样残酷。”双方辩论良久，铎尔孟才罢休。目睹这一事件的高庆奎逐渐意识到，那时演员不仅是一份职业，更有把进步的思想传达给国人、启发民智的责任。作为一名正处在积贫积弱状况的中国人，高庆奎决心通过演戏启发人心，通过自己的表演来唤醒、激励国人的爱国救亡之志。当梅兰芳在北京率先编演进步新戏《孽海波澜》时，高庆奎便成为中坚分子。自组班社后，高庆奎又排演了大量饱含进步思想的新戏。高庆奎败嗓之后，他计划复出的演出剧目依然是鼓舞国人、抵御外辱的剧目《史可法》(又名《史可法殉国记》)。

从 1911 年到 1913 年，高庆奎从参演话剧中学到的心得颇深。变声期逐渐结束，高庆奎的嗓音变得高亮宽厚，他把话剧的表演方法借鉴到京剧中。这段参演话剧的经历潜移默化地影响了他后来排演新戏的道路。

由于年代久远，北京早期新剧资料十分匮乏。高庆奎演习话剧的经历又是在他成名之前，因此有关高庆奎参加话剧演出的事宜多不为人们所知。民国时期的京剧书籍中，关于高庆奎演出话剧，大多只有只言片语。

《梨园旧影》中记录，“高庆奎倒嗓后，复研究新剧。及嗓音渐复，乃重理旧业”。[①]《京剧二百年之历史》中记录，“(高庆奎)十七、八之交，声音异变，与新剧界巨子佛舞等，研究新剧，而有所得。彼后而能以做显者，此亦为原因之一乎”。[②] 作者认为高庆奎成名之后，善于细腻地刻画人物与高庆奎早期潜心研究演出新剧有关。

① 昌平编:《梨园旧影》，上海：上海画报出版社，2000 年版。

② [日]波多野乾一:《京剧二百年之历史》，上海：上海启智印务公司，1926 年版。

高庆奎对话剧的涉足虽然短暂，但是话剧的进步主题和表演方法对他后来的艺术道路的影响却是深远的。

从 1912 年开始，高庆奎渐渐度过变声期的嗓子渐渐明亮起来。高庆奎张口就是“乙”字调门，让同行既惊讶又赞叹。在民国时期的梨园行，曾流传一个关于高庆奎“倒仓”的传说。

清代末年，高四保、高庆奎父子一家住在东城区的前门附近。当年，这里是北京的商业和文化中心。每天晚场散戏较晚，高庆奎卸完妆回到家已是凌晨。因此，高家居所选在前门大栅栏附近，目的就是离各个剧院距离较近。据说离高家最近的一个公共厕所在一条很狭窄的胡同里。在这个胡同里，如果两个人迎面相遇，就得侧着身子擦肩而过。一天夜里，高庆奎要去上厕所，走进了狭窄的胡同。他抬头突然发现迎面跑过来一头大黄牛。大黄牛的肚皮几乎要蹭到两边的墙壁了。显然，在这个狭窄的胡同里，人和牛相遇，要想平安无事地擦肩而过显然是不可能的。大黄牛如何出现在闹市的夜晚，高庆奎已经来不及思索，因为大黄牛像惊了似的冲他跑了过来，他想躲也已经来不及了。眼看大黄牛就要撞到身上的时候，高庆奎一提气，把整个身子贴在了墙上。一阵清风掠过，大黄牛出了胡同口，高庆奎却毫发无伤。自此之后，高庆奎的嗓子是越来越清亮了。1962 年，奚啸伯的儿子奚延宏询问高盛麟：“高叔，听说高先生那次遇到金牛星啦，是真的吗？”高盛麟回答：“越传越玄，人们把它演绎了。”

伴随着几年话剧的表演生活，高庆奎对表演艺术从剧本思想到表演形式有了新的认识。当高庆奎的嗓子逐渐复原后，他的嗓音渐渐高亢嘹亮。有了唱戏的“本钱”，高四保和高庆奎父子决定，高庆奎可以回归京剧舞台。高庆奎就此开始了搭班唱戏的生涯。

第二篇

舞台崭露头角

一、搭班唱戏

由于父亲高四保的引荐和关照，高庆奎在1912年至1913年搭进了父亲所在的为田际云创办的梆子、皮黄兼演，俗称“两下锅”的玉成班，就在天乐园（后改名为华乐园）演出。同期还搭进庆喜班。父子二人同班同台，成为梨园行的美谈。后来，高庆奎自组班社，华乐园又成为高庆奎演出的大本营，也许这正是一种缘分。

民国二年（1913年）十二月初六，玉成班在天乐园演出了钱富才的《红梅阁》，小洪福的《进蛮诗》，高月秋的《挑滑车》，瑞德宝的《伐东吴》，田雨侬的《金钱豹》，贾洪林的《七星灯》，孟小如、路三宝的《银空山·回龙阁》，梅兰芳、王蕙芳、李敬山、高庆奎、鲍吉祥、张宝昆的《虹霓关》，李玉奎、李连仲、傅小山的《连环套代盗钩》。高庆奎在梅兰芳饰演的《虹霓关》中饰演元帅，能扮演这样一个小角色，对倒仓期的他来说已经十分难得了。

虽说搭上了著名的玉成班，但高四保对高庆奎的扶持并没有松懈，依旧是每天清晨，人们还在睡梦中，高四保就督促儿子去古观象台的城墙根喊嗓子。这样每天的喊嗓子，高庆奎坚持了很多年。每天上午，高庆奎与同样倒仓的李洪春一起在前门五牌楼万德茶馆碰头。中午时分，他俩在路上边走边吃从家带的干粮，然后走到德华园喝点水就登台唱戏了。大多数时间，二人在台上互相配戏。高庆奎在德华园演完白天的戏，再赶到天乐园演夜戏。

1913年上半年，有人组织到海参崴跑码头。高庆奎与高四保商量决定，趁着这个机会出去闯荡一下。在海参崴，高庆奎主演了几出老生戏，这里成了初出茅庐的高庆奎的一个练兵场。

《菊部丛谈——燕尘菊影录》记述："高庆奎在民国初年时仅一扫边老生，后在天乐园常与吴昆芳合演。一日，老谭偶见园中贴有高庆奎之《战长沙》戏报。问园主曰：'高庆奎何人？能唱《战长沙》耶。'彼时高伶之默默无闻可知。"[①] 经过两年在玉成班的生涯，高庆奎成为优秀的里子老生。

1914 年 1 月 26 日，玉成班改名翊文社，当日在天乐园举行了首场演出。演出阵容有孟小如、贾洪林、瑞德宝、高庆奎、田雨侬、路三宝、梅兰芳、王蕙芳、胡素仙、谢宝云、张宝昆。此时的高庆奎演出肯卖力，嗓音越发高亢，受到观众好评，逐渐成为翊文社的四位老生主演之一。9 月，高庆奎与谭鑫培、吴樨禅在文明园合演《盗宗卷》。

有理由相信，此时的谭鑫培对高庆奎，不再是籍籍无名的印象了，应该是印象尤为深刻。这种印象，深深地刻在当年与高庆奎同台的演员与台下观众的心里。

有文章记述 1914 年观看高庆奎演出的经历。"民国二、三年时，北平天乐（现改华乐）戏园之角色，为极盛时代。须生孟小如，小生张宝昆、程继先，武生田雨侬、高月秋，青衣梅兰芳、吴彩霞，花旦路三宝、王蕙芳。净如李连仲、郝寿臣（当时尚未成名）。丑如高四保、李敬山、慈瑞泉，老旦谢宝云辈，均为一时上选。日夜满坑满谷，后至者几无隙地。时高庆奎充该园硬里子，殊有喧宾夺主之势。曾观其演全本《红鬃烈马》，孟小如饰薛平贵，高饰王丞相，相形之下，孟几不如高。又观其演《骆马湖》，高饰李大成，在酒楼所唱：'去到松林有话讲'之［西皮导板］，声如裂帛，满堂彩声，几使饰天霸之杨瑞亭不敢开口。其态度唱白非池中物，后果不数年，挤于名角之列。"[②]

① 武进、张肖伧：《菊部丛谈》，上海：大东书局，1926 年版。

② 《高庆奎代刘跛唱〈斩黄袍〉竟以假乱真，一鸣惊人天下闻名》，载《影与戏》1936 年创刊号。

文中所述高庆奎饰演的王丞相戏份，主要在《三击掌》《算粮》等戏中，其唱做不多，发挥余地有限，但表演依然很精彩。可见，从搭班开始，高庆奎仅用了两年多的时间，剧艺和声誉就已经赶上，甚至超过了班社的老生主演孟小如了。而在作者回忆的另一出戏《骆马湖》中，高庆奎高亢嘹亮的嗓音给作者留下了深刻的印象。虽然高庆奎饰演配角李大成，只一句［导板］唱腔“声如裂帛”，不但赢得了满堂喝彩，还给主演造成了不小的压力，主演被作者形容“几使不敢开口”。

高庆奎这样的精彩表现，不但给观众留下了深刻的印象，更被当时京城各大班社看在眼里。不久，高庆奎就被邀请搭入以时慧宝挂头牌的双庆社，在文明园演出。

二、崭露头角

1914 年 10 月，高庆奎与梅兰芳等人在鲜鱼口天乐园演出头、二本京剧时装戏《孽海波澜》，梅兰芳饰演孟素卿，高庆奎饰演巡警，王蕙芳饰演贾香云，李景山饰演张傻子，刘景然饰演彭翼仲。梅兰芳的新戏需要像高庆奎这样年轻有为、头脑新颖、剧艺可观的演员。

1914 年 11 月，高庆奎已经在压轴剧目中担当二路配角了。17 日，翊文社在天乐园的压轴剧目是瑞德宝、高庆奎、马俊山演出的《战长沙》。大轴为梅兰芳、孟小如演出的《汾河湾》。此时，高庆奎在所搭各班社成为一个引人注目的老生新人。一方面，高庆奎在压轴或大轴剧目中能够胜任并出色完成里子老生的应工；另一方面，各班社派给高庆奎在开场演出的垫戏，他也能出色地完成。因此，各班社便有意安排高庆奎饰演一些重要剧目的角色。

1915 年 2 月 21 日，姜妙香从旦行改演小生首次登台，在吉祥戏院演出《黄鹤楼》。此时，高庆奎与姜妙香一起搭在双庆社。为了保证演出成功，双庆社管事打算派一个有经验、有分量的老生演员饰演刘备，为姜妙香撑台。这样的活儿便落在高庆奎的头上了。加上高庆奎的出色配合，姜妙香的第一出小生戏演得十分成功。3 月 21 日，姜妙香与梅兰芳在吉祥园第一次合演《玉堂春》，高庆奎配演刘秉义。姜妙香和双庆社演职员都对高庆奎为主演捧月的功夫十分满意。此时，高庆奎还经常和姜妙香合作演出《白门楼》《群英会》《镇潭州》《金雀记》《佳期·拷红》等戏。渐渐地，高庆奎成为优秀里子老生的不二人选。

1915 年 3 月下旬，文明园迎来了南方著名旦角林颦卿。在京城，一些自认为是正宗派别的演员对上海的林颦卿等排演的时装海派新戏嗤之以鼻。林颦卿来到北京，要物色一位嗓子冲、调门高、演戏认真的配角老生。这时有人向他推荐了高庆奎。林颦卿和高庆奎见面一拍即合，因为高庆奎头脑新颖，早年演出过《新茶花》等话剧。于是，林颦卿当天就和他商量起戏码了。

林颦卿拿出了自己从上海带来的《孟姜女哭倒万里长城》《新茶花》《妻党同恶报》等戏的剧本总讲，给高庆奎分配了角色。高庆奎拿笔抄录下自己那部分的唱词，经林颦卿简单指点，便回家背戏去了。

3 月 21 日下午，林颦卿在文明园演出，高庆奎在《孟姜女哭倒万里长城》戏里饰演孟姜女之父老员外。随后，高庆奎又陪林颦卿演出《白奶计》，连台本戏《新茶花》《英国血手印》《杜十娘怒沉百宝箱》《卖油郎独占花魁》《败子回头金不换》（全本）等海派戏。那几天的演出，文明园基本上满堂。北京观众看惯了宗派老戏，对来自南方的这些剧目感觉新鲜。当时，林颦卿主演的时装新戏《白奶计》的风头压过了谭鑫培演出的《碰碑》。[1] 此时的林颦卿扮相俊美，花衫底子扎实，他演的这些戏自然受到欢

① 《立言画刊》1938 年第 25 期。

迎。高庆奎与林颦卿演出海派戏游刃有余，完成得十分出色。这样一来，高庆奎在观众心里的好印象又增添了几分。

合同到期，林颦卿转回上海。3月的演出大获成功，文明园依靠林颦卿几乎天天满堂，获利丰厚。在吉祥园的再三邀请下，林颦卿于8月又到了北京，搭在吉祥园的合庆社挂头牌。这次，林颦卿点名请高庆奎来挎刀。他们一起演了剧情交织曲折的《妻党同恶报》，离合悲欢、可泣可恨的广西乐平故事《白奶计交友留神》，曲调哀婉的经典爱情故事《祝英台双蝴蝶》等一系列海派戏。

《妻党同恶报》中，高庆奎饰演季世吕，他参照了《铁莲花》的表演方法，加上自身对角色的揣摩，在配合林颦卿的演出时达到了很好的效果。《祝英台双蝴蝶》中，他从祝英台女扮男装、算命下山、入学请师访友演起，一直演到梁山伯与祝英台双双变成蝴蝶为止，共演三个小时。

戏迷观众不但对林颦卿的海派新戏品头论足，而且当时就有剧评说，高庆奎嗓子冲、演戏认真，并且会的戏多，什么都能来，什么都能演。这一时期，高庆奎在三庆园搭班唱戏时，还与贾璧云演了几出昆曲。在昆曲《小宴惊变》中，贾璧云饰演杨贵妃，高庆奎饰演唐明皇。高庆奎会的戏多，搭配组合多种多样，渐渐受到剧界内外的垂青。

《鞠部丛刊》之《伶工小传》记述：“（高四保）子庆奎习老生，以硬里子得名，近年嗓音稍亮，遂唱正宫戏。际此人才寥落，亦称难得之选。然充配角唱做俱佳，唱正宫戏每以稍逊，盖不免于矜持也。”①

此时的高庆奎从为别人充当配角进而升任主角，似乎对在一出戏中担当主角还有些不适应，饰演主角时的表演还有些放不开。不过，随着高庆奎的嗓音越发高亢嘹亮、气力练习得越发充沛，他的表演也变得越发精彩，舞台下的观众对高庆奎的叫好声、鼓掌声更多了。高庆奎的信心也就越来

① 周剑云:《鞠部丛刊》，上海：上海交通图书馆，1918年版。

越坚定了。

在名角如林的京剧鼎盛时期，高庆奎经过五年多的不懈努力脱颖而出，除了舞台上的用功之外，还有一个主要原因，那就是“三不争”原则。

三、“三不争”原则

民国初年的京剧舞台是人才辈出的时代。在老生行中，老一辈的谭鑫培、孙菊仙、刘鸿声还常登舞台，孟小如、王凤卿等正闪耀光芒，余叔岩、王又宸等崭露头角，其他的二路配角老生也是强手如林。在这样一个正呈鼎盛之势的梨园界，高庆奎是如何占有自己一席之地的呢？他和父亲高四保一起商议，定下了一个“三不争”原则：不争主角配角，不争戏码前后，不争戏份多少。

“不争主角配角”最好理解。在舞台上担任主角还是配角，是每个演员考虑的核心问题。为了争夺主角与配角，互相之间产生矛盾，影响演出的事例不胜枚举。“不争戏码前后”是有关戏曲界的问题。民国时期，每台演出总要上演多个剧目。按照剧目排列先后顺序，越往后的剧目越重要，其主演越是主要演员，很多观众都是等到后面的剧目上演才赶到剧院。高庆奎能不争戏码前后，这个境界也是很高的了。“不争戏份多少”指的就是演员的核心利益了。“戏份”就是演出报酬。在民国梨园界，每个演员的地位和所演人物不同，戏份也是不一样的。而且在当时，演员的戏份还受每天剧院上座率的影响。高庆奎对演出收入不斤斤计较，不与他人攀比，这样的胸襟实在难能可贵。

短短三句话，说起来容易，做起来却是很难的。也正因为高庆奎具有坚忍不拔的意志力和一颗“但求演戏认真、对得起观众”的恒心，才能助推他在强手如林的老生行中脱颖而出。

据不完全统计，仅 1916 年，高庆奎就参加了翊文社、合庆社、陶咏社、春合社、双庆社、桐馨社、益群社、荣奎社等剧团。如 1 月 1 日，翊文社在天乐园复出开锣，高庆奎在前场主演《取金陵》，与张玉峰、赵桂喜、王玉吉合演。6 日，刘鸿声挂头牌的陶咏社在第一舞台开锣。高庆奎在前场主演《浣花溪》，与姚佩秋、张文斌合演。7 日，谭鑫培在吉祥园大轴与陈德霖演出《南天门》，高庆奎在倒数第三个剧目陪荣蝶仙演出《荀灌娘》，饰演配角荀裕。第二天，他在压轴为时慧宝演出的《逍遥津》配演穆顺，大轴则是谭鑫培、程继先合演的《八大锤》。12 日，春合社在吉祥园演日戏，倒数第五出戏由高庆奎主演《宫门带》。15 日，双庆社在吉祥园开锣的第二天，高庆奎与王凤卿等合演《取帅印》。然后他在大轴与梅兰芳、王凤卿、贾洪林等合演《甘露寺・回荆州》。26 日，合庆社在文明园演出日戏，时玉奎、高庆奎、增长胜、屈兆奎演出《父子会》。仅 1 月，高庆奎就参加了六个班社的演出。

这一年，高庆奎的人气猛涨。8 月 20 日，成庆社在吉祥园开锣的第一天日场戏中，由高庆奎在王瑶卿、王蕙芳、张宝昆大轴戏《穆柯寨》中饰演杨延昭。9 月 3 日，云仙舞台白天的大轴是梅兰芳、高庆奎、姜妙香合演的《玉堂春》，晚上的大轴是梅兰芳、高庆奎、姜妙香、姚玉芙合演的四本《一缕麻》。11 月，朱幼芬找到高庆奎，邀他加入了自己组班的桐馨社。桐馨社由杨小楼挂头牌。随后，朱幼芬又邀请梅兰芳、姜妙香、钱金福、王凤卿、姚玉芙、路三宝、许荫棠、王长林、贾洪林、迟月亭、九阵风、郝寿臣、董俊峰、李寿山等人。这时的桐馨社可以说是人才济济一堂。桐馨社的演出地点选在了位于北京前门外的柳树井大街新式剧院“第一舞台”。

高庆奎参加桐馨社之后，慢慢脱离配角，能单独演一出正戏了。他演了《卖马》《奇冤报》《搜孤救孤》《梅龙镇》《华容道》《翠屏山》《碰碑》

《武家坡》《上天台》《捉放曹》《南天门》《太白醉写》《黄金台》《伐东吴》《定军山》等戏。11 月，高庆奎还搭入了益群社。11 月 13 日，在庆乐园演出日场戏，高庆奎主演了《镇潭州》。在这一年中，高庆奎同时搭入了这么多演出班社，“三不争”原则起到了关键作用。

这期间，父亲高四保为儿子前后张罗。对谭鑫培、刘鸿声所在的班社，高四保向管事保证，只要开出戏份，我家儿子就唱。就此，高庆奎能在那几年中一直搭入谭鑫培挂头牌的班社。即使高庆奎已经在压轴或者大轴演出二路老生，他也不计较戏码前后，甚至依然演出开锣戏。

1917 年 1 月 10 日，吉祥园的管事正在派第三天的戏码，定在 12 日由谭鑫培与梅兰芳大轴主演《汾河湾》。那天没派高庆奎在前场单唱一出。按理说，他正好可以趁空休息。可高庆奎听说开场后的第二出垫戏《宫门带》缺个老生的活儿，他二话没说就找管事说：“《宫门带》的老生让我来吧。”管事很高兴地叫人把高庆奎的名字写到了水牌上。

每逢这样的演出，高庆奎在前边认真演完自己的戏，卸妆以后就在台侧或台下看谭鑫培的演出。此时，谭鑫培晚年的表演已经到了炉火纯青的地步，他的每一个腔调、每一组身段，高庆奎都耳闻目睹、精心揣摩。

在“三不争”的原则下，高庆奎除了搭班锻炼剧艺，还观摩学习了不少名家的演出。同时，为看名角而来的各界人士也附带熟悉了高庆奎，渐渐都知道有个嗓子挺冲、演出卖力的里子老生。高庆奎“培养观众”的目标也就随之实现了。

四、成为名伶

1917 年，高庆奎从杭州演出回来之后，随着声望渐高，扭转了自己去搭班的局面。此时，各大戏班争先恐后地找到高庆奎，邀请他搭班。而高庆奎仍然抱定“三不争”原则。

1918 年，高庆奎在周瑞安主演的瑞庆社唱日戏的同时，也在俞振庭的双庆社唱日戏，并在杨小楼的桐馨社唱夜戏，还搭过同庆社、停云社、裕群社等班社。这时的高庆奎家门庭若市，经常进出各班社管事和演员。3 月 9 日，高庆奎首先在三庆园日戏演出两场戏。他与郝寿臣合演《华容道》，随后又与尚小云合演《浣花溪》。刚演完《浣花溪》，高庆奎就赶往文明园，在双庆社演出大轴，与梅兰芳、俞振庭、姜妙香、姚玉芙、李敬山、李寿山、李寿峰、慈瑞泉、刘凤林等演出《邓霞姑》。简单吃过晚饭，高庆奎又赶往在第一舞台演出的桐馨社。高庆奎在杨小楼、尚小云主演的大轴戏《楚汉争》中饰演韩信。3 月 9 日，从下午到晚上，高庆奎就在不同的剧院演出了四出戏。13 日下午，高庆奎先在吉祥园唱完了双庆社的倒数第五出戏《上天台》。当天的大轴戏是梅兰芳演出的《金山寺》。演完《上天台》，高庆奎赶往在合庆园演出的瑞庆社，与尚小云合演《战蒲关》。大轴戏是周瑞安演出的《冀州城》。

各班社管事看到成为名伶的高庆奎频繁出入各大剧院，深受观众欢迎。但他仍然本着“三不争”原则。因而到了 1919 年上半年，高庆奎成为北京四个著名班社的老生主演。除了继续在杨小楼的桐馨社挂二牌老生之外，他还加入了在同乐园演出日戏的裕群社，在新明大戏院开锣夜戏的喜群社以及演出夜戏的双庆社。在裕群社，高庆奎演出的正戏有《洪洋洞》《击鼓骂曹》《失街亭》等。在姚佩兰、王毓楼组织的喜群社，高庆奎演出的正戏有《辕门斩子》《乌龙院》《刺巴杰》《战长沙》《骆马湖》《太白醉写》《浣纱记》等。这几年里，高庆奎演出的老生戏有靠把戏、褶子戏、王帽戏、衰派戏等，还兼演武生、红生，戏路十分宽泛。

由于他的“三不争”原则，高庆奎比其他人更容易合作，因此获得了许多管事和名角的好感，与其建立起了良好的关系，促成了后者对他的提

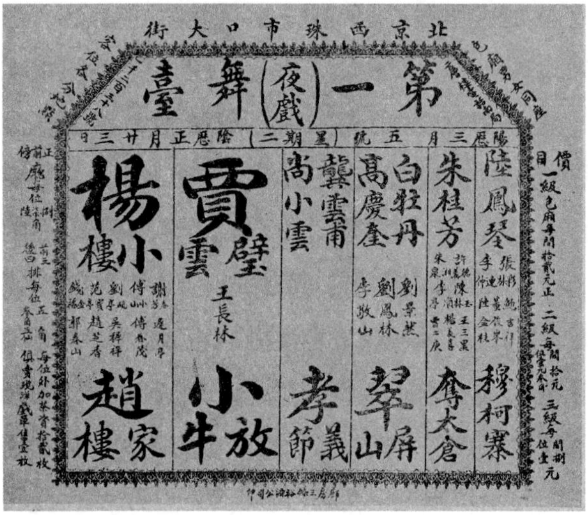

高庆奎 1918 年 3 月 5 日演出戏单

携和扶持。搭班机会多，又都是名家领衔的大班社，高韵笙回忆：“那时，住在前门外的高家真是被踏破门槛。”

潜移默化之间，观众的心里已经觉得高庆奎不仅仅是一位里子老生，而是一位有自己挑班挂头牌能力的老生演员。七年下来，高庆奎终成气候。于是，从 1920 年起，高庆奎终于挂起头牌。

五、初唱大轴

高庆奎的走红源于他耐得住十年寂寞，在日复一日的演出中，他逐渐积累起名声。喜欢高派的戏迷总在寻找某一天、某一个时刻，高庆奎因为一出戏的上演而一举成名。如果说的确有的话，那就是后来成为高派代表剧目的《辕门斩子》，这和一位班主有关。

梨园界有一位人称“俞五”的俞振庭，他是清末著名武生俞菊笙的第五个儿子。因其父人称“俞毛包”，他便有“小毛包”之称。俞振庭为人仗义，敢做敢当，是当时梨园界的一位领袖级人物。他继承父亲的家传，善于迎合观众的欣赏心理需求，并根据演员自身的专长安排剧目演出。

俞振庭成立了双庆班社，当了班主。当然，事业出色的人总有些个性。

剧评家丁秉鐩在《菊坛旧闻录》中写道："如果与俞振庭合作好了，他真能把你捧红了；你如果不与他合作，他打击你不遗余力，因此一般同行，都惧怕他三分，他如果约你加入，你真不敢不去。老伶工谭鑫培、孙菊仙、刘鸿声都搭过他的班。梅兰芳、尚小云、李万春都是被他捧红了的，高庆奎自然也不例外。"①

高庆奎便装照

高庆奎抱定的"三不争"原则，对俞振庭来说"正合孤意"。于是，俞振庭在 1915 年把高庆奎约到双庆社演出，高庆奎自然也是求之不得。那时候梅兰芳正在走红，是双庆社的头牌，俞振庭就让高庆奎与梅兰芳垫戏、配戏。

我们翻开那段岁月的双庆社戏单，不难发现高庆奎的名字。

1915 年 2 月 21 日，吉祥园双庆社日戏，高庆奎在倒第三为姜妙香《黄鹤楼》配演孔明，大轴梅兰芳、孟小如《汾河湾》。

1915 年 3 月 21 日，吉祥园日戏，梅兰芳大轴《玉堂春》，高庆奎配演潘必正。

1916 年 1 月 23 日，吉祥园日戏，高庆奎在倒第二为王凤卿《定军山》配演孔明，大轴梅兰芳《春香闹学》。

1917 年 9 月 14 日，吉祥园日戏，高庆奎在倒第七（开场第一出）演出《借赵云》，大轴梅兰芳《五花洞》。

1917 年 10 月 5 日，吉祥园日戏，高庆奎与裘桂仙在倒第六（开场第

① 丁秉鐩：《菊坛旧闻录》，北京：中国戏剧出版社，1995 年版。

《玉堂春》，高庆奎、梅兰芳合演

二出）演出《碰碑》，大轴梅兰芳的《风筝误》。

1917年11月17日，吉祥园日戏，压轴梅兰芳、高庆奎、陈文启合演《琴挑》，大轴俞振庭、高庆奎、范宝亭演出《连营寨》。

仅从这些代表性的演出历程，就可以看出高庆奎在这段岁月的确履行了他“三不争”原则的承诺。俞振庭安排他唱什么他就唱什么，既能唱开场戏，也能在大轴与主角配戏。俞振庭对高庆奎非常满意，眼看高庆奎嗓子越发响亮高亢，做戏越发认真卖力，俞振庭决定把他捧成角。

梅兰芳回忆：“俞振庭很提拔他（高庆奎），常常在中轴派他唱、做并重的老生戏，像《空城计》《洪洋洞》《打棍出箱》等。有一次，振庭和我商量，打算派高庆奎唱《辕门斩子》，要我在他前面唱《穆柯寨》《枪挑穆天王》。我表示赞成，以后就渐渐红起来，成为头路老生了。”①

俞振庭安排高庆奎演唱《辕门斩子》，是因为高庆奎高亢的嗓音适合演出刘鸿声的《辕门斩子》等代表作。1917年，声誉正盛的刘鸿声在中华舞台露演，同时搭入杨小楼挂头牌的桐馨社。正巧，高庆奎也在桐馨社演出。这次称得上“近水楼台先得月”。原本，高庆奎演完自己的戏，就常常赶到中华舞台去看刘鸿声的戏，此时对刘鸿声的戏更是场场不落，认真观摩。刘鸿声与高四保早年就有交情，他发现高庆奎勤恳好学、嗓子高亢，于是便对高庆奎演的戏进行指导。虽然，高庆奎没有向刘鸿声正式磕头拜师，

① 梅兰芳述，许姬传记：《舞台生活四十年》，北京：中国戏剧出版社，1981年版。

但他多年私淑刘鸿声。俞振庭安排高庆奎在大轴演出《辕门斩子》，对上座率十拿九稳。

高庆奎在双庆社演出《辕门斩子》的事，在时过十五年后的 1934 年，还有人在文章里特别提到了这次演出："某年在故都文明园，（高庆奎）演《穆柯寨烧山》《枪挑穆天王》《辕门斩子》。其中角色，有梅兰芳、王蕙芳、朱素云等，而以高庆奎《斩子》。固由于班主捧庆奎，而庆奎苟无实力，其危险何堪言状。自此而后，盛誉骤增，沪汉各处，争相约聘，未久即大红转紫矣。"[①] 正像此人所说，高庆奎面临着危险。当戏报贴出来的时候，不少人认为俞振庭下了一回赌注，而高庆奎也"冒着风险"首次唱大轴。俞振庭和高庆奎的压力都不小。对俞振庭来说，如果高庆奎唱砸了，其在梨园界内外的印象会受到影响，认为他用人不当。对高庆奎来讲，如果观众纷纷"起堂"，也许短期内没有班社会安排他再唱大轴了。因为当时能在梅兰芳演出的《枪挑穆天王》之后唱《辕门斩子》的，大概只有王凤卿和谭鑫培，而这两位老生当时都不唱《辕门斩子》了。

有了俞振庭的极力提携，高庆奎在当时红日当头的梅兰芳之后唱起了大轴《辕门斩子》。这样一位"新人"被摆在如此重量级的大轴登场，震动八方。对此，丁秉鐩说："他们两个人对于高庆奎，可称捧足输赢。"[②] 虽说"捧足输赢"，俞振庭也是经过长期的观察才敢让高庆奎在梅兰芳之后唱大轴，但他是下了很大的决心的。高庆奎在贵人的提携下，抓住了机遇，展示了非凡的唱功和表演才能，不但压住了场子，而且演出效果很好。

著名剧评家张聊公看完高庆奎第一次主演大轴后，在《听歌想影录》中署名歆玉，记载："（梅兰芳《穆柯寨》演毕）接演《辕门斩子》，则杨延昭一角，改为高庆奎。（高庆奎）唱工嘹亮动听，盖其嗓音既好，调门亦高。［西皮导板］之'怒恼杨延昭'一段，其'笑坏了众英豪'句之'笑'

① 1934 年 5 月 28 日《北辰报》。

② 丁秉鐩：《菊坛旧闻录》，北京：中国戏剧出版社，1995 年版。

字，拔一尖字，响遏行云，博得满堂喝彩。以下［西皮导板］、［原板］，以及［快板］多段，行腔使调，皆极亢爽可听，兼有花腔，亦尚不足为疵。”①

六、替“师”演出

关于高庆奎在大轴唱《辕门斩子》而成名一事，坊间还流传着两个版本，都讲的是高庆奎临时代替刘鸿声登台。第一个版本是杂志《影与戏》中的《高庆奎代刘跛唱〈斩黄袍〉竟以假乱真，一鸣惊人天下闻名》记录：“高与刘鸿声同在东安市场吉祥园演唱，一日刘演其撒手锏《斩黄袍》，海报早已贴出，不意届时刘因故未到，当时园主急得满头大汗，不得已遂商得庆奎同意，请其代唱，讵料出场后，嗓音之高，腔调之圆，逼真刘跛，几有以假乱真之慨，看客不但始终未有烦言，且满堂喝彩，震耳欲聋，一鸣惊人，从此始矣。”②

刘鸿声便装照

还有第二个版本。1917 年的一天，刘鸿声将在中华舞台演《辕门斩子》。可是天不作美，那天下起了大雨。刘鸿声的腿脚有毛病，有一条腿不听使唤，一只脚被洋车脚下的毯子绊住了，可他自己没有知觉，又下着大雨，一下子就从洋车上滚下来了，面部碰到了便道上，鼻子也破了，满

① 张聊公：《听歌想影录》，天津：天津书局，1941 年版。

② 《高庆奎代刘跛唱〈斩黄袍〉竟以假乱真，一鸣惊人天下闻名》，载《影与戏》1936 年创刊号。

脸都是血。这下子大伙都傻了。可是当时票都卖了，怎么办？有人说，写张海报放在台口上，就说“刘鸿声老板因故摔伤，现由得意门生高庆奎代演《辕门斩子》，敬请见谅，退票亦可”。正在观众纷纷议论之时，几个人搀着刘鸿声从门口送出，一些观众亲眼看到刘鸿声是真的摔伤了，很同情。起先还有几个观众吵着要退票，这时也安静下来了。此时高庆奎开始扮戏，不过他的心里也很紧张。旧式舞台的上下场门帘下方有条铁条钉着，是为防止有风时摆动。当高庆奎随着［急急风］登场时，一紧张没留神脚下的铁条，差点绊一跤，这把大家都吓一跳，但总算没事。高庆奎嗓音高亢，再加上私淑刘鸿声，演出效果很好。那时候虽然没什么宣传，可高庆奎红了，他的红让人出乎意料，被称为“泥沙中掘出个明珠来”。

无论是高庆奎在梅兰芳之后唱大轴《辕门斩子》，还是替代刘鸿声唱《辕门斩子》抑或是《斩黄袍》，都说明了机遇与实力的关系。很多有才能的人往往碰不到机遇，不得志而终。而高庆奎这颗明珠从泥沙中开掘出来，除了有掘珠人这个必要条件，还有高庆奎自己的实力。有着多年搭班生涯的高庆奎勤学苦练，做戏认真，加上一副响遏行云的好嗓子，便能把握住来之不易的机遇，使自己在清末民初老生行名角如林的氛围中脱颖而出，闯出一条新路，最终创立了“高派”老生艺术。

七、和梅兰芳排新戏

“梅党”作为围绕在梅兰芳周围固定的演员、编剧、社会人士群策群力，不但把梅兰芳捧红，还由此涌现出不少著名演员、编剧等。高庆奎也在这个时候成为“梅党”的中坚力量，和梅兰芳一起排演了不少新戏。从1913 年到 1919 年，高庆奎从陪梅兰芳唱配角到与他唱生旦对儿戏，间断性地持续了七年。同时，高庆奎演过话剧，头脑新颖，积极参与梅兰芳的新戏排演，这是他被认定为“梅党”的重要标志。

1914 年 10 月，梅兰芳排演首部京剧时装新戏《孽海波澜》。因为自高庆奎搭班以来，其演出不分大小角色都很认真，所以班主分派高庆奎饰演《孽海波澜》中的巡警。梅兰芳饰演孟素卿，王蕙芳饰演贾香云，李景山饰演张傻子，刘景然饰演彭翼仲。高庆奎饰演的巡警在《孽海波澜》中只是一个小配角，不过他还是拿出了十二分的努力。他一边看本子，一边构思表演方法。因为自从跟随贾洪林、贾丽川学戏后，他就养成了平时观察生活、揣摩表演方法的习惯。同时，演出话剧的经历让高庆奎对表演现代生活人物摸着了点路数。正是因为高庆奎演出话剧的经历，才让他获得了演梅兰芳第一个新戏的机会。后来，刘景然饰演的彭翼仲也归高庆奎来演。

1915 年 10 月 16 日《邓霞姑》首演广告

1915 年 4 月 10 日，在北京吉祥园，高庆奎又参与了梅兰芳时装新戏《宦海潮》的首次演出，配演者有孟小如、路三宝等。端午节那天，梅兰芳和高庆奎、路三宝、李寿峰、李敬山、程继先等一起吃饭。边吃边聊，路三宝说起了听到的一则一个少女为争取婚姻自由与封建恶势力作斗争的故事，大家决定据此排演成《邓霞姑》，并当场分派角色。梅兰芳饰演邓霞姑，高庆奎饰演邓彬，李寿山饰演邓母，李敬山饰演郑琦，诸茹香饰演云姑，路三宝饰演雪姑，程继先饰演丁润璧，李寿峰饰演周廷弼，慈瑞泉饰演大和尚，姚玉芙饰演周士普。剧中，高庆奎饰演邓霞姑之父邓彬，由于表演生动，获得梅兰芳等人的赞赏，也获得了观众的肯定。随后，高庆奎又参演了多出梅兰芳创演的新戏。

1917年11月30日，梅兰芳在吉祥戏院首演《天女散花》，高庆奎参与其中饰演文殊，姚玉芙饰演花神，李寿山饰演如来佛，李寿峰饰演维摩诘，李敬山饰演和尚。

1918年2月2日，《童女斩蛇》上演，梅兰芳饰演李寄娥，高庆奎已经从最初饰演普通配角，上升到饰演里子老生，即剧中人物李寄娥之父李诞。对于这样一个从未出现在舞台上的人物，青年的高庆奎运用了演出话剧时学到的本领，细腻地对人物进行刻画。剧中，县里派遣地保，向装神弄鬼的何仙姑请示童女祭蛇的事，随后地保和乡民商量献祭童女，在四个乡民中只有李诞有女儿。因此，李诞不得不牺牲女儿前去祭祀所谓的金龙大王。

高庆奎的表演集中在第三场，一上场就表现出一位老父亲焦急而无奈的状态。他一方面吸收了话剧对人物表演刻画的方法，另一方面将贾洪林教授的做派、程式等京剧表演方法运用到具体的动作中。特别是他在刻画李诞时，吸收了《马义救主》中马义的一些表演方法，把这个人物内心矛盾的心思表现出来了。回到家中，李诞将地保要求把女儿献祭的事告诉老伴儿，两个人舍不得女儿，又惧怕官府的压力。随后，梅兰芳饰演的李寄娥挺身而出，准备“虎口拔牙”。高庆奎将传统剧目中的表演方法“转化”到《童女斩蛇》中，衬托了梅兰芳饰演的李寄娥，特别是“舍女”一场戏使观众产生了极大的共鸣。从此，高庆奎成为与梅兰芳配戏不可或缺的老生演员。

12月29日（一说22日），梅兰芳主演的古装新戏《红线盗盒》在广德楼戏院首演，梅兰芳饰演红线，高庆奎饰演薛高。

1919年，高庆奎从日本巡演回来后，还和梅兰芳编演了《金雀记》。据资料记载，1919年8月27日，《金雀记》在北京新明大戏院初次演出。

就在高庆奎参与演出梅兰芳的《邓霞姑》等新戏时，他的师父贾洪林于 1917 年病逝。那么，贾洪林在梅兰芳新戏中的角色，由谁来接替呢？

高庆奎与同仁合影。前排左起：茹莱卿、陈德霖、陈嘉梁；中排左起：迟玉奎、高庆奎、王瑶卿、姚玉芙、梅兰芳、赵桐珊、何卓然、王琴侬；后排左起：钱思瑞、王蕙芳、高联奎、孙惠廷、姜妙香、贯大元。（1920 年摄）

八、继承贾洪林衣钵

高韵笙听母亲讲，1917 年 11 月下旬，高庆奎的老师贾洪林已经卧床不起，他叫高庆奎坐到床边，说："大套，往后就看你的了。我的这点儿玩意，你也学得差不多了。将来我的活儿，还得由你来接班。"高庆奎守候在贾洪林身旁，一直到贾洪林去世。贾洪林这些语重心长的话，深深地印在了他的心里。高庆奎没有辜负师父的教导，伴随着师父的教导，在京剧的道路上勇往直前地走了下去。

后来，高庆奎在 1930 年接受《全民报》记者专访时，回忆这段经历：“二十七岁，赴杭州，是为予南下之始，返京后，适贾洪林卧病，令予承其乏，及贾死，一般爱贾者，更表示欢迎。”①

当年杨小楼等人演出《长坂坡》，刘备的饰演者都是贾洪林。贾洪林去世后，在 12 月的一次《长坂坡》演出中，高庆奎接替贾洪林饰演刘备，他从各个方面模仿贾洪林，不少贾洪林的戏迷都看到了痛哭流涕的地步：“高庆奎饰刘备之深于学贾洪林者也。阆仙素善洪林及其死，每观高伶演此等剧，动辄涕泣叹息，高之似贾如此。同台者，杨小楼饰赵云，王瑶卿饰糜夫人。”②

这说明高庆奎模仿贾洪林模仿得太像了，完全赢得了贾洪林戏迷的肯定。张聊公在 1918 年 6 月观看完高庆奎在吉祥园为梅兰芳配演《木兰从军》里的花弧后撰文：“高庆奎饰花老丈，一意学贾狗儿，不免矫揉造作。”这反映出此时高庆奎在接替贾洪林的活儿时，在表演上还是遵循老师的路子。张聊公紧接着说出高庆奎能够获得观众之处：“惟嗓音清越，腔调婉折，则能受台下人之欢迎。一段‘钵字调’，与《徐策跑城》腔调相同，亦觉别致。”③

高庆奎一方面在表演上竭力模仿贾洪林，另一方面在嗓音唱腔上发挥出色。这样一来，高庆奎便成了贾洪林无可替代的继承人。因此，梅兰芳的新戏《一缕麻》里的林太守，《木兰从军》里的花弧等，原由贾洪林饰演的角色，也都由高庆奎接替演出。“贾洪林逝世，凡贾所担任之戏，如《长坂坡》之刘备，《雁门关》之六郎，《八义图》之公孙杵臼，《群英会》之孔明等，皆由高伶承乏。（高庆奎）嗓音亦渐入清醇圆苍，做作亦老到，人遂

---

① 1930 年 5 月 25 日《全民报》。

② 1918 年 12 月 28 日《京报》。

③ 学苑出版社编：《民国京昆史料丛书第二辑：听歌想影录》，北京：学苑出版社，2008 年版。

誉之。”①

由于与贾洪林同台的都是各班社头牌主演，因此高庆奎的地位无形中得到了提升。1918 年 12 月下旬，在第一舞台演出的《长坂坡》中，即在高庆奎把观众看哭的那天演出中，杨小楼饰演赵云，王瑶卿饰演糜夫人，这两位都是当时武生、青衣行当的领军式人物，而且可以说是当年演这出戏的最佳人选。

在文明园双庆社演出的《长坂坡》也是如此。《百年演艺变迁》记载："那天的几出戏，可称得上是京剧界的群英会了，一出赛一出，精彩红火，出神入化。我们知道，文明园的票价是最贵的。单看戏码，便可让戏迷们过足一回戏瘾。”②

1918 年 2 月 23 日，双庆社在文明园日戏演出高庆奎的《太白醉写》，姜妙香的《玉门关》，俞赞庭的《溪皇庄》，程继先的《岳家庄》，王凤卿的《取帅印》，俞赞庭、梅兰芳、高庆奎的《长坂坡》。从这张戏单可以看出，高庆奎除了在前场单独唱一出，还在大轴《长坂坡》中饰演刘备，其中俞赞庭饰演赵云，梅兰芳饰演糜夫人。俞振庭在双庆社能如此排戏，可见高庆奎完全接替了贾洪林的活儿。同时，在双庆社排新戏的梅兰芳回忆说："当贾洪林去世后，排演的新戏如《一缕麻》里的林太守，《木兰从军》里的花弧，《童女斩蛇》里的李诞等角色，都由高庆奎承乏了。”早先在《牢狱鸳鸯》中，高庆奎与贾洪林同饰一角（如同话剧演员中的 A、B 角），所以，后来贾洪林饰演的角色就完全由高庆奎饰演。

其实，高庆奎能接替贾洪林在梅兰芳排演的新戏中胜任重要角色，还有一个原因就是高庆奎有出色的嗓音条件。路三宝在翊文社演出《翠屏山》，饰演杨雄的必定是贾洪林。有一天，贾洪林误场了，管事急得没办法，想到了高庆奎。让他替老师来头场。救场如救火，高庆奎怀着忐忑的

---

① 武进、张肖伧：《菊部丛谈》，上海：大东书局，1926 年版。

② 孙晋云：《百年演艺变迁》，南京：江苏美术出版社，2002 年版。

心情登台了。他一方面完全按照老师贾洪林的表演，甚至一个身段、一个眼神都一样；另一方面尽力亮出高嗓，稳住观众。后来，贾洪林匆匆赶到，化妆登台，观众都开始窃窃私语。原来，高庆奎对贾洪林的模仿炉火纯青，还有一副好嗓子。但继而登台的贾洪林限于嗓音条件，让观众感觉到剧中人演出效果的前后反差。同台的路三宝发觉了这点，他做惊疑状，现场抓哏活跃气氛。他向饰演莺儿的演员曰："不得了了，怎么你姥爷不多的功夫就变了样了，你再听连嗓子都变哑了。"①

这些年中，高四保登台次数减少，他把主要的精力都放在培养儿子高庆奎上面。他大多数时间都在儿子登台的时候把场。散戏到家，高四保则指出高庆奎当天演出中的不足之处。而高庆奎在接替了贾洪林在班社的活儿之后，并没有沾沾自喜或者懈怠放纵，而是更加严格地要求自己。从杭州第一次挂头牌回京后，他对将来也有了更多的打算。

九、向着正角努力

剧评人柳遗说："贾洪林枯涩之味，亦有绕梁之致，绝不以扫边而减盛名。贾殁，而高庆奎崛起，据贾之席。凡重要之配角，高皆能处处裕如，毫无遗痕，音复秀脆可爱，近则由扫边而渐入于正途矣，与贾适成反比例，其实能克尽厥长者，配角一如正角，否则难属正角，而人将配角视之矣。"②

这时的高庆奎经过几年的搭班唱戏，剧艺上有了长足的进步，又把老师贾洪林的戏路继承了下来，同时有一副高亢嘹亮的好嗓子，更叫他有了成为角的本钱。

---

① 1917年11月《群强报》。

② 1919年8月23日《申报》。

1918年4月7日，杨小楼排了新戏《楚汉争》，他自己饰演霸王，尚小云饰演虞姬。杨小楼对这出新戏十分重视。由于在杨小楼的杰作《长坂坡》中高庆奎饰演的刘备十分精彩，这次他特地要高庆奎饰演韩信。最初，根据人物年龄的设计，韩信这一角色是由小生行当来应工，但因为需要高庆奎搭档，所以韩信这一角色设计成老生饰演。后来，梅兰芳在排演《霸王别姬》时，韩信也就转由老生演员王凤卿饰演了。

杨小楼在演过《楚汉争》不久之后，于1919年4月20日排出头本《宏碧缘》。杨小楼饰演骆宏勋，贾璧云饰演花碧莲，钱金福饰演余千，王长林饰演胡理，李连仲饰演鲍赐安，特烦高庆奎反串老旦，扮演骆母。这样一来，高庆奎便与老资历的著名演员们同台演唱，而那年高庆奎才29岁。杨小楼这样安排完全是为了捧高庆奎，不是派不出人来，他班中有一位老旦演员龚云甫，而那天单独派龚云甫与尚小云演出《母女会》，可见杨小楼的苦心。

高庆奎便装照

这时，高庆奎成了众人熟知的老生新秀。在1919年元宵节时，就连北京城里灯笼上的戏画都出现了高庆奎的身影了。

镇国公衔辅国公鄂多台是车王府主人多罗郡王车林巴布的从兄弟。鄂多台是一位戏迷。正月十四那天，鄂多台上街逛灯。当他走到瑞蚨祥店里的时候，一盏盏壁灯吸引了他的注意。由于和朋友同行，他没来得及驻足细看。正月十六，鄂多台旧地重游，再次来到瑞蚨祥，专门来看“戏灯”，戏画灯里的人物栩栩如生。他一下子就认出了贾璧云、金钢瓒演出的《翠屏山》，谭鑫培的《庆顶珠》，王凤卿、梅兰芳的《武家坡》，高庆奎与王瑶卿的《战蒲关》。晚上回到家，鄂多台还专门记到了日记里。

1919 年，高庆奎不仅走进了观众的心里，而且已经成了一名颇有分量的老生新秀了。高庆奎不但出现在舞台上，还频繁出现在戏单、报纸、海报上，甚至走上了为灯节而制作的“戏灯”上，走进了人们的民俗生活中。可以说，高庆奎已经成为一个名角了。就在这个时候，一个千载难逢的机会在向高庆奎“招手”。

十、日本巡演受好评

1919 年对高庆奎的剧艺生涯来说是不寻常的一年。首先，他参加了新明大戏院的开幕演出。开幕当天的节目中有高庆奎、姜妙香的《白门楼》，王凤卿、陈德霖的《宝莲灯》，梅兰芳的《贵妃醉酒》。这也许是初成名角的高庆奎为戏院做的首次开幕演出，随后他又为多座戏院做了开幕演出，号召声势。

2 月，梅兰芳改组喜群社，这时班里的三个老生是王凤卿、高庆奎、余叔岩。这一年，梅兰芳便开始酝酿赴日本演出。虽然此时王凤卿一直是与梅兰芳配戏的主要老生，但由于他身体不好，同时又不愿饰演正宫老生之外的零碎配角，梅兰芳便把出国老生演员的目标放在了抱定“三不争”原则的高庆奎身上。

4 月 20 日，北京同兴堂高朋满座，这天的宴会云集了北京正乐育化会、梨园界的前辈和当红演员。他们在这里为梅兰芳等人设宴饯行，这样的排场在当年实属罕见。梅兰芳一行要赴日本演出，北京梨园界人士无不欢欣鼓舞。同时，这一消息也早已轰动京城，成为人们热议的话题。田际云、陈德霖、龚云甫、杨小楼、尚和玉、王瑶卿、余叔岩、王蕙芳、程继先、谭小培、尚小云、韩世昌、芙蓉草、白牡丹、郝振基、俞振庭、白云生、盖叫天等京昆名家都前来参加饯行宴。这天，饮下同仁饯行酒的就有高庆奎和他的弟弟高联奎。

4 月 13 日的临别演出，盛况空前。张謬子记述道："下午四五点已有满坑满谷之观……入夜人涌如潮，为近年剧界未有之盛况云。"[①]虽然是演出夜戏，不过新明大戏院下午就已经坐满观众，可想而知当晚演出盛况了。4 月 21 日下午，社会各界自发组成的 200 多人早早来到前门火车站，为赴日演出团送行。晚上八时三十五分，梅兰芳和高庆奎等人随着火车的汽笛声，踏上了东瀛之路。送行的人们随着开启的火车奔跑，大家沉浸在喜悦兴奋的气氛中。这时，梅兰芳和高庆奎、姚玉芙等坐在车窗前，起身脱帽，将帽子拿在手上伸出窗外，向追逐火车的人们挥手致意。太芳照相馆为梅兰芳一行人摄制了照片。

4 月 21 日至 5 月 27 日，梅兰芳和高庆奎、贯大元及其他 7 位演员，以及随行人员赴日本演出。人们没有发现王凤卿和余叔岩的身影，从一则当年的剧评，也许寻得一斑："畹华行将东渡，正乐育化会为其祖饯于同兴堂，到者百数十人。育化会致欢送词，畹华致答词，此伶界中所未尝有也。王凤卿之所以未去者，因旅中颇有不便。余叔岩近虽与梅配演，究非纯粹梅系。都中评剧家往往列余为梅系中坚，合之凤卿谓为左辅右弼云，据余观察殊属舛误。"[②]另外，高庆奎等人与梅兰芳赴日，还在于"皆能有研究新戏之资格。此数人亦几经同人所推许而兰芳所认可者也。因兰芳此行，非以发财为目的。故虽入不敷出，亦欣然愿往。固以发扬中华文学美术于海外，而开斯界之先声，其大目的，则尤愿研究新戏，他日归国而组织完全

① 1919 年 4 月 18 日《晶报》。

② 1919 年 4 月 24 日《申报》。

新戏也。故同行诸人，苟无此资格者，殆不能同行。”[1]

火车驶出北京之后，途经山海关、锦州等处，于4月22日晚上八时抵达奉天南满站。4月23日早上，火车抵达安东，渡过鸭绿江后，于24日早上抵达釜山站。至此，赴日本一行人员开始乘坐“对马丸号”渡轮从海路前往日本。在海上，“对马丸号”渡轮遇到了大风，很多人都是初次航海，多有晕船。在前往日本的一周里，高庆奎也许在回想自己几年前还是一位拎靴包的、给人配演家院的零碎演员，如今一跃成名，甚至作为主演首次出国演出。

4月24日下午，赴日演出的一行人抵达日本下关后，稍事休息，即改乘特快车经神户、大阪、京都、名古屋、静冈、横滨，于25日晚八时抵达东京站。新居满铁理事和华侨社会各界名流共100多人在码头迎接，沿途还有前来欢迎的群众。到了东京，一行人入住旧内务大臣官邸。28日，大家到上野公园游览。

5月1日，在日本东京帝国剧场内，随着一阵喧天的锣鼓——《天女散花》开演了。梅兰芳饰演天女，高庆奎饰演维摩诘，姚玉芙饰演花奴，芙蓉草、姜妙香、董玉林、何喜春、陶玉芝和从横滨借用来的三人分别饰八仙女。王毓楼、芙蓉草、何喜春、董玉林兼饰罗汉。

日本剧场有一个规矩很特别，如果发给后台一个书有“大入”两个字的小纸袋，袋内装一枚有穿孔的五分小硬币，就说明是“满员”（客满）。那次在东京共演十四场，后台拿到过十二次小纸袋，由此可知成绩斐然、场场满座了。

在日本最受欢迎、演出次数最多的剧目除了《天女散花》，就要数从5月6日至8日，在东京帝国剧场内连演三天观众爆满的《御碑亭》。高庆奎饰演王有道，梅兰芳饰演孟月华，姚玉芙饰演王淑英，芙蓉草饰演孟德禄，

① 《梅戏与新戏之区别》，载《春柳》1919年第5期。

姜妙香饰演柳生春，贯大元饰演孟明时，董玉林饰演孟夫人，高联奎饰演申嵩，何喜春饰演赵仲贾，陶玉芝饰演姚文荣。

这个演员表是按照日本早稻田大学坪内博士纪念演出剧博物馆收藏的当时的演出节目单排列的。从这份节目单可以看出，高庆奎作为主演王有道的演员，按照常规以头路老生应工，排名第一。不过，这样就排到了梅兰芳的前面。这在当年可是十分稀罕的事了。后来，梅兰芳回忆："那一次我所演的剧目除了新编的《天女散花》之外，最受欢迎的，同时也是演出次数最多的，要算《御碑亭》(《天女散花》演出 7 场，《御碑亭》演出 5 场)。"①

《御碑亭》演出结束后，观众意犹未尽，不住地鼓掌祝贺。除得到日本妇女观众的热情响应之外，还使日本学者也对之产生了兴趣。日本人仲木贞一在文章中写道："我一点也不懂台词，所以我不能懂得细节的妙趣。但梅（兰芳）饰的孟夫人和高（庆奎）饰的王有道，表演夫妇的情爱显得很生动。王有道忍痛给妻子写休书，王后来因为怀疑过孟而向孟表示由衷的歉意，以及孟发脾气把头左右摇摆回避不理等表演，所有这些都很有意思。"②

在评论完梅兰芳和高庆奎的表演之后，仲木贞一又对高庆奎的演出作了总体评价："我觉得扮王有道的高庆奎，技艺的巧妙仅次于梅。"③这说明对日本观众来说，对唱腔的欣赏是一方面，他们更看重的是演员对人物的表演与刻画。"仅次于梅"这样的评价对于 1919 年的高庆奎来说，已经是非同寻常了。日本观众从刻画人物的表演角度进行分析，给予了高庆奎很高的评价。

---

① 梅兰芳：《日本人民珍贵的艺术结晶——歌舞伎》，载《世界知识》1955 年第 20 期。

② 1919 年 5 月 14 日日本《读卖新闻》。

③ 1919 年 5 月 14 日日本《读卖新闻》。

1956年，梅兰芳第三次赴日巡演时，日本友人对1919年那次演出的《御碑亭》依然印象深刻。那天，梅兰芳前往位于东京的帝国饭店，几位日本友人还谈起《御碑亭》中“王有道休妻”这场戏，很多人感动得流下眼泪。王有道休妻的故事固然让日本观众感动，但在近半个世纪之后，仍让人念念不忘，更说明高庆奎对于人物刻画的生动。①

由于赴日本演出的人员有限，高庆奎的演出剧目显示出他能者多劳、剧艺广博的特色。1919年5月12日，演出团在东京帝国剧场演出《春香闹学》，高庆奎饰演陈最良，《贵妃醉酒》中高庆奎反串饰演高力士。同场高庆奎、贯大元、姚玉芙合演《战蒲关》，高庆奎主演刘忠，姚玉芙饰演徐艳贞。《战蒲关》曾被评价为：“颇极一时之盛。”②

《战蒲关》，高庆奎（左）饰刘忠，郭效卿饰徐艳贞

5月17日，演出团在三井演出《文昭关》，高庆奎饰演伍员，贯大元饰演东皋公，芙蓉草饰演皇甫讷。19日，演出团在大阪中之岛中央公会堂演出《空城计》，高庆奎饰演孔明。20日，演出团在三野演出《乌龙院》，高庆奎反串饰演张文远。第160期《立言画刊》之“名伶访问记”评论：“据闻高此剧（《乌龙院》中的张文远）系得于乃父高四保，白口身段均不似反串，高能演《连环套》之黄天霸，《钓金龟》之康氏，《探阴山》之包公，以及司马懿、张文远等大唱特唱，及得有‘高杂拌’之徽号，庆奎之好在于装什么像什么，绝不勉强敷衍了事。”21日下午四时四十

① 梅兰芳：《东游记》，北京：中国戏剧出版社，1980年版。

② 载《春柳》1919年第6期。

分，演出团抵达神户三宫。5 月 23 日至 25 日，演出团应神户华侨的邀请，在聚乐馆演出了三天。这三天的酬劳悉数捐入华侨开办的华强、三江、同文三所学校，作为学校的开办基金。23 日演出团演出的《游龙戏凤》中，梅兰芳饰演李凤姐，高庆奎饰演正德皇帝。24 日演出的《洪洋洞》中，高庆奎饰演杨延昭，贯大元饰演八千岁。当天，在《乌盆记》中，高庆奎还反串赵大。25 日演出的《举鼎观画》中，高庆奎饰演徐策，姜妙香饰演徐琮。

高庆奎演了这么多角色，既有主角也有配角，除了老生还配演了丑行。他能上能下，大家都十分赞赏他。梅兰芳还笑称他是个“百搭”，形象地表达了高庆奎既能当红花又能当绿叶，是一个大家都愿意与其合作的优秀生行演员。

《连环套》，高庆奎饰黄天霸

演出团一行人在日本演出的票价，高于一般日本演出票价一倍以上。虽然票价昂贵，观者仍争相观看。所有营业演出中，除一场演出有 7 张四等座的票未卖出外，其余的票均售完。演出赢得了日本各界人士的热烈欢迎 。

27 日早晨，赴日本演出团到达下关，夜晚乘关釜渡轮“高丽丸”号归国。30 日晚上八时五十分，演出一行人到达了北京前门火车站。

这时，梨园界在谈论演出团日本巡演时，除了围绕梅兰芳的种种话题，还多了一个话题，那便是高庆奎也和梅兰芳唱生旦对儿戏了，特别听说两个人合演的《御碑亭》受到了日本各界的欢迎与热议。正因如此，回到北京的高庆奎，声誉更上了一层楼。

没多久，三庆园赶在其他戏园前面，请到了高庆奎当头路演员。1919年6月中旬，前门大街来来往往的人们从三庆园黑漆门楼前走过，便发现用以招揽观众的金字招牌上，“高庆奎”三个金字比其他演员的名字都醒目。同时，其他戏院也争相邀约高庆奎。除了每周一、二休息外，高庆奎还搭入了7月2日开幕的梅兰芳的喜群社和杨小楼的中兴社。

1926年8月，日本名伶守田勘弥首次到中国献艺。高庆奎随梅兰芳赴日本巡演时，就与他进行过戏剧演出方面的交流，二人很有交情。因此，这次守田勘弥到北京，梅兰芳便邀高庆奎等一起到前门火车站去迎接。20日清晨，高庆奎和梅兰芳、尚小云、贯大元作为代表来到车站迎接守田勘弥。下午四时，梅兰芳和高庆奎等人在大方家胡同李律阁私邸开茶话会，欢迎守田勘弥一行人。守田勘弥谈起1919年第一次看京剧进行交流的情景。他还向梅兰芳、高庆奎等人介绍了同行的中日名流实业团体。守田勘弥一行演出结束前往火车站登车时，高庆奎特意赠送了一个大花篮，略表宾主之谊。

此后，群强报社出版了一本《中日名伶合影集》，通过图文介绍当时参与中日文化交流的著名演员。书中介绍第一个演员是梅兰芳，第二个演员就是高庆奎。这就可见当时高庆奎的社会影响力了。高庆奎通过与梅兰芳合演新戏及出国演出，自身声誉日渐提升。被剧评界认定“非池中物”的高庆奎，一跃而起，迎来了剧艺生涯的新天地。

十一、刘、谭戏皆唱

1919年赴日本演出后的高庆奎获得了巨大成功。不少人都认为此刻的高庆奎完全具备了挂头牌唱大轴的能力，甚至有可以自己组班的实力与时机。像1919年10月1日，剧评家汪侠公发表评论："高庆奎早应自立，不当与他人充配角。前听唱《奇冤报》，比王又宸、谭小培好，嗓音亦冲。此后，若能竟演本戏，声价必然一天比一天大。"[①]

从唱配角到在前场单唱一出，高庆奎嗓音高亢，气力充沛，他艺宗多家风格的剧目，包括贾家的、谭家的、刘家的、汪家的、孙家的。然而，高庆奎首次在北京露演大轴戏，却让那些看好他的人有点儿失望。原来，他演出的是刘鸿声的代表戏《辕门斩子》。

"高庆奎向充里子，声誉甚佳。近年喉音变亮，际此伶界乏才，遂亦得占老生中一席地。乃唱腔趋于刘跛子一途，颇为识曲者所不取。"[②]这些人本来寄希望于高庆奎能继承谭派，而他却走上了不同的戏路。面对戏路的转变，高庆奎受到了一些人的非议。不过，他没有就此退缩，而是回到以谭派为准绳的老路上，决定走一条适合自己发展的道路。

这一时期，高庆奎一方面在搭班时，能自如应付管事派的不同角色，同时观摩学习前辈的演出；另一方面回家练功时，将不同流派的戏不断地钻研。

早在两年前，父亲高四保就为儿子做出了一个大胆的决定，让他去跑码头历练一下，增加在外埠演出的经验。因而在1917年1月28日，高庆奎"首战"杭州，观众在杭州第一台看到了一位新面孔。这天正是农历新年伊始的正月初六，杭州戏院开台之日。第一次到南方的高庆奎，一方面带着北京演戏的唱腔、台风到杭州，接受观众和同行的检验；另一方面也领略了南方的革新思潮。这次的杭州之行为高庆奎在南方取得了一定的声望，也为他两年后赴沪一炮而红埋下了伏笔。

此次，在杭州第一台亮相的高庆奎戏码位列压轴。同台合作者有常春

---

① 1919年10月1日《民国公报附张》。

② 周剑云：《鞠部丛刊》，上海：上海交通图书馆，1918年版。

恒、冯子和、马俊山、俞振庭、李兰亭等。头三天，高庆奎演出了《桑园寄子》《斩黄袍》《战长沙》。这三出戏的选择，是高四保和高庆奎一起反复商量的结果。高庆奎第一天演出的《桑园寄子》宗谭派，第二天演出的《斩黄袍》宗刘派，第三天演出的《战长沙》宗汪派。嗓子运用自如的高庆奎，三天演出了谭、刘、汪三个流派老生的代表剧目，一下子就让杭州观众对这位北京来的老生新人刮目相看。高庆奎受到了杭州人的特别欢迎。有剧评说："（高庆奎）曾应杭州大舞台（即第一台）之聘，亦深得西湖人士之欢迎。"①

杭州第一台的常春恒等人，看到杭州观众对高庆奎十分买账，就决定开演连台本戏，以高庆奎为号召。2月23日，高庆奎、常春恒、李兰亭等人合演一至四本的《年羹尧》，一直演到第十四本。高庆奎在前几本中饰演雍正，在后几本中饰演年羹尧。

本来，高庆奎在杭州第一台每月包银700元，班主见越来越多的观众来看高庆奎演出，就给他增加到900元。就在高庆奎在杭州大红大紫之时，接到了家中来信，原来是他的姊丈李鑫甫病故，家中催促其回京料理丧事，因而只得转回北京。

从搭班当里子老生到在杭州挂二牌回来，高庆奎这个众人眼中的配角老生越发与众不同了。一些人对高庆奎的印象大都停留在里子老生上，他常常在中场单独主演老生戏。这时，在老生谭派唱腔即将统领老生界的时候，高庆奎没有故步自封地延续谭腔谭调，而是另辟蹊径，唱起刘派、汪派的戏，而且高庆奎在演唱一些剧目时，已经显示出他自己的风格。这一点，被剧评家张聊公敏锐地捕捉到了。

《击鼓骂曹》在当时是谭派剧目。张聊公在逐场逐句评论了高庆奎的唱腔特色、身段动作后，做了一个颇有预见性的总结。"总之，高伶此剧，绝

① 1919年11月13日《申报》。

对与谭派不同。举世方酣于谭腔、谭词，而高独不屑追步其后，仍奋力图进，气不懈，其志不在小。异日须生界中，或得割据一席，未可知也。”[①]后来，高庆奎在灌录《击鼓骂曹》唱片时，特将他那高亢激越、独具魅力的唱法留入片子中。听者可从高庆奎声如裂帛的唱腔中，感受到高派独有的魅力。

众所公认，《卖马》是谭派的代表剧目。然而，1917年的一场堂会上，高庆奎竟然在谭鑫培之前两出戏唱《卖马》。4月8日，时任中华民国大总统的黎元洪为招待广西军阀陆荣廷，在北京金鱼胡同那桐花园乐真堂举办堂会。那宅堂会的规格之高从来宾就可见一斑。大总统黎元洪邀请到的主客是段祺瑞总理、王聘卿总长以及徐世昌、梁启超。其他来宾如伍廷芳、曹汝霖、汤化龙、江朝宗、熊希龄、蔡元培等人都是民国政、商、学各界的代表人物。

那宅堂会开锣戏《大赐福》，后是钱俊山的《打樱桃》、许荫棠的《打金枝》、许德义的《嘉兴府》、高庆奎的《卖马》、王长林的《打瓜园》、路三宝的《英杰烈》、谭鑫培的《洪洋洞》(原为《捉放宿店》)、王瑶卿的《得意缘》、刘鸿声的《辕门斩子》、陈德霖的《孝义节》、杨小楼的《挑滑车》、梅兰芳的《黛玉葬花》、王凤卿的《战成都》、李凤云的《四杰村》、刘喜奎的《怒沉百宝箱》、沈飘香的《破洪州》、鲜灵芝的《红鸾喜》。

这天演出十七出戏，高庆奎在第四个登场主演《卖马》，谭鑫培在第七个出场主演《洪洋洞》。高庆奎与张文斌演完《卖马》就赶紧卸妆，赶到下场门边等待谭鑫培登场。

从安排的戏单来看，便发现戏目和平常剧场演出戏单不同。一般来说，名伶、头牌的戏目都安排在最后压轴、大轴登场。而这个戏单戏目里，谭鑫培、王瑶卿、刘鸿声的演出都集中在演出时间的前中部。这是因为，作

① 1917年9月17日《公言报》。

为宴席准备的堂会，一般都把主要演出安排在宴席的前部，越往后，嘉宾大都逐渐退席，堂会则进入尾声。

高韵笙回忆：“父亲说当天下午两点开锣演出，自己对这次演出当然是铆了足劲儿，不过他对这次现场观摩谭鑫培的演出也极为重视。因为谭先生重病在身，有段时间没登台了，他在抱病的情况下改演《洪洋洞》。父亲表示，当时堂会在演《洪洋洞》时，他感到突然笼罩着一种压抑的气氛，颇具悲剧色彩。”

当天与谭鑫培同台配演八贤王的贾洪林回忆：“我与老板（谭鑫培）一起演唱多年，从来未有见过像他这一次的神情异常，特别是双目炯炯发光，咄咄逼人，吓得我不敢正眼看他。”贾洪林和高庆奎没想到，一个月后谭鑫培就病逝了。

细心的人会发现，在高庆奎主演的《卖马》前后，依次登场的老生戏只有四出，即许荫棠的《打金枝》、谭鑫培的《洪洋洞》、刘鸿声的《辕门斩子》、王凤卿的《战成都》。谭鑫培自然演出谭派，刘鸿声自然演出刘派，王凤卿是汪派代表，许荫棠是奎派代表。

戏提调能在伶界大王谭鑫培的前两出安排高庆奎演唱谭鑫培的拿手剧目《卖马》，如果高庆奎的《卖马》演技不高，岂不成了“谭”门弄斧？高庆奎登台之时，正是堂会宾客落座寒暄之后，大多正注目台上演出的时候。如果高庆奎的演出塌台，不仅宾客有意见，当天为大总统堂会当职的戏提调也会落个失职的责任。那么，高庆奎在堂会上，又将如何凭借演技，使自己的表演不逊色于四位流派名角呢？

翻看当年报纸上的种种剧评文章，经常能发现高庆奎的身影。而有关高庆奎的剧评中，《卖马》是一个经常谈到的剧目。早在高庆奎参加这次堂会的前两年，剧评人张聊公就注意到高庆奎出演《卖马》的独到之处。“高伶其时颇自振拔，已勉挤于名角之列。故演《卖马》时之唱做，不似当配角时松懈。平心而论，高伶词句唱工，句句谭味，尚觉不坏。与店主东一

《卖马耍锏》，高庆奎饰秦琼

场道白，词句清爽，神气妙肖。‘店主东’一段［西皮慢板］，抑扬有味，尤以‘黄骠马’之‘马’字，为酷肖鑫培，馀亦曲折有致。二场［摇板］‘店主东卖黄骠未见回转，倒叫我秦叔宝两眼望穿’。两句亦佳。‘家住山东历城县’几句，清婉动听。”①

1915年的《京报》发表徐凌霄的《剧话》：“高庆奎《卖马》以舞锏为最佳，唱功以‘扯住店家撒个赖’一句［摇板］为能有清扬之韵。‘店主东’一段之音节亦顿挫得法，而转折处失之纤巧。‘但不知此马落在谁家’句唱‘但不知此黄骠马落与谁家’亦未不可，但尾音不可放高。神色亦只凄然便可，不必急愤，比不得‘舞锏’一段乃吃饱以后，方可卖弄精神。又‘二人分明是响马’之‘响’字读得不错，‘把响马当做了好宾朋’则读作‘想’。”

1922年7月7日的《民国日报》登载署名王绮川的文章，评论高庆奎7月1日的演出时称：“高庆奎之《卖马》。庆奎于此剧工夫很有，神情一步进一步了，无痕迹可循。‘好汉英雄困天堂’之［引子］极悠扬之妙足。表当日秦二爷满腔郁结。唱‘店主东’一段三眼西皮教老谭为慢，首句不甚见长，‘提起了此马来头大’两腔具落板上，亦大佳。‘骂声秦琼瞎了眼’及‘家住山东历城县’两段唱做均甚合当日神味。耍锏亦为干净。统论全出，唱来又觉清苍又觉凄凉，吾知庆奎天分之高矣。”

《卖马》是高庆奎早期的常演剧目，他甚至在同一天被派演两场。1919

① 张聊公：《听歌想影录》，天津：天津书局，1941年版。

年 2 月 14 日，高庆奎先在同乐园日戏演出《卖马》。当晚，高庆奎又在第一舞台倒第三与王长林、梅荣斋合演《卖马》。可见，观众对他这出戏的欢迎程度。这是因为高庆奎在演出《卖马》时，从念白到腔调、耍锏，都有自己的独到之处。

20 世纪初，《春柳》是一本在京津地区著名的京剧专刊，这本刊物销量很好。每期都有一份《北京名伶演戏月表》。这份表格，每期刊登 21 位当时的著名演员，人名后附有每月的演出剧目统计，即《北京名伶演戏月表》。读者公开投票选举前 21 位名伶，分别排列在第一、二、三表中，每表 7 人。1919 年，就经过读者的选举，高庆奎的名字排入了这个月表。在第三期，根据观众的票数，高庆奎更是一度跻身于第一表的前 7 人之中。此时，在观众的心里，京城七位名角中就有高庆奎。这实在是不简单！此时，29 岁的高庆奎在生行中可谓成名颇晚，不过他终究是成名了。人们发现“非池中物”的高庆奎，在赴日本演出归来后，又是一番新面目。

(197) 柳 春

北京名伶演戲月表 自十一月十日至十二月九日 松岩調查

演戲月表 一

人名 \ 月日○星期	○十一月十日	十一日	十二日	十三日	十四日	十五日	十六日	○十七日	十八日	十九日
梅蘭芳					打魚殺家	頭本虹霓關		黛玉葬花		頭本春秋配
楊小樓					·					
譚小培	洪洋洞	天雷報	武家坡	舉鼎觀畫	黃金台		戰蒲關	葵花峪 瓊林宴	盜魂鈴	八大錘
王瑤卿					·					
王鳳卿					打魚殺家	群英會		戰長沙		魚腸劍
尙小雲	彩樓配	探窯	武家坡	孝義節	虹霓關		戰蒲關	葵花峪	一口劍	
高慶奎			●		白門樓	胭脂虎		上天台 玉無塵	碰碑 長生殿	春秋配

《春柳》杂志 1919 年第 3 期，高庆奎名列北京名伶第七名

第三篇

沪上演出精彩纷呈

一、首次赴沪万事俱备

从日本归来后，高庆奎一边搭喜群社与梅兰芳等人在新明大戏院唱夜戏，一边在天乐园唱日戏。有剧评人写道：“高庆奎在天乐连日演拿手戏，大受欢迎。此后若能长久演唱，声价必驾（谭）小培之上。”①

这时的剧评界已经敏锐地察觉到高庆奎不再是“里子大王”了，他的剧艺和声望已然成为一流的老生演员。此时在一篇《论汉派后起诸伶》的文章中，作者分析了高庆奎、王又宸、孟小如、马连良等人，在谈到高庆奎时，特别写道：“文武昆乱具尚可观，兼擅李贾之长，全材也。”并总结：“庆奎并收并蓄，较占优胜，此亦可为后学戒也。”②

同样，高四保也希望儿子能够再前进一步。他在戏园为儿子把场的同时，还特别邀请到一位特殊的观众，他就是上海丹桂第一台老板——尤鸿卿。高庆奎在俞振庭的双庆社演出了以唱功见长的《辕门斩子》《斩黄袍》《奇冤报》，还有唱做繁重的《太白醉写》等。他的演出得到了台下尤鸿卿的青睐。于是，尤鸿卿在北京与高四保、高庆奎父子商定好每月包银 1200 元（后增至 2000 元）和登台日期后，便先返回上海了。

1919 年 9 月 25 日高庆奎演出戏单

① 1919 年 9 月 24 日《民国公报》。

② 1919 年 8 月 4 日《京报》。

这一下，高庆奎父子喜出望外。1919年10月，高庆奎照例每晚在喜群社与梅兰芳合演大轴《一缕麻》，也开始准备南下了。他和父亲一起反复商量带到上海的戏码。10月9日，高庆奎在喜群社做临别演出，与梅兰芳演出《嫦娥奔月》。10月13日，高四保、高庆奎父子和高秋颦等人一同出京，前往上海。10月16日中午到达上海后，高四保和高庆奎、高联奎兄弟拜会了上海新闻界、文化界、梨园界的袁寒云、樊樊山等一些著名人物，还有在沪登台的杨小楼、刘鸿声等人。

当高四保父子三人见到刘鸿声时，高四保张口说道："兄弟，你的大侄子到上海混生来啦，请你多捧多关照。"他随后用手一指身旁的高庆奎说，"他是学你的，有什么票学不地道的戏，还得到你这儿来求你的指教，造化他一个实授。"

旧梨园界最重的是义气二字，前辈又多喜做提携后进的事。刘鸿声与高四保原是老哥们儿，他天生性格豪爽，是出了名的古道热肠。昔日"庚子事变"时，二人曾在北京创草棚戏园，专门收容贫苦伶人。刘鸿声奔波受累，致罹足疾，但无怨无悔。有了这样一层关系，再加上高四保领着高庆奎亲自来拜门，刘鸿声当下便豪爽地说："庆奎学我最像，你万安，一炮准打红。"刘鸿声又转脸对高庆奎道："你敞开儿露，别以为与我打对台，就有所畏忌。一有畏忌，演出效果准打折扣。你要理戏，尽管到我这儿来，我一定让你落地。"

刘鸿声最后思索了一下，说："大侄子，这么办罢，我索性让你脸露个足。你打炮，我告一个礼拜假，这样你不是正好'惟我独尊'了么。"[①] 对于老哥们儿刘鸿声的仗义之举，高四保不住地称谢，当即忙叫庆奎磕头谢过叔叔。回到住处，他逢人便夸刘鸿声为人仗义、够哥们儿。当时，这事已经传遍了上海各大戏院和梨园界。

① 朱瘦竹:《修竹庐剧话》，上海：江南印刷所，1949年版。

不久，《申报》以“寰球著名全材须生”的广告词来形容高庆奎，虽难免有一些夸张的成分，但是确是生动地勾勒出高庆奎当时表演的特色了，那就是多才多艺。

二、一炮而红

高庆奎在上海丹桂第一台头三天的打炮戏，依次是全本《失街亭》《辕门斩子》《连营寨》。这是高庆奎和父亲高四保、弟弟高联奎三人经过反复商量定下来的。此时，高庆奎转学刘派，做戏也颇获认可，因此头天戏必定是刘派戏。高氏父子三人商量的结果是：第一天上演全本《失街亭》；第二天上演《辕门斩子》；第三天的戏目，三人决定另辟天地，自然要显示出高庆奎的专长，选取了《连营寨》。一方面，剧目要显示传统的骨子老戏中谭派正宗唱念；另一方面要显示高庆奎在做派上的优势。当时贾洪林传给他的有一出《连营寨》，在唱功上，“哭灵牌”一折的大段唱腔，最能展示高庆奎高亢激越的演唱风格；在做功上，“扑火”一折的跌、扑技巧，他也颇有独到之处，承袭了贾洪林不少绝技。在他赴日本演出前后的岁月，也曾多次与杨小楼、俞振庭合作演出《连营寨》。因此，打炮第三天戏目《连营寨》能全面展示高庆奎唱、做的功力。

第一出全本《失街亭》就让“高庆奎”这三个字在上海一炮打响。就像考生面对考官一样，上海不少资深戏迷都来看高庆奎的戏，要考考这个北京来的“学生”。

剧评人“槛外人”当天观看了演出，在其近半个世纪之后所著的《京剧见闻录》中记述了高庆奎《失街亭》出场时的情形：“头天《失街亭》只晓得‘羽扇纶巾，四轮车’七个字，末三字连得炸窝好，奠定高舞台

印有高庆奎《失街亭》剧照的戏本

方面。”①

剧评人费宣若与老友冯小隐、苏少卿等当天在台下就座。高庆奎首次在沪登台，《失街亭》开演之前，费宣若曾与冯小隐有一段对话。费宣若后来回忆：“《空城计》未出场之前，小隐谓予曰，往年在京，每观老谭之空城，必用庆奎配王平，今日以唱王平者唱孔明，心有所感，终觉怅然若失也。予曰，士别三日，未容以常理测之，况庆奎根基深厚，挟技南来，当必有以骚人之望乎？”②

在观看《失街亭》一折时，费宣若对高庆奎饰演的孔明“升帐”一折印象尤为深刻清晰。费宣若回忆：“比《空城计》开幕，四将起霸后，庆奎之孔明在满场掌声中登场，神采静穆而温雅，台步正而小，上身略向前扑，手执羽扇，文而不火，恰合武乡侯身份。念大引‘羽扇纶巾四轮车快似风云，阴阳反掌定乾坤，系汉家两代贤臣’，字正音醇，极抑扬顿挫之妙，‘轮’字卷舌而转入鼻音，悠扬悦耳，‘车’字‘坤’字均用喷口音。‘汉’字为开口音，垫一‘哪’字，就腔转音，咬出‘家’字，‘贤’字拉长，如潭水秋波，起伏有致，再垫‘哪’字而转出‘臣’字，苍劲激越，余音不散，满堂彩声，亦如春雷乍动，予间小隐曰，如何？彼莞然而笑，曰：诚如子言，当刮目相看矣。全场演毕，看得酣畅淋漓，满载而归，而庆奎亦

① 槛外人等：《京剧见闻录》，香港：太平出版社，1973年版。
② 耕云：《歌坛偶忆》之《高庆奎扫边出身 空城计一炮成名》，《宁波日报》，1948年5月12日。

从此成名。”①

通过两位亲眼观看高庆奎在沪首演的剧评人回忆，可以发现高庆奎除了以高调门的唱腔征服观众外，他的［大引子］功力尤为深厚，在念白方面的功力也毫不逊色。

在《空城计》一场，高庆奎的唱功也颇具独到之处。后来他将［二六］唱腔灌制了唱片。这段第一句“我正在城楼观山景”的“我”字就用了京字京音，给人一种耳目一新的感觉。“楼”字没有留气口，连着过门唱了进去。“原来是司马发来的兵”的“马”字连着拖了四板，比他一般在舞台上的演唱拖腔还要长。刘曾复说：“据说‘马’字拖长腔，就是从高庆奎开始的。”“你就来来来”，三个“来”字也是与众不同。特别是第三个“来”字，先用了一个抖动的唱法，然后运用了［回龙］腔。这样的唱法显示了他在继承清末以来的传统唱法风格，给人一种古朴感。可以说，高庆奎处理［二六］唱腔时，在继承了刘派的基础上又有所发挥，颇有独具一格的气息。而唱腔的质朴感，又拉近了诸葛亮与司马懿的距离，就像是诸葛亮在对司马懿说话，而不是演员在演唱。能做到这一点，在当时是非常不容易的。

当高庆奎唱到“望空中求先帝大显威灵”时，他一边将最后一个字慢慢延长，一边将身子正对着观众，缓缓向下场门退去。他的眼睛一直在“笼”着全场观众，全场观众也一直被他的“神”领着，丝毫不觉得戏已松懈。直到他退到下场门，这才停止演唱。在一个节奏鲜明的锣鼓点中转身，毅然亮相下场。就是这样一个下场的细节表演，高庆奎也能赢得一片喝彩声。由此便可知他拿全本《失街亭》当作首次赴沪打炮戏的原因了。

第二天，高庆奎继续亮出撒手锏《辕门斩子》——这出曾在梅兰芳之后唱大轴的戏。不用说，上海的戏迷考官为他打出了满分，都说他艺高气

---

① 耕云：《歌坛偶忆》之《高庆奎扫边出身 空城计一炮成名》，《宁波日报》，1948年5月12日。

足，两天刘派，调高响逸，学得活像。第三天，高庆奎上演了拿手的谭派剧目《连营寨》，观众更是兴奋："第三天谭派，唱做摔都好，顿时红得发紫。"在"哭灵牌"一折，高庆奎以情带声，悲怆凄恻，声泪俱下。

《连营寨》中，除了"唱"，高庆奎的"做"也显露无遗。在"蜀营失火"一场，检场的先在上场门侧幕放几把过梁。这时，剧场气氛便烘托出来了。高庆奎上场后，检场的就跟在他后面。高庆奎一边表演一边翻吊毛。那时，检场的技术真的非常高，高庆奎翻一个吊毛，检场的就向他落地的地方撒上一把火彩。这把火彩叫"垫火球"。高庆奎饰演的刘备落地，就像是落在火球上，顿时火花四溅。那时的演出效果真的是满堂好。特别是演到关兴和张苞扶着刘备上马时，高庆奎表演刘备因为烟熏眼睛睁不开，只能以手摸马辨认事物。这个细节他演得相当细腻传神。

上海的观众看到北京来的老生新秀高庆奎，除了有一副高亢的好嗓子，唱功谭、刘都展现自如，还有贾洪林传授的刻画入微的做派，跌扑也是十分卖力，众口相传，"高庆奎"三个字在上海剧界一时成为话题。

三天下来，被称"红得发紫"的高庆奎喝水不忘挖井人，随父亲登门去谢过刘鸿声。刘鸿声竖起大拇指冲高四保说："怎么样，庆奎不是红了嘛。恭喜老哥哥，你生得好儿子啊。"高四保道："这全仗好兄弟你给我栽培出来的。"

对于高庆奎初次赴沪打炮唱戏时的这段佳话，剧评人朱瘦竹曾说："刘鸿声古道热肠，舍己耘人，的确是伶界标准好朋友。然而也惟高庆奎对得起这一让，平心而论，他学刘鸿声是真像啊，凡是曾见过刘鸿声、高庆奎的，当同此感。"[①] 三天打炮戏让高庆奎一炮而红，而要在丹桂第一台稳居大轴地位，高庆奎还是下了一番功夫。

高四保和高庆奎商议，决定谭派、刘派、汪派、孙派戏轮流上演，把

① 朱瘦竹：《修竹庐剧话》，上海：江南印刷所，1949 年版。

玩意都给上海观众露一露。随后，高庆奎于 10 月 27 日上演刘派《托兆·碰碑》，28 日上演谭派《武家坡》，29 日上演汪派《朱砂痣》、谭派《群·借·华》。30 日、31 日，高庆奎演出（上下本）《列国志》（上本《战樊城》《长亭会》《文昭关》，下本《芦中人》《浣纱记》《刺王僚》）。此时的高庆奎还排演了《珠帘寨》，并将其唱成了代表剧目。

三、在丹桂第一台的演出

高庆奎首次赴沪一炮而红，有些人感到十分意外。因为在他们的印象里，高庆奎还是那个里子老生。这其中就有剧评人民哀说："里子大王高庆奎，居然坐了丹桂第一台的正交椅，小隐说戏是不坏，不过不配为他加价，挂巴斗的金字招牌。鹧鸪同剑云说，听他的《珠帘寨》，还可以满意，听他《捉放宿店》同《武家坡》，可有些受不住了，唱的词句忽而谭、忽而汪，譬如《武家坡》上句唱了'提起当年泪不干'，下句又变了'王三姐打扮彩楼前'，这是他唱零碎的本相，丹桂第一台民国八年请的人，要算庆儿最好呢。"①

同样，刘豁公撰文："高（庆奎）在京时，专为名角作配，伶界所谓硬里子者，高伶也，乃现应本埠丹桂第一台之聘，居然挂头块牌，唱大轴子戏，诚非我人称意所及料，吾今以'一步登天'四字为彼作徽号，想亦诸君子所同意也。"②

从当年的这两段剧评可以看出，剧评人对高庆奎的走红感到意外，但对他的剧艺水平还是十分认可的。同时透露出高庆奎演出的一个特点，就

① 1920 年 1 月 6 日《晶报》。

② 刘达编著：《戏学大全：歌场笑史》，山西人民出版社，2018 年版。

是演唱时不专攻一派。高庆奎向来是谁好学谁，不死守一派。也正因如此，后来，他获得了一个“杂拌”的称号。

剧评人柳遗也对高庆奎首次赴沪隶丹桂第一台唱大轴表示惊讶，但同时报以希望：“此阅报载庆奎竟一跃而为沪上丹桂第一台之台柱子，以其积年苦心孤诣刻苦砥砺所得，试验于歇浦繁华之地，竖子成名在此一举，其艺余固深信，且能恪守绳墨不染时习，立足舞台绰有余地，发轫之初极希庆奎之审慎处之也。”①

在上海半年多的演出中，高庆奎展现了自身特色，老生各流派剧目都尽数登台，其表现还是可圈可点的，与他配戏的是旦行王灵珠和老生周信芳。高庆奎在上海与周信芳同班演出期间，二人合作排演了很多新戏和连台本戏。这一时期，二人都勇于革新创造，所以相处分外亲密。后来二人都力排新戏，特别是都具有强烈的爱国主义和民族主义思想。谈到京剧革新家，便有“南有周信芳，北有高庆奎”的赞誉。

如完全学汪桂芬的《战长沙》中，高庆奎饰演关羽，周信芳饰演黄忠，冯志奎饰演魏延，演出从“发兵”到“投降”。学自贾洪林的全本《战蒲关》中，高庆奎饰演王霸，周信芳饰演刘忠。高庆奎在头本《风流天子》中饰演唐明皇，周信芳饰演安禄山，王灵珠饰演杨贵妃。在头本《海瑞参严嵩》里，高庆奎饰演海瑞，周信芳饰演严嵩。在头本《普陀山》里，高庆奎饰演南宫孝子，周信芳饰演男观音。《申报》评价：“全部《战蒲关》又名《大破莽牛阵》。高庆奎先文后武，着实要比唱一出平常靠把戏累。各界看了，从此可以明白《战蒲关》的前因后果，又可以加一倍相信高庆奎君实在神乎其技。”

而像《八蜡庙》，老生一般饰演施公。高庆奎则十分特别，饰演院子，展示《打棍出箱》式的过场与《乌盆记》式的唱功。院子本是扫边行当，

① 1919年11月13日《申报》。

自高庆奎开始，便归正工老生饰演。这一方面显示了他的艺术才华，另一方面源于他以前当配角时积累的功底。最值得一提的是，高庆奎演出了改良的一至二本《戏迷传》，全剧高庆奎演出生、旦、净、丑各行当经典片段。老板见高庆奎的《戏迷传》如此受欢迎，就询问高庆奎能否反串演武生戏和花脸戏，高庆奎自然是爽快地答应了，因为在搭班时，他就把武生、花脸等几个代表戏都烂熟于心了。

如高庆奎演出《骆马湖》，从“殷家堡”到“擒李佩”，反串黄天霸，宗黄月山的黄派。他演出全部《草桥关》，从“金殿读旨”到“大破牛毛”，反串姚期，宗刘鸿声。周信芳饰演姚刚，王灵珠饰演郭妃，樊春楼饰演岑彭，王金元饰演杜茂。他演出《钓金龟》，反串康氏，宗龚云甫的龚派。他演出《佳期·拷红》，反串崔老夫人，陈嘉祥饰演张君瑞，宋志普饰演崔莺莺。《申报》上撰文：“高庆奎此次到沪居然站得住第一台之大轴子地位，其唱工、其做派确有可以立足舞台之资。揣摹贾狗儿得其精髓，称之谓唱做全材，尚还受之无愧。”[①]

此外，高庆奎还演出了多出新编剧目。如1919年11月23日，高庆奎首次演出《胭粉计》，他饰演孔明，周信芳饰演司马懿，另有王金元、樊春楼、冯志奎配演。12月23日，他首次演出全本《宋十回》，又名《浔阳楼》。这两出戏后来都成为高派代表剧目。

署名“醒民”的剧评家评论：“今日沪上除时慧宝、高庆奎、罗小宝外，更无可听之角也。”[②]在上海滩唱红后，高庆奎的身价倍增。为此，北京广德楼主人、名武生俞振庭联系高庆奎，让他挑大梁。不久之后，高庆奎博采众长，力求改革，自创新腔，终于形成了别具一格的高派。

① 1919年11月18日《申报》。

② 1920年4月18日《上海先施日报》。

四、在沪唱红《珠帘寨》

剧院老板尤鸿卿见高庆奎势头大增，越发欣喜。丹桂第一台全班演员对高庆奎更是另眼看待。后台经理周信芳也出全力捧架这位北方来的老生新秀。由此，高庆奎在上海便创造了多个“第一”。对高庆奎来说，最为重要的也许就是自谭鑫培之后，他成为在上海把《珠帘寨》唱红的第一人，并将其唱成自己早期的看家戏。有人说：“高庆奎以扫边出身，居然有今日之地位，自属不易，此次来沪其父四保携至。四保为都门老伶识人颇多，故庆奎得益不少，日前听其《珠帘寨》唱尚不弱，白颇沉着有味。起霸对刀接箭等场，亦均可观。以做白论，固胜于鸿声也。”[①]

高庆奎常与晚年的谭鑫培同台，观摩其演出的《珠帘寨》，唱腔、做派早已揣摩入心。而且有谭鑫培义子李鑫甫给高庆奎说身段教把子，再加上自己天赋的好嗓子，运腔使调游刃有余，他在谭派《珠帘寨》的基础上结合汪派、孙派特色形成了自己的演唱风格。当尤鸿卿和高庆奎谈起演《珠帘寨》时，高庆奎和父亲高四保心里其实略有担心。虽说高庆奎也曾学过这出戏，但是此时上海的班底都没唱过，需要高庆奎说全出。

于是，高四保再次走访刘鸿声，说起尤鸿卿要派《珠帘寨》的事。刘鸿声说：“尤老板要赚钱，该怎么演就怎么演，你叫大侄子放开演。在上海，老谭之后没人敢动《珠帘寨》，大侄子能把这戏唱红，那才真的是站住了脚啊。”高四保回来后和高庆奎转达了刘鸿声的鼓励，高庆奎便和丹桂第一台全班放开手脚编排起了《珠帘寨》。

---

① 1919年11月12日《晶报》。

1919年11月1日，高庆奎在沪首演《珠帘寨》。演出时，他完全按照老规矩，脸上略抹膏红，画白眉。他的行头也是完全老样，只有李克用第二次上场时穿黄帔。配演众家太保的全体武生用的都是自己的私房靠。其中，王金元饰演的周德威，完全照武小生扮相，这也沿袭了花脸演唱李克用时周德威俊扮的老例。在座的上海剧评家冯小隐说："庆奎之嗓虽多尖音，然能高能矮，较鸿声尚挂味。腔调力摹谭氏。貌似神非亦称难得。'看宝'时唱'收之有愧'字，行腔颇饶韵味。"[①]

演出当天，配演的众家太保都铆上了。在"点兵"一场，太保头两个起全霸，以后八个四对双霸，单对群档大开打。这次演出《珠帘寨》，丹桂第一台的演员是"全梁上坝，分饰配角""配角之好，空前绝后"。高庆奎饰演李克用，周信芳饰演程敬思，王灵珠、高秋颦分别饰演大皇娘、二皇娘，王金元饰演周德威，陈嘉祥饰演李思源，樊春楼、小福安等饰演众家太保，李少棠饰演老军。与高庆奎对把子的王金元俊扮周德威。因为这次高庆奎唱红了《珠帘寨》，上海演员都来观摩高庆奎的演出，从此在上海由武生应工周德威，不再勾脸了，甚至穿的靠的颜色也不再是花脸应工时的绿色，而是沿袭王金元的紫靠。

值得一提的是，《珠帘寨》中李克用演唱时有一句"怕老婆的人儿又加级又记录（指记名在册以备升迁），还要赏戴花翎"，高庆奎在上海演唱时，因地制宜，把这句即兴改为"怕老婆的人儿好拉黄包车"，并且是用刚学的上海话演唱的，此举在沪上颇成一时趣谈。

随着同行对高庆奎演出《珠帘寨》的观摩，不久之后，《珠帘寨》便成为上海炙手可热的上座戏了。1921年上海剧评家出版的《男女名伶小史》在评论高庆奎时，唯一举例谈到的剧目就是《珠帘寨》，"其（高庆奎）唱《珠帘寨》一剧耐人寻味，唱工既不弱，说白又清爽，'对刀''接箭'等

---

① 1919年11月6日《晶报》。

场，亦均大有可取处。”[1]

北京也有剧评点出高庆奎能发挥自身优势，把《珠帘寨》唱成看家戏的原因。报章评述：“高庆奎以《珠帘寨》在沪驰名，在京贴演此亦克叫座，饰斯剧之李克用，唱白、做工、功架诸种处处规矩，无大疵点，自始至终唱句虽多，无力竭声嘶之弊，究属非易也。”[2]

1921 年 7 月 31 日，是高庆奎离开北京前最后一天登台演出的日子。他在华乐园特意选择《珠帘寨》作为临别演出的剧目。两个月后，高庆奎在上海亦舞台演出期满。1921 年 10 月 19 日，高庆奎在上海做临别最后一日演出，大轴戏依然选择的是全本《珠帘寨》。这也就无怪百代唱片公司在 1921 年约请高庆奎灌制平生第一批唱片时就有《珠帘寨》了，而且是灌制了两面。这张唱片于 1921 年 10 月 1 日，趁着高庆奎在沪登台的时候正式发行了。

有报章评价：“高庆奎之《珠帘寨》，唱工徐疾中节、高低合度、字斟句酌、斩金截铁，做表水银泻地、无孔不入，打武干净紧凑、恰到好处。允称独步南北，一时无两。”[3]

那么，高庆奎演出的《珠帘寨》到底有何过人之处？剧评人说：“《珠帘寨》以高庆奎、马连良、杨瑞亭三演李克用，俱克精彩，试缕述之。首段由‘解宝’至‘发兵’，为此戏最吃重处，高庆奎演来，头头是道，绰绰有余。‘宴饮’时一段 [西皮原板]，调高响逸，咬字亦清。‘李克用撩袍跪北州’一段 [二六]，尤觉爽澈。与程敬思对唱时，台步稳重，表情周到，不愧老手。惜张国斌限于天赋，未能胜任愉快，为可憾耳。‘昔日里有个三大贤’一句 [导板]，颇饶韵味，‘刘关张’一段 [原板]，直至三句‘哗啦拉’，高下疾徐，抑扬顿挫，运用自然，绝无丝毫疵病，可见高庆奎唱戏本

① 顾曲周郎：《男女名伶小史》，上海：中外书局，1921 年版。

② 1921 年 2 月 25 日《顺天时报》。

③ 1923 年 5 月 20 日《申报》。

钱尚足，确有对付能力。至其中字句韵味，研音审律，则不免时有出入，此即所以逊于小余也。然小余每唱此剧，则茶不离口，且时形竭蹶之状。庆奎固天赋喉咙者也，吾料其将来研究，当能造极。观其前后莅沪，即可知矣。皇娘要见，及三个‘不发兵’，种种表情，亦复老到可喜。”[①] 这样一来，从北京到上海，剧界内外都对高庆奎演出《珠帘寨》有一致的赞许。高庆奎的《珠帘寨》从剧艺水平到声誉，都是谭鑫培之后的第一份。

《珠帘寨》，高庆奎饰李克用

1925 年，高庆奎演出的《珠帘寨》在观众心中已占有重要的位置。“《珠帘寨》一剧为须生吃重戏，有文、有武、有唱、有做。目下能演者虽多，然讨好者极甚，前观高庆奎演此甚佳。”[②]1927 年元旦，高庆奎组成的普庆社在大栅栏庆乐园演出。“该园去年十二月三十一日始开幕。系高庆奎所组织。是夕高庆奎演《珠帘寨》，其妹夫郭效卿新出台演《女起解》。高庆奎之《珠帘寨》饰李克用。唱功因嗓子清亮，腔调又多自出新奇，颇极动听，以故前台极表欢迎，‘好’声轰然。带演‘收威’，起霸接前各场，神情均极老当。”[③]

---

① 1923 年 5 月 20 日《世界小报》。
② 1925 年 1 月 19 日《申报》。
③ 1927 年 1 月 6 日《东方时报》。

从高庆奎于1919年首次赴沪将《珠帘寨》唱红算起，到了1927年，他在普庆社首日演出时依然以《珠帘寨》作为大轴戏，可见他演出的《珠帘寨》的号召魅力。李万春曾谈到，即便是20世纪50年代向李小春传授《珠帘寨》时，还传授过自己小时候学习的“高派”的特有演法。可见高庆奎的《珠帘寨》在民国时期是独具特色并深入人心的，当时的不少生行演员争相学习高庆奎的演法。①

五、丹桂第一台的新戏

赴沪演出期间，高庆奎在丹桂第一台首次演出了全部《胭粉计》和全部《宋十回》。这两出新戏，虽然经过高庆奎多年打磨日趋精湛，但人们还是能够感觉到一些海派气息。不过，当时排演的其他剧目，海派气息更加浓郁。

1919年11月11日到16日，高庆奎首演一至六本连台本戏《麒麟阁》。这是一出老戏新编的连台本戏。头本中，高庆奎饰演秦琼，周信芳饰演杨广，王金元饰演李渊，王灵珠饰演柳氏，高秋颦饰演郡主，冯志奎饰演单雄信，元元旦饰演鸿雪，赵云卿饰演杨勇，吴桂芬饰演秦母，陈嘉祥饰演王伯当，李少棠饰演王老虎，增长胜饰演李密，筱鑫培饰演文帝，李庆棠饰演柴绍，王兰芳饰演春梅，陈永奎饰演徐建文，樊春楼饰演李道宗。

除了《麒麟阁》中的《临潼关》《卖马》等老戏，高庆奎还演出了新戏《骂杨广》中的伍健章、伍云召，《伯当招亲》《断密涧》中的王伯当。特别是与饰演东方氏的元元旦合演《伯当招亲》，高庆奎反串小生王伯当。

① 周恒编著：《菊海竞渡：李万春回忆录》，北京：中国文史出版社，1990年版。

第六本中的《断密涧》，高庆奎饰演王伯当，周信芳饰演李密。剧评家朱瘦竹说："老高的多才多艺，在《麒麟阁》里露个明白。"[①] 由于演出连台本戏获得成功，因此高庆奎演出的一至六本《麒麟阁》在丹桂第一台多次上演，直到高庆奎第二年5月离开上海到汉口演出。

11月23日，高庆奎首演一至二本的《大闹花灯》，在剧中饰演徐策、换金斗，周信芳饰演薛刚，王金元饰演薛猛，王灵珠饰演纪鸾英。《申报》宣传时注明：特烦全班艺员，重编改良历史，唱做俱全文武好戏，并请江浙名师巧造各种走线活动新奇像真，改良太庙大掉龙灯，戏装背搁异样灯彩，观之畅心悦目。由此可见，丹桂第一台也是倾力打造这出戏，除全班演员在原剧本基础上加以改造外，剧院还从江浙聘请舞美名师，设计安装了布景道具，增加了演出的观赏性。

12月13日，高庆奎首演《独闯锁阳关》。

1920年2月29日，高庆奎首演头本《普陀山》，在剧中饰演南宫孝子，周信芳、王灵珠分饰男、女观音，高秋颦饰演节妇，王金元饰演黄龙真人，樊春楼饰演哪吒。头本《普陀山》是丹桂第一台以重金打造的海派新戏。"新编观音历史，昆乱并重文武俱全，特别布景破天荒灯彩，劝善佛学情节好戏"是丹桂第一台给头本《普陀山》的头衔。从简单的评价就可以看出这出大戏

《洗浮山》，高庆奎饰贺天宝

① 朱瘦竹：《修竹庐剧话》，上海：江南印刷所，1949年版。

十分热闹。从戏单得知，全剧参演人员就有 70 多人。首演获得好评，第二天上座更是满座。第三天的《申报》宣传："前昨两晚八时即患人满，迟至者辄抱向隅之憾，今晚联演以期普及盖徇各界之请也。"① 此后的三个月内，头本《普陀山》上演了 15 场。

3 月 31 日至 4 月 1 日，高庆奎再创新戏，首演头本、二本《风流天子》。剧情取材《唐史》及昆曲《长生殿》。头本《风流天子》演绎贵妃进宫得宠、梅妃受挤被贬、明皇系鼓催花、贵妃醉酒歌舞。二本上演安禄山作乱、唐明皇幸蜀、马嵬坡饮恨、偷祭贵妃坟、梦中显太真。高庆奎饰演李隆基，王灵珠饰演杨贵妃，周信芳饰演安禄山。

4 月 10 日，高庆奎首演第九至十本《神怪剑侠案》。正值高庆奎在丹桂第一台挂头牌，自然由高庆奎担任主演。

5 月 1 日、2 日、8 日，高庆奎首演了取材《明史》及《海瑞传》而成的第一至三本《海瑞参严嵩》。高庆奎饰演海瑞，周信芳饰演严嵩，王灵珠饰演张元春，高秋颦饰演张宫花。

上海之行对高庆奎的艺术道路产生了深远的影响。自 1911 年参与话剧演出之后，高庆奎就冲破了保守主义思想，其在演出剧目、舞台表演、审美趣味、价值观念等方面在这个时期都受到上海海派艺术的影响。在当时被认为是继承京朝派老生不二人选的高庆奎，此时完全畅游在海派艺术的大海中。短时间内，经过简单排练上演的大量新戏，虽然大部分未能流传至今，但是这些戏丰富了高庆奎的舞台经验，让他进一步拓展了演出思维，目睹了上海京剧市场的繁荣。

① 1920 年 3 月 1 日《申报》。

六、回京初挂头牌

高庆奎首次在上海挂头牌一炮而红之后，汉口的剧院也注意到这位老生新人。汉口合记大舞台的老板赵子安在上海看完高庆奎最后一场临别演出《戏迷传》之后，找到他商量到汉口演出的事。剧院老板提出高庆奎依然挂头牌唱大轴，父亲高四保觉得这样的机会不能错过。高庆奎也十分兴奋，自己初次到上海打炮，汉口剧院的老板都主动来约请，自己对将来更是信心满满。让高庆奎更加兴奋的是，这时在汉口合记大舞台的合作者，大都是北京的老搭档，有贯大元、诸茹香、金仲仁等人。原来，梅兰芳受汉口合记大舞台之邀，演出期满北归，王蕙芳、郭仲衡、金仲仁、贯大元等人留在合记大舞台继续演出。因此，这期在合记大舞台除了头牌高庆奎唱大轴，二牌武生李兰亭唱压轴，三牌王蕙芳唱倒第三，还有郭仲衡、傅小山等人。郝寿臣陪高庆奎在大轴唱了不少生净对儿戏，有《捉放曹》《击鼓骂曹》《琼林宴》等。

就在这时，北京爆发军阀战争的消息传到了汉口。高四保、高庆奎父子担心北京的情况，便没有续约。在这样的气氛中，北京各家戏院持续两个月停演。这段时间，新明大戏院、王又荃和上海丹桂第一台都来约请高庆奎演出。听说新明大戏院要约请高庆奎，俞振庭坐不住了。这位消息灵通的俞五爷，从返京的朋友口中得知高庆奎在沪、汉挂头牌的情形，看到《申报》上夺人眼球的高庆奎的演出广告，他在一天晚上悄悄来到了高庆奎家中。俞振庭和高四保、高庆奎爷俩商量，这回高庆奎单独搭在三庆园自己的班中，不再搭其他班，而且由高庆奎挂头牌。不过，高庆奎提出，原本自己和尚小云说好回北京一起合作，如果自己在三庆园挂头牌，二牌旦角得是尚小云。俞振庭爽快地答应了。

此时，北京的著名老生由于时局动荡大多辍演。细数过来，王又宸出北京演出，余叔岩被丹桂第一台约走，而王凤卿则在此时离开了三庆园。在这样的情况下，高庆奎替代了王凤卿的位置，在三庆园挂起了头牌。

1920 年 8 月底，北京市面稍事平稳，三庆园门口也扎起了彩牌坊，“高庆奎”三个大字引得路人驻足观看。在王凤卿离开三庆园之后，这里的一楼普座戏票跌到了 24 枚铜元一张。虽然高庆奎在沪、汉的演出成绩不错，但对于头次在北京挂头牌的高庆奎能否挽回三庆园的上座率，俞振庭心里还是有些担心。

原来，此时的新明大戏院没有邀到高庆奎，抢先重金约到梅兰芳并且开锣。刘鸿声也将在吉祥戏院挂头牌。戏报上，俞振庭只把票价定到 30 枚铜元一张。高庆奎看出俞振庭的担心。他和俞振庭商议，自己开锣演唱从上海开演的新戏全部《胭粉计》，并且说明自己在上海挂头牌时有了不少赢得上座的经验。然而，俞振庭还是有所顾虑，他和同行在交谈时说的是“双庆社在三庆园试办”。

9 月 3 日，试办的双庆社开锣了。全班除了高庆奎挂头牌、尚小云挂二牌，合演者还有俞振庭、贯大元、郝寿臣、九阵风、诸茹香、德珺如、俞赞庭等人。高庆奎在大轴全部《胭粉计》开始后、头场“升帐”前，向演完《青石山》还没卸妆的俞振庭表示：当初他安排自己大轴唱《辕门斩子》赢得了大家的认可，这回他也放心吧。果然，高庆奎的全部《胭粉计》反响空前热烈。因为这出戏是高庆奎结合孙派戏路，根据上海的剧本排演的，纯粹是自己的私房戏。前三天大轴戏满堂后，俞振庭将票价提高到 40 枚铜元一张，这是当时的高票价了。

高庆奎在三庆园和尚小云合作生旦对儿戏，更为戏院上座率提供了保障。二人配合默契，相得益彰。当时有消息称：“尚小云颇愿与高庆奎携手，因渠对已诚意联络不变初志。两伶相得益彰也。”[①] 早在搭班期间，高庆奎与尚小云就是经常合作的搭档，私交深厚。因此，高庆奎与尚小云两个人对彼此的演法很熟悉，合作十分精彩。如 9 月 20 日，高庆奎、尚小云大轴合演《打渔杀家》。25 日，高庆奎、尚小云大轴合演《汾河湾》。29 日，高庆奎、尚小云大轴合演《探母回令》。其中就数《打渔杀家》最为叫座。徐凌霄看过该戏之后，于 10 月 2 日登报：“高庆奎于谭之身段做派清稳伶俐，十得八九。（打个样儿）脱衣拈帽式非常漂亮干净，余叔岩不及也。”[②]

同时，高庆奎在大轴还演了不少老生重头戏。如 9 月 24 日三庆园夜戏，高庆奎大轴《斩黄袍》，尚小云压轴《审头刺汤》。10 月 12 日三庆园夜戏，高庆奎大轴《奇冤报》，尚小云压轴《玉堂春》。18 日三庆园夜戏，高庆奎大轴《卖马》，尚小云压轴《思凡》。关于《斩黄袍》有剧评：“庆奎饰宋太祖，做功似觉很好，而唱功虽染外江习气，间亦有精彩处。”[③] 而针对高庆奎演出的谭派《卖马》，则有剧评：“高庆奎之《卖马》，以舞锏为最佳；唱工以‘扯住店家撒个赖’一句［摇板］为能，有清扬之韵。‘店主动带过了黄骠马’一段之音节亦顿挫得法，而转折处失之巉巧。‘但不知此马’句，亦未为不可。又‘二人分明是响马’，‘响’字读的不错。”[④]

剧评人不仅看到高庆奎的演出十分上座，还看到其赴沪归来后表演的变化：“高庆奎自沪演归来，较前实有所进境，口齿清白，做工入细。惜犯宗派不纯之病，惟用工甚勤，苦心孤诣，精益求精。正当壮年，前途难量。特为之进忠告，唱戏如作文，宗派非有阳湖之才气，不易于桐城外自一立

① 1920 年 9 月 15 日《顺天时报》。
② 1920 年 10 月 2 日《京报》。
③ 1920 年 10 月 18 日《日知小报》。
④ 1920 年 10 月 20 日《京报》。

帜，打破门户之见不易言也，庆奎助之。”[①]

班主俞振庭心里自然是十分满意。高庆奎既没有要求涨戏份，又对俞振庭派的戏码完全服从，每日都演老生重头戏。特别是在此时北京少有其他老生挂头牌班社的竞争下，三庆园的上座数颇丰。

多年之后，组班的高庆奎顾念当年俞振庭的提拔之恩，特别关照他的亲戚小振庭。那时小振庭刚搭班，就在高庆奎班社挂起三牌来。对于一位武生新人，搭班便挂三牌，这还是少见的。高庆奎还嘱托管事安排小振庭与自己配戏。比如，小振庭和高庆奎合演过《长坂坡》《连营寨》《哭秦庭》这样武生分量重的戏。后来，小振庭盛誉鹊起，便用起本名孙毓堃了。

首次从上海演出回来的高庆奎，为挂头牌置办了各样全新的行头。三庆园的门帘、桌帷、椅披均焕然一新，这些都是高四保给儿子专门定做的。高四保心想，儿子终于从底包成为头牌，头牌就要有头牌的样子，置办的这些东西都是必不可少的。剧评人马二评价此时三庆园挂头牌的高庆奎说：“甚至配角龙套等衣装，亦系彼自制者，而本身之行头漂亮，更不必说。”[②]这样的景象自然对三庆园的上座率有帮助。对于儿子挂起头牌，高四保自然高兴，高庆奎也包了一辆马车天天上戏馆。

时过境迁，早年搭班时，高庆奎从家带着干粮，中午就出门步行到戏园唱白天戏。而此时的高庆奎不但行头焕然一新，连到剧院去都雇了马车。不过，他没有忘记孝敬父亲高四保，有时自己不用马车，高庆奎就嘱托父亲办事以马车代步。挂起头牌的高庆奎，其盛誉的增长就像代步的马车一样快步如飞，真有点一日千里了。

1920 年 7 月，上海的丹桂第一台未能约动高庆奎，上海的亦舞台于 10 月到北京来约高庆奎。原来，这次亦舞台邀请高庆奎源于此时剧院的房产被某交易所攫去，不过剧院房产合同还有两个月到期。因此，亦舞台决定

---

① 1920 年 10 月 9 日《京报》。

② 1921 年 3 月 1 日《晶报》。

在迁往新地址前，邀请高庆奎演出做完美收官。亦舞台给高庆奎开出每月包银 3500 元的价钱，两个月就是 7000 元。亦舞台约角人带着包银到了高家，交给了高四保、高庆奎父子。爷俩一商量，干脆再去趟上海。

10 月 31 日，三庆园演出夜戏，为了临别演出，俞振庭要了一下噱头，高庆奎在倒第四反串《草桥关》，大轴反串《钓金龟》。亦舞台约角人那几天和高庆奎定了合同，交了包银，但没走。他们在北京接连几天看高庆奎的戏，最后这一天的反串戏更是叫他们十分满意。关于高庆奎到上海后的戏码，约角人心里有数了。

七、首赴上海亦舞台

高庆奎第二次赴沪留影

高庆奎从 1919 年 10 月在丹桂第一台演到第二年 5 月底，只隔两个月，丹桂第一台的老板又到北京邀请高庆奎于中秋节到上海演出。可见高庆奎在上海受戏迷欢迎的程度，丹桂第一台也因高庆奎获利颇丰。不过，高庆奎被闻风而至的亦舞台通过李少棠介绍以每月包银 3500 元约去，这在当时赴沪名伶的包银中也算高价。最终包银以 45 天为期，定在 4500 元。

1920 年 11 月初，高庆奎和弟弟高联奎一同启程，应上海亦舞台之邀，第二次到上海演出。亦舞台对高庆奎进行了隆重的宣传，报纸冠以“首次回申，须生泰斗”。剧院卖的上等座位达到了大洋八角，是自李吉瑞在该台破天荒卖过一元后的最高价了。11 月 8 日，高庆奎到了上海后，和亦舞台剧场老板商议戏目。前三天的打炮戏依照第一次来上海演出的三出戏，从 10 日到 12 日为《辕门斩子》《失・空・斩》《连营寨》。

上海《新闻报》写道："高艺员庆奎是一个绝顶聪明的人。他唱须生学谁像谁，比如就说前昨两晚的戏吧。《白虎堂》(《辕门斩子》) 调高响逸，逼真就是刘鸿声。《空城计》珠圆玉润，逼真就是谭叫天。这几年往来的须生虽然不少，然而听得过瘾的简直就只有高艺员一人。"[①] 由此可见，高庆奎的高亢嗓音、高调门拖长腔的演唱风格非常受上海戏迷的喜欢。

第三天的戏，《申报》有剧评："今晚《连营寨・哭灵牌》有一大段[原板]，两大段[慢板]。这出戏也是谭叫天的名作，却也是高艺员的名作。他学谭叫天运音使腔咸得神似，而且脸上身上都好，简直与叫天一模一样。火烧连营的神情，仓皇跌破紧凑不支不离，再接再厉。他人暮气太深。不用说，就叫叫天复生恐怕也要敬谢不敏。"[②] 高亢的演唱风格，柔和细腻的表情刻画，可以说高庆奎在唱、做方面都入木三分。

三天之后的戏目怎么定？老板拿出了不少来自观众的信函，同时也谈到约角人在三庆园看过高庆奎的《钓金龟》《草桥关》，认为高庆奎的老旦戏、花脸戏都不错，胜似一般演员的反串。因此戏院决定立即开演《戏迷传》。

原来，在第一次到上海演出时，高庆奎入乡随俗演出了海派戏《戏迷传》。在这出戏中，高庆奎不但饰演生、旦、净、丑各派名剧，而且自拉自唱，当场写书法，叫上海观众大呼过瘾。半年后，高庆奎演期临近结束，《戏迷传》又被当作重量级的剧目安排在最后几天演出。

这次，高庆奎还和王鸿寿（艺名三麻子）合作了一些关公戏。高庆奎一向是谁的玩意好学谁的。高庆奎从来不故步自封、骄傲自满，而是保持

① 1920 年 11 月 12 日《新闻报》。

② 1920 年 11 月 12 日《申报》。

着从父亲那里学来的忠厚、谦虚的品质。这样的品质一直保持到他退出舞台。据《人生旬刊》记载，即使是钱金福的“耍牙”技巧，高庆奎也下了两三年的苦功夫学到手。这次赴沪他有机会和有“活关公”之称的王鸿寿同台奏艺，台下自然是向其虚心求教了。高庆奎没有浪费在上海的任何时间，除了演戏、排戏，便是向王鸿寿讨教，学会了几出红生戏。像《单刀会》经过王鸿寿的指教后，成为高庆奎的保留剧目。后来，每当高庆奎演全本《逍遥津》时，便从《单刀会》演起。再如《华容道》，高庆奎在生行首创“一赶三”的演法，成为后来演出该剧的一个卖点：前饰鲁肃，中饰孔明，后饰关羽。

由于高庆奎的全部《连营寨》在亦舞台最叫座，王鸿寿的关公戏又最出名，因此二人合计编排上演了一至三本的《关公升天》。12 月 1 日演出的头本里，王鸿寿饰演关羽，高庆奎饰演廖化。在“颁兵”一场，高庆奎的廖化被评论是“抢天呼地，泪随声下，克是会声会影”。第二天，在二本里，高庆奎饰演刘备，是以“造白袍”“小桃园”两折戏为核心编排而成。剧评为“得兆造白袍等场，唱既哀感悲抑，做尤痛快淋漓，敢云有演是剧者首屈一指”。[①] 第三天，在三本里，高庆奎饰演刘备，演出“哭灵牌”“伐东吴”“火烧连营”。

转眼两个月的合同到期，高庆奎即将返京。戏院和高庆奎商量临别演出的戏目，确定高庆奎反串演出《草桥关》。作为一名当时的老生新星，高庆奎第一次到上海曾被冠以“兼演大面”的头衔。这次还没有演出花脸戏，因此《草桥关》作为高庆奎的临别演出戏颇受瞩目。当时评论他这出戏的表演是：“他倒串姚期完全学金秀山，调高响透，真有天马行空，不可捉摸的好处。他前一次来申，常演这出戏，常挂满座。这回从没演出，现因临别纪念特在今晚末唱一次。”[②]

① 1920 年 12 月 2 日《新闻报》。

② 1920 年 12 月 31 日《新闻报》。

《汾河湾》，高庆奎（右）饰薛仁贵，金碧艳饰柳迎春

《草桥关》演完后，戏院得知当天来购票的很多观众都没买到票，于是又挽留高庆奎再待一天。也就是1921年元旦白天，高庆奎与白牡丹（荀慧生）合演《汾河湾》，因为是挽留，所以高庆奎并不拿包银，不过他还是卖力地演出《汾河湾》。为了感谢上海戏迷的厚爱，高庆奎最后晚场又演出了《戏迷传》。

对于这次高庆奎在亦舞台的演出成绩，有剧评："叫天（谭鑫培）亡故后以谭派鸣于时者，故不乏人，庆（高庆奎）以里子出身，亦颇不弱，又宸以下故不足道矣。顾余（余叔岩）、高在沪叫座之能力，则余远不如高，此无他嗓子关系也，一则暗不如声，一则大小均有，沪上顾曲家大多重嗓轻味之流，虽直嗓长喊之流如小达子尤得欢迎，矧庆奎二者俱全乎者是。"①

两个月后，上海亦舞台于12月初便派人到北京邀高庆奎去演出。"明春亦舞台请贯大元唱三月以后，拟再请高庆奎。高庆奎在上海很有人说他好，委其缘故，高庆奎能合上海人看戏心里罢了。"②

① 1920年11月20日《先施乐园日报》。

② 1921年1月28日《先施乐园日报》。

八、《戏迷传》生旦净丑一肩挑

在亦舞台，高庆奎除了演出传统老戏，还上演反串形式的三本《戏迷传》，这出叫座戏成为高庆奎早期赴沪必演的戏。虽然《戏迷传》并不是高庆奎唱红的，也不是他的新编戏，但这出戏体现出的是高庆奎才艺的广博。他以极具天赋的嗓音模仿当时各流派的唱段，将个人优势全都发挥了出来。

《戏迷传》实际上成为高庆奎多次赴沪演出时临别赠演的一种广告，即表示腹内阔绰、博才多能。在一出戏内，能欣赏各门各派的经典片段，戏迷何乐而不为？于是，这出戏场场爆满也就不足为奇了。

在头本中，高庆奎演的最经典的有三出好戏：一出是汪派的《马前泼水》，“低起来仿佛银屏落井，响起来仿佛天马行空，实在学得像极”[①]。二出是孙菊仙的《逍遥津》，“十几个欺寡人唱得不快不慢，尺寸正好，而且音节苍凉，简真就和老孙一模一样”[②]。三出是刘鸿声的《草桥关》，“不但唱工像，而且工架也像”[③]。

至于高庆奎“工架”模仿得有多像，有剧评：“高庆奎唱《戏迷传》，比较毛韵珂、赵如泉高明得多，不过学汪伶隐的“马前泼水”一段［二六板］，学得太像了，连耸肩皱眉都学上了。”[④]《新闻报》评：“高艺员之《戏迷传》名震申江，妇孺皆知。今晚绅商特烦准演头本《戏迷传》。头本内以孙菊仙派《逍遥津》、汪笑侬派《马前泼水》、谭鑫培派《问樵闹府》、刘

① 1920年5月26日《申报》。
② 1920年5月26日《申报》。
③ 1920年5月26日《申报》。
④ 1920年3月18日《晶报》。

《拿高登》，高庆奎（右）反串高登

鸿声派《草桥关》为主。另外《击鼓骂曹》《秦琼卖马》《九更天》《审刺客》《奇冤报》《小上坟》《打杠子》等出，其摹各名家声调，会声会影，惟妙惟肖，瞑目听之实难辨其真假，真杰作也。”[①]在二本《戏迷传》中，高庆奎被称自拉自唱，花样翻新。戏一共有十三出。“内中有一出谭派的《打渔杀家》，要几个小腔，又甜又糯，又干净。闭了眼睛听他，保证弄错是老谭重生了的，而且有一路技击，打得十分紧凑。连下来是一出杨小楼的《五八义》，这一大段念白，念得珠圆玉润、神似无比。”[②]报载二本《戏迷传》时说：“（二本内记）最饶精彩者，则首推《二进宫》。此出高艺员一唱三，生学汪桂芬，净学刘永春，旦学陈德霖，一气呵成，各尽其妙。”[③]高庆奎还有一个绝活，就是自拉自唱孙派《朱砂痣》。就此，有剧评：“指法纯然，腔调朗润，允称独绝冠时。”[④]

这次在亦舞台，高庆奎首次演出的三本《戏迷传》更是让人叫绝。其中，演出老生应工的《双狮图》时，高庆奎结合了汪派和孙派唱法，一边演唱，一边泼墨书画。当时评论为：“汪、孙并参，去芜厚菁，极尽唱工之能事；当场勾擘窠大字，指法灵敏，腕力充足，铁画银钩，不是过也。”[⑤]

---

① 1920年11月13日《新闻报》。
② 1920年5月24日《申报》。
③ 1920年11月14日《新闻报》。
④ 1920年11月14日《新闻报》。
⑤ 1920年5月27日《申报》。

其他老生戏段落，如《洪洋洞》被称：“快三眼以尺寸均匀见长，听之三月不知肉味。”《四郎探母》被称：“熔汪、谭、孙、刘于一炉，神完气足，妙臻无上上乘。”《黄金台》被称：“念白字字咬准，有斩金截铁之妙，金秀山后一人而已。”《琼林宴》被称：“平板徐疾中节，亢卑合度，是为真正谭派，凡吾戏迷不可不听。”《朱砂痣》被称：“大收大放一气呵成得天之厚如此。”[①]

除了演唱老生各派的经典唱段，高庆奎在三本《戏迷传》中的反串表演也让观众叫绝。《骆马湖》被称为：“大珠小珠错走玉盘，圆润乃无伦比，亦学黄胖而得其神似者。”[②] 最为突出的是《独木关》中的唱段。这次高庆奎还唱了花脸戏《探阴山》，他学的是刘永春的路子。特别是由于高庆奎在二本《戏迷传》中反串高旺，演唱《黑风帕》[流水]一段，颇受好评。这次在三本中，专门演唱《黑风帕》的所有唱段。《申报》就此说：“纯学刘鸿声派，字字遒劲，句句苍老，当斯大面凋零时代，诸君欲过大面瘾者，舍此其奚适。”[③]

此外，高庆奎还在三本《戏迷传》中演唱了青衣戏《彩楼配》。如果说在二本中，高庆奎演唱李艳妃只是《二进宫》“一赶三”的几句，那么在《彩楼配》中则是演唱了王宝钏的唱段。

高庆奎《戏迷传》唱片

从高庆奎演出的内容就可以看出，《戏迷传》并不属于京朝派剧目，当时老生名家都不演这出戏，一方

① 1920年5月27日《申报》。
② 1920年5月27日《申报》。
③ 1920年5月24日《申报》。

面限于嗓音等条件，另一方面就是头脑中对于海派和京朝派那道难以逾越的鸿沟使然。这从《戏迷传》的扮相中就可以看出，剧中的高庆奎完全是话剧的扮相。

高庆奎演出的《戏迷传》获得极大的欢迎。虽然只是第二次到上海，不过他已然在上海观众的心里占据了重要位置。正因如此，高庆奎首期灌制的唱片中就有《戏迷传》，并在1921年高庆奎赴沪演出之时，于10月1日正式开售。

九、第一出高派私房戏《胭粉计》

1920年，高庆奎首次在北京挂头牌，第一出打炮戏是全部《胭粉计》，可见当时他对演这出戏效果的满意程度。在当时，全部《胭粉计》是高庆奎编排上演的一部新戏，可以说是第一部定型的高派新戏。

这出戏是高庆奎于1919年在上海得到的剧本并首演。据说，《胭粉计》的剧本由当时剧院后台经理周信芳转送。这出戏本来叫作《脂粉计》，但是抄本的人在抄录过程中误抄为《胭粉计》。随着高庆奎把这出戏唱红，《胭粉计》的剧名也就固定了下来。

早年孙菊仙也曾演出过《七星灯》，高庆奎宗法孙派，不过他演出的全部《胭粉计》却和孙派大相径庭，经过高庆奎自己加工设计新腔和表演，《胭粉计》成了他的私房戏。特别是后部“七星灯”一节展现诸葛亮临死托孤等情节，既要求演员有高亮的嗓子，又要求演员富有激情与细腻的表演，又因全剧演出时间长，一般演员很难胜任。因此，全部《胭粉计》一经高庆奎推出，便受到好评。高庆奎饰演的诸葛亮与司马懿阵前两段［二六］及表演“鞠躬尽瘁”的状态特别合适，此后，高庆奎又不断对其进行加工，最终将全部《胭粉计》打造成了高派代表剧。

1919 年 11 月 23 日，高庆奎在上海首演全部《胭粉计》，高庆奎饰演孔明，周信芳饰演司马懿，王金元饰演马岱，樊春楼饰演姜维，冯志奎饰演魏延，李少棠饰演旗牌，陈永奎饰演司马师。在不翻头的情况下，高庆奎首次赴沪就演出了 11 场《胭粉计》，作为一部新戏，可见其成功之处。回到北京，高庆奎首次挂起头牌，贴出的大轴戏码就是全部《胭粉计》。

就是这样一出赴沪首演成功的新戏，在北京首演的情境体现了经典高派戏的雏形。由于是一出新戏，高庆奎与饰演司马懿的花脸演员福小田及其他演员都是临时对戏。虽然高庆奎演过 11 场，但是其他演员对此戏十分生疏。因此，高庆奎的父亲高四保便亲自担当舞台监督的角色。

1920 年 9 月 3 日，《胭粉计》在北京首演，开场就是诸葛亮升帐安排火烧司马懿。高庆奎出场的［引子］参考了刘鸿声在《失街亭》中的念法，一鸣惊人，反响十分强烈。高庆奎在处理“对阵”的两段唱腔时，吸收了汪笑侬的唱法，同时在“闻言怒发冲牛斗”“仰面朝天自思叹”两段的首句调门高起，“牛斗”两个字更是“楼上楼”唱法翻高音，“自思叹”则是拖长腔，各有侧重，展现了高庆奎演唱风格的两大特色。再糅合高亢的念白和细腻的表演，每次演到这里，观众都是连声叫好。

在“对阵”一场，由于《胭粉计》在上海首演，因此表演融合了海派风格。出场的司马懿戴凤冠、穿女披，还唱几句小嗓模仿青衣的唱法，这些都是全剧的亮点。不过，当年的北京还有些人不能接受这样的演法。后来随着观念的不断改变及《胭粉计》的不断加工，每次司马懿的这段表演都能获得观众轰鸣的掌声。诸葛亮两段高亢的［二六］唱腔和司马懿的女装表演相映生辉，掌声此起彼伏，生行、净行两位演员“对啃”，观众过足戏瘾，《胭粉计》越发受到欢迎。

在 20 世纪 30 年代，高庆奎的《胭粉计》已经成为妇孺皆知的高派代表戏了。他在中和园演到“七星灯”时，偌大的剧场舞台的气氛都越发安静，舞台的灯光也昏暗凄迷，配合台上用素烛点起的七星灯。高庆奎在展示高亢的唱腔的同时，也将此时诸葛亮气虚体弱、步履维艰的状态尽力刻画。特别是他在演到诸葛亮转身到祭坛后面的时候，设计了一个踉跄的动作，并伴随着全身的抖动，很能引起观众的共鸣。有观众回忆说，不论观众心中的诸葛亮是不是一个“鞠躬尽瘁、死而后已”的形象，但观众看到《胭粉计》中诸葛亮勉强挣扎，为了汉室江山做法求寿的状态，都会很感动。高派之所以成为高派，单论唱腔则是窥豹一斑。比如，高庆奎在“七星灯”一节，甚至抓住焚符的机会刻画人物。在这里，他双目完全注视燃烧的符表，先是一阵忧虑，然后渐渐转喜，层次感分明。他的一系列动作将观众的注意力都集中在对上苍的祈祷中。而当魏延闯灭火烛时，高庆奎表情上那种前功尽弃的感觉，引起观众一阵叹息。

诸葛亮“归天”这场戏演起来就更难了。“死的了杨六郎，死不了诸葛亮”为梨园行所熟知。看起来《洪洋洞》杨六郎归天与该剧相似，但实则不同。前则“三道表”，后则“三封柬”，尤见功夫。在“归天”这场戏中，诸葛亮三次表演手法，一丝不乱，其手之抖功，尤称独绝。与“三封柬”，从怀中掏摸三次，身颤而手抖，揣垂危者挣扎之情形，无微不至。死时之气椅，挺身后倒，眼白上翻，处处有戏情、有矩度，“戏”与“技”两臻纯熟。

早在高庆奎第二次赴沪在亦舞台演出时，《胭粉计》就已经成为高派招牌戏。有剧评赞誉：“《胭粉计》为须生重头戏，为高艺员之杰作。高艺员武乡侯装样清雅，无些微烟火气，嗓音较前更朗润。骂司马懿之［二六］，求寿之正、原、散各板，抑扬顿挫，操纵自如。唱功能事近乎于此矣。而归位之表情做功，尽忠根据‘鞠躬尽瘁，死而后已’；悲愤根据‘出师未捷身先死，长使英雄泪满襟’。高艺员博览群书，乃能体贴到此，信难能可贵也。”①

① 1920年11月20日《新闻报》。

第四篇

庆兴社的黄金时代

一、成立庆兴社

从1921年到1923年，高庆奎先后三次组成庆兴社，中间还有两个月的时间赴沪演出，这对高庆奎来说是尤为重要的一个演艺时期。首先，高庆奎组班成功，售座大卖。其次，他在庆兴社时期演出不少老戏，还创演多部新戏，获得盛誉。同时，诸多剧界名家和舞台新秀都搭入庆兴社，使得高庆奎班社阵容在京城显得尤为显赫。

谁也不会想到，几年前还是给人拎靴包的底包演员，竟一跃而起成为挂头牌组班的人物。梨园界这样的奇事，就发生在高庆奎身上。这不单单源于一个新班社的诞生，更源于组班的演员高庆奎自己。当时，很多人对高庆奎能组班这件事感到很惊讶，他们认为这件事本身就像一出戏。在他们的印象里，高庆奎一直就是一个里子老生。有人评论："高庆奎以一里子脚色，年来嗓音稍润，居然要与叔岩、又宸一决雌雄。所谓士别三日便应刮目相待，不能再以从前之眼光视庆奎也。"[1]

真正让高庆奎和父亲高四保下定决心独树一帜、自己组班的原因，终归是高庆奎那两年如日中天的声誉。那两年中有几件事发生：一个是高庆奎和梅兰芳一起赴日本演出，二人合作了生旦对儿戏；另一个是高庆奎此前两次赴沪挂头牌颇受欢迎；再一个是高庆奎在北京双庆社终于唱起了大轴，在北京挂起了头牌。

1921年初，高庆奎在上海亦舞台演出期满回京，继续搭在俞振庭的双庆社唱大轴。这时已经属于过渡性质了。同班的尚小云挂二牌，同时也与高

---

① 1922年2月3日《游戏世界》第2期。

庆奎合演大轴。如1921年2月14日，尚小云的压轴《贵妃醉酒》，高庆奎的大轴《失街亭》。3月6日，大轴是高庆奎、尚小云合演的《牧羊卷》。3月19日，大轴是高庆奎、郝寿臣、范宝亭合演的《胭粉计》。根据报章记载，3月29日，高庆奎与尚小云合演大轴《御碑亭》之后，便脱离了双庆社。高庆奎鲤鱼跃龙门，自己开始挑班了。

高庆奎成班的具体细节今天已不得而知，不过可以想象，那时的高庆奎自然是充满着对挑班的信心、兴奋与憧憬。父亲高四保也是前后张罗，忙得乐不可支。经人介绍，高庆奎组班的管事聘请了赵世兴。因此，二人从自己名字中各取一字，班社定名为“庆兴社”，演出地点就选在华乐园。

高庆奎之所以首次组班就能在华乐园，有一个不大为人所知的原因，就是承办华乐园的孟秉初对高庆奎的拥护与信任。孟秉初尤为欣赏高庆奎的剧艺，是一位高迷。据《补庵谈戏》的作者韩补青回忆，他每次碰到孟秉初时，二人关于梨园行的共同话题并不多，唯独孟某会兴致勃勃地和他聊起高庆奎，对高的唱腔和做戏大力推崇。“于高庆奎取附传列，忽有所感，孟君秉初，老于曲，且能唱，可谓老眼无花。其接办华乐也，纯为戏瘾，不为利也。每谈戏相喻无言，独于高则推许大过于我。孟君往矣。戏迷朋友又弱一个，庆奎勉之，且所以报孟君也。”[①]

庆兴社成立时的阵容颇为可观，有程砚秋、郝寿臣、侯喜瑞、福小田、董俊峰、朱素云、诸茹香、周瑞安、荣蝶仙、郭仲衡、李鸣玉、张春彦、陈文启、张文斌、曹二庚。除此之外，短期搭班的还有王瑶卿和俞振庭等人。高庆奎的琴师是弟弟高联奎。鼓师叫律奎官，曾长期为孙菊仙打鼓。班社社员的琴师是耿永清，月琴师是沈玉斌。庆兴社的领班为李蒲泉、赵世兴。

华乐园是高庆奎长期演出的场地，见证了高庆奎从底包发展成独树一

---

① 补庵：《补庵谈戏》，北京：中华书局，1924年版。

帜的老生名家的历程，他最后的谢幕演出都是在这里举行的。似乎华乐园前半生的命运似乎与高庆奎融为一体，这里对高庆奎有着特殊意义。“指掌宏图，讲孝说忠，借衣冠演出炎凉世态；镜心宝鉴，褒廉矜节，以舞台传彼古今人情。”高庆奎常常用华乐戏院曾经悬挂的这副楹联来要求自己，这使得他常背负一种作为京剧演员的责任。

据报载，庆兴社第一天（1921 年 4 月 16 日）打炮戏目是梅荣斋、文亮臣的《齐天庙》，刘凤林、曹二庚的《荷珠配》，李鸣玉的《太白醉写》，范宝亭、丁永利、陶玉芝、八仙旦的《蟠桃会》，王瑶卿、荣蝶仙、王又荃、张文斌、侯喜瑞、扎金奎、福小田的《金猛关》，周瑞安、傅小山、刘春利、刘凤奎、周春亭、王玉吉的《艳阳楼》，高庆奎、程砚秋的《汾河湾》。

开幕当晚，华乐园门口停满了汽车与人力车。剧院内，1000 多个座位更是满员。当高庆奎饰演的薛仁贵在检场人掀起门帘登台之时，他的挑班生涯也就开始了。至于营业如何，据报载：“华乐园这两天上座很好，向列在礼拜一、二，各戏馆营业一定比平常减色，但是华乐园在这星期一、二这两天，座儿都卖的很满，门外的汽车马车，也非常之多，很有些从前梅兰芳在天乐（现在之华乐）演唱的样子了。”①

在华乐园，高庆奎除了自己单独演出大轴，还经常与程砚秋合作生旦对儿戏，观众对此趋之若鹜。有剧评：“民国十年五月，程砚秋与高庆奎在华乐成班，营业鼎盛，恰如民国初年梅兰芳在天乐园出演时之盛景，座客几于逐日卖满。”②

---

① 1921 年 4 月 28 日《新社会报》。

② 张聊公：《听歌想影录》，天津：天津书局，1941 年版。

二、再赴上海亦舞台

1921年7月下旬，上海亦舞台又派人到北京找高庆奎邀角。由于半年前，亦舞台与高庆奎合作愉快，此次又给出每月2200元高价包银，他便答应短期再去上海亦舞台。当时，亦舞台的二牌旦角是小杨月楼，三牌武生是盖叫天。

高庆奎第二次在上海亦舞台登台，头三天的戏无疑是他前两次赴沪固定下来的剧目。8月15日，第一天演出全本《空城计》，16日演出全本《连营寨》，17日演出《辕门斩子》。随后两天的戏目也和上次到沪在亦舞台安排的一样。第四天，高庆奎演出头本《戏迷传》。第五天，演出二本《戏迷传》。

高庆奎这次与小杨月楼合作演出了不少对儿戏，有《四郎探母》《三娘教子》《武家坡》等。其中，高庆奎与小杨月楼合作的《武家坡》最受欢迎。报章评论："上海各舞台近来专门排新戏，对于角色就不十分注意了，所以老戏绝无可听，即如《武家坡》这出戏，虽然还有唱的人，除了亦舞台之外，大概没有能听的，亦舞台前凡是王又宸和白牡丹唱，不能算怎样的大好，在今天这旧剧凋零的时候，总算还下的去，这次重张旗鼓，这出《武家坡》是高庆奎和小杨月楼唱，现时上海也可算得是头一份了。"[①]

这次，高庆奎的主要合作者除了小杨月楼，就是盖叫天了。像高庆奎与盖叫天在全部《连营寨》中，高庆奎饰演刘备，盖叫天饰演赵云。他们还合作了《黄忠十三功》《阳平关》《殷家堡》《骆马湖》等戏。有时，高庆

---

① 1921年8月21日《晶报》。

奎在演大轴前，还在侧幕看盖叫天演出《十字坡》等戏。高庆奎发现盖叫天的演出稳、准、狠，场面火爆，而且唱的几句调门也很高，颇受观众欢迎。于是，高庆奎找到盖叫天，邀请他到北京演出。

原来，当时俞振庭在庆乐戏园的斌庆社演出缺少一位武生。盖叫天得知到北京搭入俞五爷的戏班，自然十分高兴。后来，盖叫天搭斌庆社的班，施展了自己一身的武艺本领，他火爆的南派武生表演，叫北京观众看得眼花缭乱，很上座。俞振庭在高兴之余碰到熟人就表示："高庆奎够义气，自己组班演出，也不忘报答我提拔过他的情谊。"

从8月15日到10月19日，高庆奎共演出20场《七擒孟获》，可见这场戏十分受欢迎。仅从扮相论，就十分新颖。高庆奎饰演的诸葛亮与往常的扮相不同。报章评论："头戴二龙箍，蓬头上加道冠，羽扇虽尚在握，而纶巾则已改良，须露其口，而非二扎，亦属特别之至。八卦衣上束丝绦，足下着以朝方。"至于表演也是可圈可点。报章评论："'马援庙'一场，庆奎与孟鸿茂之山神，韩常宝之赵云，张德俊之王平，张国斌之马岱，李春利之魏延，大唱［九音连弹］，每人或数句，或一句，或半句，以次接唱，周而复始，多为剁句。"①

10月19日，高庆奎结束了在亦舞台的第二次演出，回到北京。12月下旬，亦舞台又到北京邀高庆奎赴沪演出，不过，高庆奎此时正在捧二牌旦角程砚秋。上海亦舞台约角人表示，高老板可以带程砚秋一起去上海演出。高庆奎表示，一方面庆兴社再次组班不久，另一方面自己打算把程砚秋捧成角，要让他在北京积攒起人气。随后，高庆奎开启了庆兴社的第二期演艺生涯。

① 1921年9月18日《晶报》。

三、再组庆兴社

高庆奎赴沪演出期间，庆兴社没有报散。11 月 9 日，高庆奎约荣蝶仙、郝寿臣、沈华轩、朱桂芳、王又荃等人在惠丰堂宴饮，商议了演出事宜。确定主要阵容是程砚秋、朱琴心、黄润卿、沈华轩、茹富兰、郝寿臣、董俊峰、王又荃、李鸣玉、张春彦、扎金奎、王鸿寿、朱桂芳、荣蝶仙、阎岚秋、文亮臣、陈文启、诸茹香、吴富琴、张文斌、傅小山。

11 月 17 日白天，庆兴社在华乐园开锣。戏目为李鸣玉的《太白醉写》，诸茹香的《查头关》，朱桂芳的《演火棍》，沈华轩的《恶虎村》，荣蝶仙、王又荃的《马上缘》，程砚秋的《宇宙锋》，高庆奎、郝寿臣、董俊峰、张春彦的《失街亭》。

在主演中，除了二牌旦角依然是程砚秋，里子老生为李鸣玉，武生则由周瑞安换成了沈华轩。当天，园里人满为患，高庆奎的大轴戏《失街亭》也铆着劲儿唱了。报载："十七日庆兴社在华乐开演，三时入园已无立锥地。高庆奎之《失街亭》嗓音教前赴上海时大觉清脆，而做白精出于自然，俞见进步。"①

这个时候的庆兴社演出受到推崇，当然也有些外部因素。北京的男班中，杨小楼和余叔岩暂时休息了。在较著名的班社中，只有尚小云还在俞振庭的双庆社挂牌。可是在地理位置上，双庆社所在的三庆戏院对严冬夜晚散戏的戏迷来说，路途不如华乐园近便。况且，庆兴社的阵容也十分齐整。当时，华乐园的庆兴社占尽天时、地利、人和，有报章评论道："每

① 1921 年 11 月 21 日《顺天时报》。

星期演日戏四日，休息三日，上座亦不恶，盖庆奎、砚秋各有一部分叫座力，其余诸角，均今日有数名伶也。”①

在高庆奎的庆兴社成班的时候，他还首次为一座剧场做了开幕大轴演出，即真光剧场。高庆奎受邀为真光剧场做开幕演出，在函帖中，剧场特别提出请高庆奎演唱拿手戏《失街亭》。刚刚组班半年的高庆奎，能受邀为一座新式剧场做开幕演出，尤其是主演大轴剧目，他感到由衷地兴奋与自豪。

1921 年 12 月 12 日，新落成的真光剧场开幕式盛况空前。除了开幕讲话和剧场内外摆放的无数花篮，最重要的就是首场演出，剧目包括九阵风、王长林的《小放牛》，筱翠花的《闺房乐》，尚小云的《贵妃醉酒》，高庆奎的《失街亭》等。

迎合时代需求，排演整本新戏，是当时京剧改革的一个重点。高庆奎在 1911 年演出过话剧，1914 年参与演出过第一部时装新戏《孽海波澜》。此时，挑班的旦角已排演了多部新戏，却没有一部挑班老生的新戏问世。高庆奎就迎戏曲界变革之风而行。1921 年 12 月 15 日，高庆奎便排演了第一部新戏全部《乐毅伐齐》，这是挑班老生排演的第一部新戏。随后又排演了整本《鼎盛春秋》和颇受瞩目的海派戏《七擒孟获》等。高庆奎作为京朝派演员，在北京上演海派戏，受到了很大的争议，不过，观众趋之若鹜的反应坚定了他走自己的路的信心。

在演老戏时，高庆奎也不墨守成规。比如，有热心观众建议他将《断臂说书》中［原板］第二句“为什么汉苏武一片丹心”改为“怎比得苏子卿一片丹心”。高庆奎欣然接受了建议。报章评论：“庆奎择善而从，殊甚钦佩。”② 正因如此，庆兴社的业绩蒸蒸日上。有报载：“北京的剧界近来也很消沉，市面萧条。高庆奎在北京剧界人缘最好，加有荣蝶仙、郝寿臣、

① 1921 年 12 月 25 日《新世界日报》。

② 1922 年 1 月 12 日《顺天时报》。

真光剧场（今为中国儿童剧场）

李明玉、傅小山、程砚秋、茹富兰等人帮衬，所以鲜鱼口里的华乐园生意为首屈一指。”①

1922年2月14日，高庆奎开演拿手剧目《穆柯寨烧山·枪挑穆天王·辕门斩子》。李鸣玉饰演前杨六郎，高庆奎饰演后杨六郎，荣蝶仙饰演前穆桂英，程砚秋饰演后穆桂英，王又荃饰演杨宗保，张文斌饰演穆瓜，董俊峰饰演孟良，马连昆饰演前焦赞，郝寿臣饰演后焦赞，张春彦饰演八贤王，文亮臣饰演佘太君。演出阵容强大，颇为一时之选。而高庆奎对于《辕门斩子》亦有自身理解。报载：“高庆奎演此兼学谭刘，刘腔固多，而高不纯处多改正，如‘娘’字。‘刀劈斧开’改为‘斧劈刀开’，‘禽兽投胎’学老孙。为他演《斩子》集大成者。”②2月16日，高庆奎开演《击鼓骂曹》，报章评论：“大轴乃高庆奎《击鼓骂曹》，戏牌上写有人特烦，作者想此烦戏之人当是有一定见识者。缘庆奎扮相总带三分愁苦，却恰好表示祢正平之满腹牢骚，演此戏甚为相宜也。颇谓今日之演《骂曹》当推庆奎最妙。”③

2月26日，高庆奎上演了搭班时期的拿手剧目《太白醉写》。著名剧评家徐凌霄在报章评论：“高庆奎之《醉写》，为近时梨园罕见之剧，庆奎体态秀逸，嗓音善以边音上翻，故唱工亦能对付。”④“高庆奎饰李太白，上

① 1922年3月7日《顺天时报》。

② 1922年2月14日《顺天时报》。

③ 1922年2月24日《北京晚报》。

④ 1922年2月28日《京报》。

场唱［西皮导板］和［慢板］一段，用老生的嗓子唱小生的腔，所谓‘娃娃调’是也。庆奎虽然喜欢自作聪明，这些地方他也变化不了，不过做派还有一些豪放，和孤傲的神气，这是他自己揣摩出来的了。……这一天华乐的座满极了。”[①]4月8日，高庆奎与程砚秋合演《御碑亭》，高之嗓音高亢爽朗，让观众大饱耳福。报章评论：“上周六日，高庆奎演《御碑亭》，前场为程砚秋调门所抑，不克展长。至‘修书’时，易胡琴，始用乙字调。［导板］‘王有道提笔泪难忍’及以下诸唱韵味悠扬，异常动听。第二句末两字之‘发’字唱成波浪，为谭派所无有。华乐演全本剧之特色，实为京中近日剧界别开生面，回复昔日时观之旧状者。该园每一演之，座客拥挤营业兴盛。”[②]

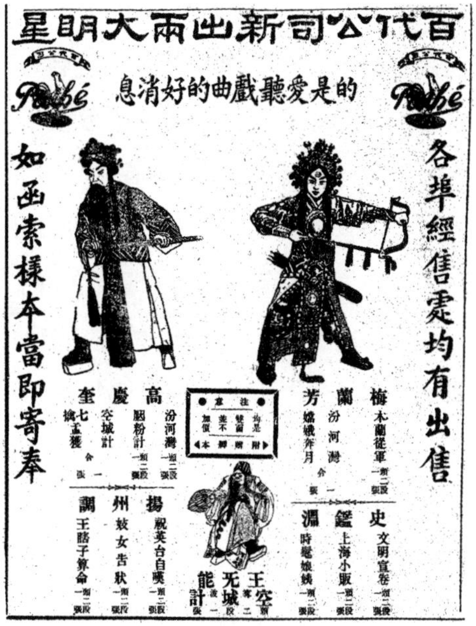

《申报》登载的高庆奎唱片广告

1921年4月1日，百代唱片出品高庆奎最新灌制唱片《空城计》《七擒孟获》《胭粉计》《汾河湾》。

4月28日，直奉战争爆发，北京演唱场所的营业颇受影响。梅兰芳、程砚秋告假休息，高庆奎、尚小云为维持同业坚持接演。高庆奎每天演双出，但是售座仍不如从前，因此只得停演。一个月后，高庆奎组织的庆兴社在华乐园恢复演出。剧评人张聊公撰文说：“梅郎赴沪后，故近日华乐园异

① 1922年3月6日《北京晚报》。

② 1922年4月13日《顺天时报》。

常拥挤。每天必卖至八九百人以上。”① 端午节前后，由于尚小云未成班，梅兰芳、杨小楼在上海，北京的著名班社只有华乐园与三庆园。华乐园上座之拥挤，为北京首屈一指。恢复演出第一日，程砚秋与荣蝶仙演出《樊江关》，高庆奎大轴为《失街亭》。第二日，程砚秋演出《能仁寺》，高庆奎大轴为《连营寨》。第三日，程砚秋演出头、二本《虹霓关》，高庆奎大轴为《胭粉计》。众人争先恐后来看，鲜鱼口一带车水马龙，又恢复平日之景象。

到了端午节，华乐园出演应节戏《金针刺蟒》。高庆奎饰演傅长兴，程砚秋饰演红蟒，王又荃饰演傅年，李鸣玉饰演张天师，剧中有数段之唱功，起打穿插浑然有声有色。

7月29日，王鸿寿经赵世兴相邀搭入庆兴社，唱压轴。在此之前，沈华轩帮王鸿寿成班，于7月26日在庆乐园演出大轴《三国志》(《群英会》带《华容道》)。由王鸿寿饰演关羽，马连良饰演鲁肃，朱素云饰演周瑜，沈华轩饰演赵云。此前，高庆奎在上海演出时，曾与王鸿寿同台合作。这次，高庆奎向王鸿寿学了几出红生戏，两人合作颇为愉快。

7月29日，王鸿寿演出《古城会》饰演关羽，高庆奎饰演刘备。7月30日，王鸿寿演出《单刀会》饰演关羽，高庆奎饰演鲁肃。8月16日，王鸿寿演出《战长沙》饰演关羽，高庆奎饰演黄忠，郝寿臣饰演魏延，张春彦饰演韩玄。8月10日，高庆奎演出《胭粉计》饰演孔明，郝寿臣饰演司马懿，王鸿寿饰演魏延。高庆奎与王鸿寿除了合作大轴剧目外，还轮换饰演大轴剧目。高庆奎与王鸿寿还合演了全部《陈宫》，从“刺董卓”到“斩华雄”，高庆奎前饰陈宫、后饰刘备，王鸿寿饰演关羽，郝寿臣饰演曹操，沈华轩饰演孙坚，齐廷奎饰演张飞。在《三门街》中，高庆奎饰演正德帝，朱琴心饰演李凤姐，王鸿寿饰演洪金章。全部《青梅煮酒论英雄》从“许田射鹿”到“斩车胄”，高庆奎前饰董承、后饰刘备，郝寿臣饰演曹操，王

① 1922年5月29日《北京晚报》。

鸿寿饰演关羽。

由于赵世兴派王鸿寿挂二牌，因此，原先唱二牌的程砚秋于 8 月 12 日脱离了庆兴社。16 日，朱琴心搭入庆兴社，陪高庆奎演出，有时在中场单唱。17 日的演出，主要有九阵风的《取金陵》，高庆奎、朱琴心的《汾河湾》，王鸿寿、郝寿臣的《斩良诛丑》。报载当日演出为："高庆奎之仁贵，屡观不赘，评赠以'日益老练'四字当之，决无愧色。"[①]

9 月 15 日，黄润卿接替朱琴心出演旦角。22 日，高庆奎与王鸿寿合演的海派戏《七擒孟获》在华乐园首演。该剧从"诸葛亮率师南征"演起，一直演到"大祭庐江"。全剧 40 余幕，演五个小时。高庆奎在北京演出《七擒孟获》，突破了京朝派与海派的界限，引起了极大的轰动。初演以来，一个月内就演出了 10 次之多。从庆兴社在 30 日的启示中可以看出观众的喜爱程度。"本社自排演《七擒孟获》一剧，颇蒙顾曲诸君之赞许，有口皆碑，毋庸赘言。故连演三天大受欢迎。各界诸君争先快睹，大有人满之患，尚有未睹斯剧之憾者甚多。近日本社接连绅商各界来函纷至催促再演以快耳目。本社为答谢诸君盛意起见，定于初十日重演《七擒孟获》。"[②]

王鸿寿与高庆奎合演的"三国戏"和《七擒孟获》《三门街》等戏获利颇丰。合同到期后，王鸿寿便回上海了。于是，高庆奎和王鸿寿商议一起演出《桃园三结义》表示惜别之意。高庆奎饰演刘备，王鸿寿饰演关羽，刘奎官饰演张飞，李鸣玉、李洪春、九阵风等人都参加了演出。

---

① 1922 年 8 月 20 日《顺天时报》。

② 1922 年 9 月 30 日《实事白话报》。

四、与程砚秋的合作

1922年1月13日，高庆奎邀请程砚秋、荣蝶仙、王又荃等人一起到中华照相馆照相。那天，高庆奎穿的是新定制的长袍马褂。高庆奎特意与程砚秋、荣蝶仙合照了一张。据高韵笙回忆："照片中三个人的位置是照相师特意安排的。原本，高庆奎打算面冲相机镜头。因为照相师也是戏迷，他安排刚挑班半年多的高庆奎面冲侧前方，目视远方。这样，让人感觉高庆奎有点对庆兴社未来思考的意思。站在后排的荣蝶仙当场笑谈摄影师还挺会安排。不过当时高庆奎真把摄影师的话听了进去，面色凝重起来，思考起庆兴社的事务来。就在这时，敏锐的摄影师捕捉到这点，点下快门，记录下这一瞬间。"

程砚秋、高庆奎（中）、荣蝶仙合影（1922年摄）

在这张照片中，18 岁的程砚秋以二牌旦角身份与自己的好友吴富琴一起搭高庆奎的庆兴社。对于程砚秋这位青年才俊，高庆奎赞赏有加并对其加以捧架，让他和自己配戏。高庆奎与程砚秋合演的《汾河湾》是庆兴社初期最为叫座的剧目，成为二人的常演剧目。颇具革新思想的高庆奎将《汾河湾》原剧中对女性的压迫、充满旧式礼教的戏词加以删改。在京剧舞台上，高庆奎推崇男女平等，走在时代的最前沿。

而对程砚秋来说，和高庆奎多次演出《汾河湾》，其剧艺进步也可见一斑。剧评人缪曾记述："华乐园从礼拜五起，新成的庆兴社戏班，已经开演了，那天程砚秋和高庆奎演《汾河湾》，上座有一千多人，砚秋这出戏，在华乐园唱过两次，这是第三次了，一次比一次唱得好，足见进步的很快，做派已很自然，嗓子也格外清亮，所以座客非常欢迎。"①

一个好汉三个帮，龙虎云集的庆兴社兴旺起来。这时，高庆奎已经把招牌戏《辕门斩子》演得炉火纯青。而有了荣蝶仙、程砚秋的合作，庆兴社更是风生水起。一天，庆兴社上演《穆柯寨·枪挑穆天王·辕门斩子》。戏报贴出不久，戏票就销售了一大半。据张聊公说："这天不但上座十分爆满，而且剧院外停车无数，这样繁盛的景象在当时颇为罕见。"②

庆兴社演出当天，由荣蝶仙演出拿手的《穆柯寨》，程砚秋第一次演出了《枪挑穆天王》。这两位的出演都精彩绝伦。荣蝶仙的武功自然不错，观众对程砚秋第一次演出《枪挑穆天王》也充满了新鲜感。最后，高庆奎在撩帘登台前就获得一阵喝彩。开场"怒恼杨延昭，蠢子听根苗"句句高亢响亮。对于这次演出，普通观众与戏迷们对高庆奎的评价是"嗓子真冲，调门真高，与跛刘相左"。高庆奎的这次演出，剧评家张聊公也在现场观看，还专门记述了高庆奎的演出状态："各段唱功均应付自如，气力之充沛，确为同时侪辈所不及者。自无怪其能以一扫边角色，崛起而为

① 1921 年 4 月 24 日《新社会报》。

② 1921 年 4 月 25 日《新社会报》。

台柱也。”[①]

让人感慨的是，那时高庆奎的父亲高四保，经常在高庆奎唱大轴时，不顾年迈站在后台，从门帘缝隙中看儿子登台。他的心里自然是十分欣慰的了。这件事留在了一些当事人的记忆里，大家都说高四保培养了一个好儿子。即使眼花了，他也是戴着一副金边眼镜给儿子把场。

高庆奎与程砚秋的合作堪称珠联璧合，二人合演了很多生旦对儿戏，其中不少戏都是程砚秋首次出演。4 月 21 日，高庆奎与程砚秋合演《打渔杀家》。程砚秋在日记中回忆：上座之满，门口挤不进，有天女散花之象。后来，吴富琴回忆：“高庆奎先生的调门是很高的，一般都要唱正宫调，可见程先生这会儿的高音是不错的，但他的低音还不稳定，有时会出现‘荒调’。为此，他在私下就抓紧练音，克服这个弱点。程先生经常与庆奎在大轴戏里合演《汾河湾》《打渔杀家》《奇双会》等戏。”[②]

程砚秋新学会《奇双会》后，在庆兴社压轴开演。高庆奎为了捧他，亲自饰演李奇，“哭监”一场戏还特别邀请朱素云饰演赵宠，唱到“写状”为止。演出当天的大轴是高庆奎主演的《奇冤报》。1922 年底，庆兴社第二次演出《奇双会》，高庆奎和管事商量，干脆把戏码排到大轴。全剧由“哭监”唱到“三拉”“团圆”，高庆奎的《奇冤报》码列倒第三，垫戏是沈华轩、荣蝶仙的《刺巴杰》。

在排戏和戏码上，程砚秋得到扶持，他最早的两部新戏也都是在庆兴社排演的。高庆奎和程砚秋、罗瘿公商量，希望程砚秋也能排演一出新戏。为了提拔程砚秋，他找到管事赵世兴，希望能让《龙马姻缘》先于《鼎盛春秋》登台。于是，程砚秋上演了平生第一出新戏《龙马姻缘》。该剧由程砚秋、王又荃主演，荣蝶仙、马连昆、张文斌等人参加演出。剧本源自余玉琴旧藏，后经过罗瘿公整理，由程砚秋和吴富琴设计唱腔，由王瑶卿主

① 张聊公：《听歌想影录》，天津：天津书局，1941 年版。

② 贺捷生：《御霜实录——回忆程砚秋先生》，北京：文史资料出版社，1982 年版。

持整理和设计板式。

高庆奎看到程砚秋在新戏中表演、唱念都很精彩，于是便鼓励罗瘿公继续给程砚秋排演新戏，并表示自己也愿意陪程砚秋演。不久，程砚秋的第二部新戏《梨花计》诞生。这次由高庆奎与他一起演出，戏码也升到大轴了。

五、整理本戏《鼎盛春秋》

20 世纪 30 年代，竞排本戏之风日盛。班社主演将相关情节连贯的折子戏连在一起，通常在一晚演全，这在当时被称为整本戏。有人认为这样的演出形式始自 1922 年高庆奎整理排演的全部《鼎盛春秋》。此前，在北京，很少有演员将以伍子胥为主的折子戏连在一起演出。

1922 年 3 月 14 日，高庆奎推出全部《鼎盛春秋》，包括《战樊城》《长亭会》《文昭关》《浣纱记》《鱼肠剑》《刺王僚》。剧中，高庆奎饰演伍员，程砚秋饰演浣纱女，郝寿臣饰演专诸，李鸣玉饰演伍尚，董俊峰饰演姬僚，罗福山饰演专母。演出三天后，报章评论："该社（庆兴社）注重旧剧，(《鼎盛春秋》）非但加演《专诸别母》，复由《战樊城》演起至《刺王僚》，其中位置许多人才，用意周到，无怪该园演时人满为患也。"[①]

1929 年 3 月 20 日，高庆奎贴出的全部《鼎盛春秋》戏单与之前创编的安排有所不同。为了照顾全班演员，特别是在此时搭班的汪派名家郭仲衡，高庆奎安排开场由鲍吉祥演出《战樊城》，董俊峰演出《长亭会》，郭仲衡演出《文昭关》《鱼肠剑》，高庆奎演出《浣纱记》《刺王僚》。由于《刺王

① 1922 年 3 月 18 日《顺天时报》。

傺》一折反串的姬僚需要勾脸，要占用一点时间，因此《鱼肠剑》一折，由郭仲衡饰演伍员。其他演员如黄桂秋饰浣纱女，董俊峰饰演专诸，张鸣才饰演伍尚。如此唱法，极具号召力，每演必满。

1930 年 6 月 27 日，高庆奎在天津新新大戏院演出了《鼎盛春秋》。有报章评论："直至《浣纱记》高伶始出场，高伶之唱功韵味颇醇厚，腔调之婉转自然，较十年前判若两人，去王僚时之黑头唱功，亦见功夫，吐白沉着，鼻音运用得法，博得掌声不少，尤得力于介弟之胡琴衬托，愈觉姿态横生。当伍子胥落魄吹箫时，于倒霉之中仍寓有大将身份，此种静默表情，甚属不易。是晚满座，前清遗老多人，高居前排，影星王元龙携女友在楼上第三包厢中观剧。"①

1931 年演出《鼎盛春秋》时，高庆奎饰演伍子胥，到了《鱼肠剑》一折，反串花脸。因为《鱼肠剑》之前加有郝寿臣演的《专诸别母》一折，所以高庆奎有了勾脸时间。演出最后还增加了"鞭打四将"一出。对于高庆奎这样的表演，有评论称："数日前，聆《鼎盛春秋》于庆盛社，全剧结构严谨，无懈可击，实为近年以来排演之本戏中不可多见者。且情节动人，始终一贯，诚因角色齐全，搭配适宜，有以致之也。该剧以高庆奎饰前部伍员，《鱼肠剑》《浣纱记》《文昭关》诸场，原系高伶拿手佳剧，处处生色，自属意中事。惟后部之反串王僚，复能以雄浑之做白，沉练之念唱，使吾聆后数日，犹觉余音绕耳不去，殊足令人叹赏不止。"②

即使到高庆奎退出舞台时，人们对高庆奎这样的演法依然记忆犹新。可见，这部戏在当时已经与高庆奎的演出画了等号。就此有评论："全本《鼎盛春秋》，自始至终不易他人，非有气魄无难胜任，今只有高庆奎、王泊生不畏繁难，任此重头。"③

---

① 1930 年 6 月 29 日《益世报》。

② 1931 年 1 月 11 日《京报》。

③ 1938 年第 20 期《立言画刊》。

不过，高庆奎这样卖力演出也是有原因的。一方面，随着时代的变化，逐步出现头牌明星倾向，观众到剧场主要是看高庆奎的表演；另一方面，与高庆奎配戏的里子老生张鸣才、李鸣玉相继去世，高庆奎出演的《鼎盛春秋》，从《文昭关》到《鱼肠剑》都由高庆奎一人连演，在《刺王僚》中反串姬僚，大唱花脸。这样的表演卖足了力气，但实在是太辛苦了。

关于高庆奎在《鼎盛春秋》中的表演，从《浣纱记》谈起。怎么演好《浣纱记》中的伍子胥，将这个剧中不温不火的角色唱得精彩呢？首先，高庆奎在剧中人的造型上就下了不少功夫。为了表演一名仓皇出逃、风尘仆仆的人，高庆奎在演到《浣纱记》时，脸上已经没有什么化妆的油彩了。其次，高庆奎把伍子胥戴的方巾帽檐压到接近眉宇的位置。这样一来，人物的造型更显得狼狈不堪，完全是一副逃逸的模样了。再加上高庆奎那善于表演愁苦的面容和一双会表演的眉毛，伍子胥的形象就淋漓尽致地表现出来了。高庆奎一出场，台下“轰”的一阵碰头好，观众都说高庆奎的扮相真的是太像伍子胥了。“高庆奎在《浣纱记》之伍子胥，登场做匆迫状，严恐有追兵至者甚佳。[导板]及[二六]诸唱，有学汪桂芬之腔，韵味沉着，高唱入云。”①

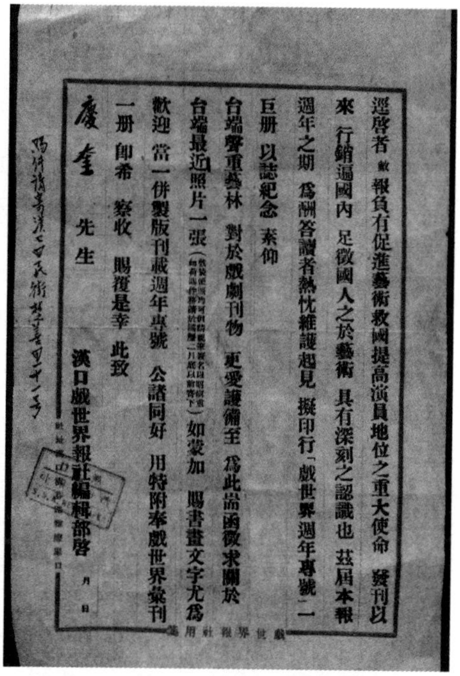
逕啓者 敝報負有促進藝術救國提高演員地位之重大使命 發刊以來 行銷遍國內 足徵國人之於藝術 具有深刻之認識也 茲屆本報週年之期 爲酬答讀者熱忱維護起見 擬印行「戲世界週年專號」一巨册 以誌紀念 素仰台端聲重藝林 對於戲劇刊物 更愛護備至 爲此耑函徵求關於台端最近照片一張 如蒙加賜書畫文字尤爲歡迎 當一併製版刊藏週年專號 公諸同好 用特附奉戲世界彙刊一册 卽希察收 賜覆是幸 此致

慶奎 先生

漢口戲世界報社編輯部啓 月 日

戲世界報社用箋

《戏世界》杂志社向高庆奎索求照片的信函

也许高庆奎没有注意到，他在京剧老生行当中正处在一个承

① 1922年3月19日《顺天时报》。

前启后、革新发展的位置上。将与主人公剧情相连贯或者剧情相连接的折子戏连在一起用一个晚上的时间演完，这成为当时的本戏。面对民国京剧繁荣的市场，戏园与班社也只有这样才能招揽更多的观众，获得更多的声誉。高庆奎在老生行率先演出本戏，以《鼎盛春秋》为例的伍子胥系列本戏从此确立下来。有评论称："盖其天赋之厚，攸往咸宜，且素卖力，不偷不减，于京派盛行删节主义之际，正如空谷足音，而其潜力之大，造成此时连续演四五个小时之连台大戏，未始非子君当年提倡之力。"[①]

六、在北京演海派戏

"高庆奎要演海派戏啦！"消息不胫而走。为什么高庆奎上演海派戏会引起北京戏迷的巨大关注呢？高韵笙回忆："父亲在南方演出中在琢磨为什么海派戏受到人们的欢迎，并尝试将海派戏也演到北京去，将海派戏的精髓融入自己的演出中。"

可想而知，高庆奎在北京上演海派戏，是付出了巨大勇气的，他经历和冲破了种种阻碍。经历了话剧的演出、日本的巡演和赴沪演出海派戏的高庆奎，他的愿望不仅仅停留在继承传统京朝派上，还有大胆吸收话剧的表演方法，甚至直接搬演海派戏。

高庆奎扮演的第一出海派戏是《七擒孟获》。之所以选定这出戏，源于1920年组班不久的赴沪之行。那次在上海，他就演过《七擒孟获》。首演于1920年12月17日举行，高庆奎饰演诸葛亮，白牡丹饰演杨夫人，绿牡丹饰演祝融夫人，王鸿寿饰演魏延，张国斌饰演马岱，韩长宝饰演赵云，

---

① 1938年第20期《立言画刊》。

张德俊饰演王平，李永利饰演孟获，孟鸿茂饰演山神。高庆奎演出的这出戏颇受观众欢迎。一位女观众看到高庆奎饰演的诸葛亮屡次释放孟获时，捶胸顿足，大呼“为何又把他放了”。[①]

1922年，王鸿寿搭入庆兴社后，高庆奎与他商量决定把这出风靡一时的海派戏搬上京朝派的大本营——北京。根据现有记录，自1922年8月中旬，高庆奎便和王鸿寿一同编排《七擒孟获》，该剧排演了一个月。先来看看角色分配：高庆奎饰演诸葛亮，王鸿寿饰演孟获，郝寿臣饰演魏延，沈华轩饰演赵云，黄润卿饰演杨夫人，九阵风饰演祝融夫人，李洪春饰演马岱，侯喜瑞饰演孟优，张春彦饰演孟节，李鸣玉饰演山神（马援化身），张鸣才饰演王平，迟月亭饰演金环三节，福二秃饰演假诸葛亮，王又荃饰演关兴，范宝亭饰演张苞。刘凤香、赵芝香、何喜春、张蕊香饰演女跳舞员，傅小山、杨春龙、高峰瑞、陆喜才等人饰演男跳舞员。

这份首演阵容除了人员齐整，演员的服饰也十分新颖。为了演出《七擒孟获》，高庆奎专门定制了一套新设计的八卦衣。王鸿寿的扮相则最为抢眼。他的脸上戴着一个假高鼻子和一个假下巴，盔头是一副改良盔。改良盔前面是一只雉鸡，背面是一只白猫。王鸿寿身穿黄衣短褂，配以短褐色绣花斗篷和绿裤花洒鞋。剧评人隐侠说王鸿寿饰演的孟获“为剧场罕见之扮相”。为了尊重黄润卿本人的意见，她饰演的杨夫人没有穿海派的欧美服装，改穿改良的古装衣。不过，九阵风饰演的祝融夫人相对来说颇有亮点。他穿一件敞露心口的绿色衣服，脖上戴着一串珠子，下束短裙，棕色的头发上梳着六个小辫。群众演员的服饰则更显露出海派风格。女跳舞员穿着粉红色卫生衣，头披黑发，顶门竖立白缨。男跳舞员则穿着欧洲马戏班的小丑服装。

作为一名挑班老生，高庆奎的演出打破了京朝派与海派的界限，将二

---

① 1920年12月24日《时报》。

者丰富精彩的剧目为己所用，将二者表演艺术的精髓融汇到后来排演的本戏和高派新戏中。即使在当年受到一些人的非议和讥讽，甚至被赐予“高杂拌”的名号，高庆奎也义无反顾地走下去。

9月22日的华乐园，随着一阵［急急风］锣鼓，《七擒孟获》在北京首演了。华乐园过道布满了加座座位，观众情绪十分高涨。舞台上搭了六层高的桌子。下面一二层是藤甲兵和蛮兵，中间三四层坐着洞主，第五层坐着三位洞主，武生扮相戴翎子的金环三结坐在中间。最上面站着王鸿寿饰演的孟获，他在一段昆曲牌子和念白后开始演阵，拉开了《七擒孟获》的序幕。

在唱腔方面，高庆奎融入了京朝派特点。剧评人松声在《七擒孟获》一文中评论：“该剧演出上座甚盛，渡泸水时，高庆奎有大段唱工，非常规矩。戏虽海派，但高庆奎确乎不海，完全唱工宗谭，所以观众认为可取。至于祝融夫人的跳舞，是为调剂剧情，否则无女角穿插其中，未免枯燥。”今天，高庆奎留下的百代唱片《七擒孟获》就是这一时期灌制的，当时高庆奎以《七擒孟获》雄踞舞台，因此这张唱片也获得了大卖。至于表演，高庆奎还有一场边走圆场边拖长腔的段落，成为《七擒孟获》的一大卖点。此外，他与演员们和唱［西皮］、［二六］、［五音连弹］，对唱［反二黄］等唱腔段落都可圈可点。黄润卿饰演的杨夫人则把《天女散花》的载歌载舞运用到了剧中。

当我们再回顾《七擒孟获》时，发现祝融夫人跳西式舞蹈、脚踩滚球等段落更具海派特点。而“求解药遇山神”段落，蕴含机关的石碑、石桥用来配合表演，则每演必然令四座惊叹。其中，各种布景道具就花费了1000多元。王鸿寿饰演的孟获在营中有一段自饮自叹的大段［汉调］，颇为动听感人。《七擒孟获》最后一场“念祭文”，高庆奎饰演的诸葛亮唱［二黄导板］接［碰板回龙］，众人对唱［反二黄连弹］。

1923年，《七擒孟获》重新编排上演。在宣传广告中，华乐园介绍《七擒孟获》“乃敝园在京首创排演也，前曾数次演唱，大受一般顾曲者所欢迎。内容情节无不本乎历史事迹，绝非他园外江班所能比拟，不待敝园赘述。近者接连各界来函纷至，再三催促烦演此剧。故敝园为答谢各界之瞩望，现又烦文武全体艺员，连日重排此剧。一切情节力求完美。有唱有做有文有武，无不各臻佳境。此剧排山一幕最为精彩可观。文场如山神庙之七人问答对唱之大段，尤为该剧最优之点，又如七擒七纵，节目各不相同，五擒六擒内有双跳舞，尤为可观”。①

《大公报》评论《七擒孟获》：创演于华乐园，此等戏之所以难编者，乃以其情节中有固定之数目字。这则评论一语中的地说明这出戏其中的一个看点。高庆奎在剧中饰演的诸葛亮，要明确演出七次擒获孟获。这样一来，每次情节都自有特色，而诸葛亮在剧中七擒七纵的表演则更要次次不同。就此，有评论具体说：“高庆奎七次放孟获，仿佛《空城计》三个再探，神情各有不同，做亦云不离矣，统计登场十数次，毫无懈怠。”②

徐凌霄说：“吾观此剧以占半日光阴之长剧，而不觉倦，唱功则有孟获帐中自叹之汉调［二黄］一段，欲孟节及祭泸水之［五音连弹］两大段，极为美听。”关于《七擒孟获》的［连弹］，其中一段［二音连弹］共六句。第一句与第二句共两个人接唱，比如，《七擒孟获》中，诸葛亮率领马岱、魏延、赵云，在山中擒获孟获，孟获询问诸葛亮将领有一段［连弹］唱段。随后，孟获问马岱、廖化各有一段［连弹］。其字句长短不同，押韵自成一格。最后演《祭泸水》时，诸葛亮、孟获及诸将各有一段［连弹］，由分而合，长句合音作为结束。作为特殊的唱腔演唱形式，［连弹］对当年的北京观众而言颇为新颖。不少人都对高庆奎敢于突破京朝派传统窠臼的勇气表示赞佩。

王鸿寿离开北京以后，孟获换为侯喜瑞来演，祝融夫人换为筱翠花来

① 1923年1月10日《平报》。

② 1922年10月4日《实事白话报》。

演。筱翠花受到高庆奎的鼓励，完全西式装束。他脚穿高跟鞋，每次在舞台上伴随西洋乐跳的舞蹈都能引来观众们不住的掌声。

作为"第一个吃螃蟹"的高庆奎，《七擒孟获》的演出获得空前成功，这自然引来京朝派中故步自封人士的非议。对此，徐凌霄在《大公报》上向那些守旧人士说："使依傍京朝者见之，必又以野狐禅骂之矣。然俞菊笙演《飞叉阵》汉代的印度兵、西洋鬼，伊等又以为天经地义，先正典型矣。"

高庆奎对海派戏的学习还体现在对戏单的改革上，他在北京率先学习上海戏单布局风格。1919 年在上海时，高庆奎发现上海戏单内容与格式较为先进。当他回到北京搭入华乐园时，就按照上海的性质改良了庆兴社的戏单。拿到庆兴社戏单的观众，眼睛为之一亮。从此，北京的戏单也纷纷开始改革了。

高庆奎还对场面有所改良，演出《七擒孟获》时，场面挪到台里的东面暗楼上，也是开了新式舞台把"场面"摆在台旁铁纱幕内的先河。

高庆奎将海派戏《七擒孟获》加以改编搬上北京的舞台，融合了南北京剧的演出内容与风格，引起了京朝派的震动，加速了京剧改革的步伐，开阔了京城戏迷的视野，为 20 世纪 20 年代到 30 年代北京地区京剧新戏的大胆创作敲起了一阵锣鼓。

七、三组庆兴社

由于受到直奉军阀战争的影响，1922 年，庆兴社停演 31 天，之后于 11 月 25 日开锣。重组的庆兴社的主演有筱翠花、韩世昌、郝寿臣、侯喜瑞、范宝亭、李鸣玉、刘景然、张鸣才、小振庭、德玉楼、王又荃、九阵风、文亮臣、慈瑞泉、曹二庚、傅小山。

当时的一般配角有赵芝湘、吴彩霞、侯春兰、周喜如、高峰瑞、姚富才、刘景然、福小田、陈喜星、靳湘林、罗文奎、罗福山、何喜春、孙振升、陈富康、刘凤林、贾多才、冯春和、徐春明、沈福山、李春福、姜玉佩等。[①]

11 月 25 日的开幕演出为：刘景然、刘凤林的《胭脂虎》，侯益隆、郝震基的《九莲灯》，九阵风、小振庭、范宝亭的《蟠桃会》，韩世昌的《思凡》，高庆奎、筱翠花、侯喜瑞、李鸣玉、张鸣才、吴彩霞、董俊峰、文亮臣、朱素云、慈瑞泉、耿百岁的全部《穆柯寨·斩子》。

有报章评论当日演出："星期六日，为庆兴社之第一日，记者以事笃深，入园甚迟。台上已见《思凡》，空舞拂尘，韩世昌之坤旦，唱念作步，俱有规范，大轴《斩子》，庆奎嗓音学刘最近，'怒恼杨延昭'及'见老娘'一段，句句高朗，绝非他人所及，'听说是穆桂英心中害怕'一段，亦得神，侯喜瑞焦赞，念白喷口，均极有劲。诙笑神情，亦不过火。"[②]

经过这次的演员重组，管事换成了待人坦诚忠厚的经励科王郁甫。高庆奎与王郁甫曾多次合作，无论组班长短，二人都合作得颇为融洽。重组后的庆兴社，重新开演了《七擒孟获》。除了旦角、花脸，高庆奎组班最为倚重的还有配戏的里子老生。民国时期一流里子老生当中，张鸣才、张春彦、鲍吉祥、扎金奎、李洪春、李洪福都长期搭入高庆奎班社演出。

1923 年，庆兴社已经成为京城最让观众趋之若鹜的班社了，华乐园经常满座。"高庆奎，讲究专唱全出戏，故此纔，华乐买满盖中和。"[③]高庆奎自组班社，就成为与风头正盛的旦行演员抗衡的老生了。正如京剧迎来它的辉煌时代一样，高庆奎也正迎来一片新天地。"曾忆十年前，高君只自

---

① 1922 年 12 月 19 日《实事白话报》。

② 1922 年 11 月 27 日《平报》。

③ 1923 年 1 月 18 日《平报》。

怜，后生真可畏，一觉便登仙。”①

同样，也有剧评人认为高庆奎的成名令人惊讶，同时对他不死守一派、博学多能的演唱风格表示不能理解：“高庆奎在前几年是一个唱里子的，虽说是‘士三日不见当刮目相看’，但是他的技艺真是不高明。忽而学谭忽而学刘，忽而学汪忽而学孙，派别驳杂令人难以辨认。如今因为人才缺乏，竖子居然成名。语云：此地无朱砂，红土子为贵。高庆奎总算是如今的红土子。”②

就当高庆奎重组庆兴社时，上海丹桂第一台孙老板专程赶到北京，邀请高庆奎去演出。此时，连台本戏《狸猫换太子》在上海登台，一上演就场场爆满，上海滩的其他剧场，如丹桂第一台等，营业额直线下降。

八、从《乐毅伐齐》《梨花计》到《芦花河》

高庆奎见时机业已成熟，基于齐整的演出班底，于1921年12月15日上演了《乐毅伐齐》。此剧是以《黄金台》为中心，增益首尾而成的。高庆奎饰演田单，郝寿臣饰演伊立，慈瑞泉饰演齐泯王，王又荃饰演东宫世子，诸茹香饰演邹妃，文亮臣饰演乳娘，曹二庚饰演门官，张文斌饰演皂隶。

高韵笙回忆：父亲对一些演员不负责任的演法很有看法。有一次，一位谭派名家贴出《黄金台》，演出时却是常演的“搜府”“盘关”两折。父亲说，这和剧名黄金台毫无关联嘛。因此，父亲决定对《黄金台》加以改编润色，增加“火牛阵”“黄金台拜将”等情节，将故事演全。最后，这出戏取名《乐毅伐齐》。

① 《实事白话报》编辑部：《名伶化装谱》，北京：实事白话报社，1923年版。

② 1925年2月25日《顺天时报》。

几天后，报章登载了《乐毅伐齐》的剧评：“大轴为高庆奎、郝寿臣之《乐毅伐齐》，台下千人无一去者。此剧从前演者并不多观。高庆奎之田单优点有二：一为于头场毕唱后先道：‘适才朦胧睡，堪叹社稷忧’，然后念白为剧场之罕有；二为巡夜见世子。先做微怔状，次做吃惊状，颇有层次。入后声调亦靡妙。”[①] 又剧评称：“庆奎饰田单，扮相态度均佳，其见伊立专横，慷慨忧愤，口白神情尤见特长，又巡夜见世子忧伤非常。并及伊立搜府从容瞒过之情景颇有可观。各场歌曲抑扬自在极有韵味。”[②]

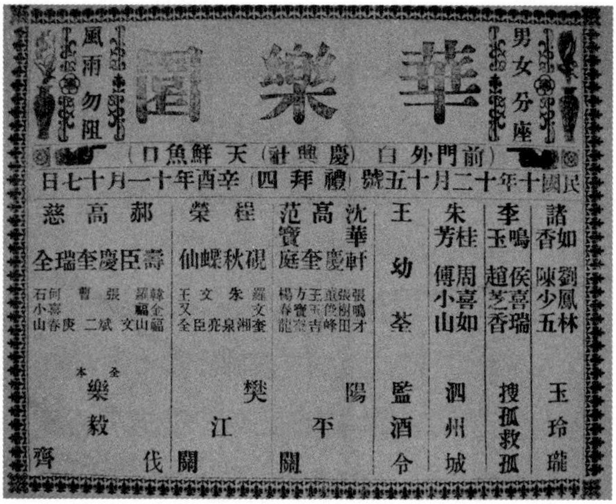

高庆奎 1921 年 12 月 15 日主演《乐毅伐齐》戏单

《黄金台》部分，高庆奎的演唱融合谭、刘两派风格，以刘派戏路为主。首先的［闷帘导板］“听谯楼打四更玉兔东升，为国家秉忠心昼夜奔忙”中，“更”字唱得缠绵曲折，到了“玉兔东升”四个字，逐渐翻高。接下来的“为国家”的“家”字发音大放大收，煞音收得很快，直接痛快。“心”字唱得简洁，“奔”字很圆满，到了“忙”字发挥了拖长腔的特色，这个字完全按照刘派唱了 13 个腔。这“忙”字的 13 个腔，与《空城计》中“散淡的人”的“人”字的唱腔听似雷同，实际上又不同。“人”字的唱腔有高有低，而“忙”字的唱腔声声提高，令四座震惊。

后面的［原板］唱得就更精彩了，要唱好这段十分不易，如果句句用高腔，唱起来就更难了。不过，高庆奎在传统演法的基础上结合自身条件

① 1921 年 12 月 20 日《顺天时报》。

② 1921 年 12 月 22 日《顺天时报》。

进行了发挥，令人耳目一新。

高庆奎表演时虽然按照谭派戏路，但是唱腔大都是刘派唱腔。除了“听谯楼”的［导板］转［原板］，唱到“西凉国这三载未把贡上”一段，咬字腔调很见功夫，到了“眼见得吾齐国付与了汪洋”时，“眼见得”与“吾”字连唱，“吾”字突然转折，到了“汪”字提高音调，“洋”字拖腔变为三顿，演唱时双眉紧皱，一种愁容浮于面部。

作为挑班老生，高庆奎新排演本戏在当时的北京尚属新闻，开启了挑班老生排演本戏的先河。

《梨花计》于1922年7月2日由高庆奎和程砚秋在华乐园合演。高庆奎饰演张儒臣，程砚秋饰演骆惜春，王又荃饰演张幼谦，曹二庚饰演骆员外，张鸣才饰演孟元帅，吴富琴饰演丫鬟张英。

这是一出情节曲折的喜剧，以大团圆为结局。为了展示对程砚秋的提携，高庆奎将《梨花计》戏码升为大轴上演，自己在剧中饰演张幼谦的父亲张儒臣。报章记录了《梨花计》演出的情形：“前天礼拜华乐园演唱《梨花计》，这是一出新排的好戏。那天很热，戏园里座客却很满，电气风扇使劲转动，还是杀不却场中一股热气。台上演《英雄义》的时候忽然下了一场大雨，等到《英雄义》演完雨也停了，天气也凉爽些了，大家都打起精神看《梨花计》。”① 又有评论称：“华乐园名角程砚秋、高庆奎、王又荃等新排之《梨花计》，旧剧界之伶人皆极为推许，而台下观者亦多赞美者。前星期日曾演一次，座客拥挤至溢出有三百人之多，均以无座而退，该园老板赵世兴乃于本星期重排此剧，使上次向隅者此番得观全豹焉。爱观砚秋好戏者明日其破工夫早些来也。”②

在《梨花计》每演必满座的情况下，高庆奎与程砚秋一鼓作气又排演了一出冷门戏全部《芦花河》，又名《金光阵》。在这出戏里，高庆奎饰演

① 1922年7月5日《北京晚报》。

② 1922年7月15日《北京晚报》。

薛丁山，程砚秋饰演樊梨花，两人除了唱念，还有武打把子场次。范宝亭饰演乌礼黑，王又荃饰演薛应龙，荣蝶仙饰演龙女。1922年7月8日，高庆奎和程砚秋大轴演出全部《芦花河》。除了《白家庄招亲》《女斩子》与老本相同，老本子前头的乌礼黑和薛应龙交战，以及薛应龙与西海龙女结婚各节，后头的薛应龙死于金光阵以及薛丁山夫妇悲伤痛苦、哭尸打阵都是鲜见于舞台的。

《芦花河》剧本是王瑶卿送给程砚秋的。其中旦角头场［大引子］局格甚新，中间樊梨花与乌礼黑两场起打，最后的“哭尸”生旦对唱［快板］，对起［哭头］，对抢洒发。由此可见，演出自然是火爆的。

张聊公在《〈芦花河〉首尾完全之新排好戏》一文中记录：“前天和高庆奎在华乐演唱台下座客异常欢迎，砚秋扮樊梨花和乌礼黑父交战，大刀耍的又轻翘又流利，‘升帐斩子’一场，容止非常端庄，和丁山抢白几句［快板］，分外好听。庆奎扮薛丁山很有可取，我看庆奎的戏也可以这一出为最满意，王又荃扮薛营龙，荣蝶仙扮西海龙女，范宝亭扮乌礼黑，配的更有精神，那天座客有九百多人，可以算得满座了，拍手欢迎的声音不绝于耳，票界旦角章小山等都来参观，大概他们也要这样串演吧。”①

这样的新戏吸引了北京的剧评家们，也引来了沪上剧评人。冯小隐此时正在北京，听说高庆奎、程砚秋排演全部《芦花河》，也前去观看，并撰文：“‘斩子’一场，庆奎饰丁山，唱［二六板］，平稳而已，砚秋唱［西皮］，颇有好腔，‘金光阵’亦无何出色之处，只‘哭尸’时，庆奎砚秋，皆极唱做能事，为今日不可多得之老戏也。”②

① 1922年7月10日《北京晚报》。

② 1923年3月1日《晶报》。

九、演了一年半的连台本戏

1923 年，高庆奎第四次来到上海演出，并且演出了一年半的时间。当时，有些人干脆将高庆奎当成了常驻上海的演员。更让人想不到的是，翻开当时的戏单，高庆奎大部分时间出现在新编连台本戏的剧目中。人们想不通，一个京朝派名角，为什么会长期演出海派连台本戏呢？

丹桂第一台以前由周信芳等人组织班底演出。据报章载："丹桂第一台自由周信芳主持后台后，排出之新戏诸多，唯因发展甚为迟缓，故后台经理一职，已改为该台经理尤鸿卿之子文奎接任。"[①] 不过，尤文奎并不是梨园中人，因此他找到白玉昆，希望他留下来帮助自己成班。"白因与周信芳等意见不一，闻此消息，慨然允可。"[②]

白玉昆帮助尤文奎组班，首先想到的是丹桂第一台需要从北京请来一位老生名家为剧院撑住舞台，重振旗鼓。随后，白玉昆托人找到高庆奎，最初包银定为每月 2300 元，后经尤文奎和前台经理刘凤祥商定，高庆奎的每月包银为 4500 元。这在当时的确不是一个小数目了。盛情之下，高庆奎便第四次到达上海演出。

1923 年 2 月 9 日上午十时，高庆奎出京赴沪。当天，《申报》进行了宣传，高庆奎被冠以的头衔是"寰球驰名文武唱做全材正宗须生"的称号。为了宣传，剧院楼外的名牌用大块玻璃配以木架临廊悬挂，特别新颖别致。

此次高庆奎从北京带来的旦行演员是何雅秋。其他行当主演为王汇川、刘奎官、金少山、孙少云、高福安、小小宝义、筱九霄、陈昆甫、董俊峰、

① 1923 年 1 月 23 日《益世报》。
② 1923 年 1 月 23 日《申报》。

珍珠花、赛三胜、胡宝山、小吉瑞、张鸣才。

2 月 17 日，即正月初一，丹桂第一台开锣了，高庆奎演出《捉放曹》。有报章评论：“丹桂第一台所聘如须生高庆奎，与沪人感情尚好，艺术亦不恶，其余角色如青衣花旦何雅秋亦佳，王汇川在天津广和唱绿牡丹之配戏，刘奎官因善于勾脸而得名，小九霄之武旦、孙少云之旦均甚可取。”[①] 虽说与高庆奎配戏的演员“均甚可取”，但是白玉昆没能邀到筱翠花、荀慧生来搭戏，保证上座率实际上就靠高庆奎一人。为了扭转之前丹桂第一台的颓势，高庆奎只能不辞辛劳，开演拿手戏《碰碑》《珠帘寨》和全本戏如《大黄鹤楼》《琼林宴》《朱仙镇》《陈宫》《三国志》等，将一般相关的折子戏连在一起演出。

为了维持满座，弥补上一年的损失，丹桂第一台在各剧院的激烈竞争中，决定排演连台本戏《智破佟家坞》，并定于 1923 年 3 月 5 日首演。该剧根据民间流传的章回小说《彭公案》中的“马玉龙大破八卦教”改编。高庆奎饰演余化龙，高福安饰演马玉龙，赵松樵饰演安天寿，王汇川饰演张洪雷，刘奎官饰演佟金柱。据报章载：“新排之《智破佟家坞》，喧传沪上，故前晚初次开演，未至八时，已觉十分拥挤。九时后来者，若非早定位置，即抱向隅之叹。”[②]

虽然是被邀到上海的北京名角，高庆奎依然保持着搭班唱戏“三不争”原则。《智破佟家坞》文武并重，不过，该剧主演是以武打见长的高福安，高庆奎只在剧中饰演马玉龙。当时撤本子时，高庆奎被派饰演余化龙，这是以唱功见长的角色。

高庆奎在《智破佟家坞》的第五场登场。情节是佟金柱与天文教主张洪雷谋反。其中，高庆奎饰演的余化龙在卧龙湖得闻佟金柱谋反后，有一段激情的唱腔。高庆奎在这里发挥了自己的专长，通过高调门的唱功及做

① 1923 年 2 月 19 日《申报》。

② 1923 年 5 月 7 日《申报》。

功上细腻的刻画，将此时余化龙听到消息后既惊讶又气愤的心情表现出来。这一段华彩被称为“唱工表情佳绝”。随后，剧中人物佟母路过拜访余化龙，希望余化龙劝其子改邪归正。余化龙表示将前往佟家坞进行侦查，以图平叛。余化龙还让他的女儿拜认佟母为义母，情节颇为感人。第十场，余化龙至潼关泄机，遇其婿马玉龙。有报载：“高庆奎之余化龙，一段［二六］，煞是好听。表情道白，面面俱到。”① 第十四场为杨堃看破机关，至帅府探听，后果知马玉龙系改名前来侦探，遂施毒计，用闷香将房中各人闷倒，意欲行刺。时余化龙暗中保护，将杨堃擒住。这场高庆奎及李少棠之做功，颇为细腻。第十六场接演杨堃之友，谓杨堃身死不明，又云现今之元帅，乃马玉龙改名，前来暗侦。有报载：“后佟金柱请张洪雷前来占算一场，［五音连弹］之唱工，当然以高庆奎为最出色。”②

《智破佟家坞》的演出颇为成功，连演九天，场场满座，又接连排演了第二本。后来是头本、二本连续演出。有了这样优秀的演出成绩，丹桂第一台顺势又排演了连台本戏《十粒金丹》。

1923年3月23日，头本《十粒金丹》首演。高廷赞由王汇川、高庆奎二人合演文武场，刘奎官饰演高丽国将，小小宝义饰演吕纯阳，何雅秋饰演杨端娘，珍珠花饰演黎素娘，高福安饰演郑安宁，赵松樵饰演郑昆。《十粒金丹》被各界报以期待：必较往昔所演之剧益有精彩云。因此，该剧中既有［五音连弹］，也有很多为两次雁门关征战场子设计的新式武打套路，还有很多新制备的机关布景。丹桂第一台为主演定制了改良古装。

可是不知什么原因，只演了几天，《十粒金丹》便不再上座。经理刘凤祥眼看演出《十粒金丹》后营业成绩还不如演出《智破佟家坞》，在一天散戏后，他到化妆间找到高庆奎。高庆奎见老板面带窘色，便询问起来。原来，自从剧院投入资金排演了《十粒金丹》，营业业绩就有所滑坡。虽然定

① 1923年3月7日《申报》。

② 1923年3月7日《申报》。

好了包银，但是刘凤祥希望给高庆奎的包银能酌情削减。高庆奎素来注重交情，抱定“三不争”原则，见此情形，当即表示包银可以减半。刘凤祥没有想到高庆奎如此豪爽、慷慨，十分感动，他表示日后一定给予补偿。

由于《十粒金丹》不太上座，排戏的杨韵谱便着手排演了第三个海派新戏《丐侠记》。4 月 9 日，新排练的改良新剧目《丐侠记》上演了。《丐侠记》取材于武昌起义之时，刘若士与黄兴、丐侠在武装光复时的一段故事。其中，由高庆奎饰演刘若士，刘奎官饰演黄振武，王汇川饰演丐侠，何雅秋饰演王筠素，高福安饰演张中将，小小宝义饰演霍保荫，赵松樵饰演邓别古。时任总统黎元洪演说中夸赞此剧：与武昌起义真情确景恰符合无差。

自春节在丹桂第一台演出以来，高庆奎已经演了三部海派新戏了。《丐侠记》演了没几场，第四部新戏又接踵而来。原来，此前看到高庆奎反串花脸《普天乐》中的包公颇为叫座后，与高庆奎配演的赵松樵便寻思能与高庆奎搭档演出他一直想演出的新戏《呼延庆出世》。“丹桂第一台因全班改组，故除普通角色外，其余前列诸角，均系新聘者。所排之《智破佟家坞》，尚能叫座。高庆奎之《铡判官》亦已演过。高之包公，反较饰其他角色为佳，连日营业亦佳。”[①]

由于饰演包公的演员须是一名十分出色的名伶，而当时即使是优秀的花脸演员也未必能胜任这个角色，因此，赵松樵看了高庆奎的《铡判官》之后，对于包拯的扮演者，也就心里有数了。

虽然高庆奎是剧院从北京请来的头牌老生，但是他从来不摆架子，而是服从剧院的安排，在海派连台本戏中出演角色。赵松樵后来回忆起《呼延庆出世》初次排练的情形：“排戏那天演员都来齐了，就连高庆奎也不例外。他不摆架子，按时到场，仔细听给自己安排的戏。排戏一直持续到第二天天亮。”[②]

---

① 1923 年 5 月 18 日《申报》。

② 赵绪昕：《赵松樵评传》，北京：中国戏剧出版社，2008 年版。

5月6日傍晚，丹桂第一台门前灯光明亮，人头攒动。大门上方矗立起用五层板制作的巨型广告牌。几十只灯泡围作一圈，把四马路照得通亮。广告牌左边是五层板制成的包公人形，右边是呼延庆的形象。广告牌上赫然镶嵌着五个大字“呼延庆出世”。

严格来说，《呼延庆出世》是一出群戏，其中，高庆奎饰演的包公是看点之一。上海的观众对于高庆奎的多才多艺十分赞赏。以前，高庆奎都是偶尔反串演出《普天乐》《御果园》。虽然受到观众好评，但观众并没有过足戏瘾。而此次在《呼延庆出世》中，他出演包公可谓众望所归了。

《呼延庆出世》中，高庆奎饰演包公，曹艺斌饰演小呼延庆，金少山饰演黄文炳，赵松樵饰演寇准，王汇川饰演呼延丕显，刘奎官饰演庞文，高福安饰演马昆，何雅秋饰演呼延庆之母王金莲，王兰芳饰演西宫曹妃，高盛麟饰演小孟祥，范叔年饰演小焦玉，李庆堂饰演黄文叙。当时，高庆奎之子高盛麟虽然只有8岁，但此时的高盛麟已是临场不乱，一招一式颇为稳健，受到不少人欢迎。

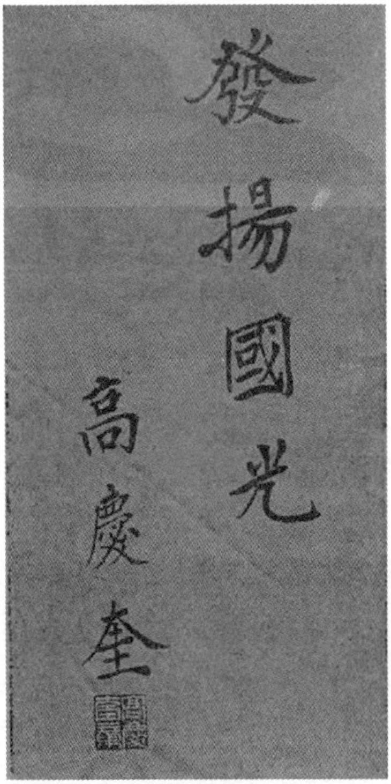

高庆奎为国剧协会题词

《呼延庆出世》自上演以来，影响渐渐扩大。当时北京的奎德社和天津的戏班都闻风派人到上海观摩学习，以便回去演出。眼看场场爆满，生意变得兴隆了，经理刘凤祥又找到高庆奎，希望能够订一个常年的演出合同，即高庆奎来沪演出，每年包银24000元。高庆奎心想，虽然按年订立比起按月订立的包银要少很多，但是这样一来稳定了许多，免去了奔波的辛苦。于是，高庆奎暂时口头答应了。

谁知，丹桂第一台正在草拟和高庆奎的常年书面合同时，上海大舞台派人找到了高庆奎。据说这天下午，高庆奎正在寓所吊嗓子。上海大舞台经理再三劝说，抢先和他订下了常年合同，上海大舞台每年支付高庆奎包银 30000 元。不过，上海大舞台是如何得知丹桂第一台正拟与高庆奎订立常年合同的，至今无人知晓。

上海大舞台立刻于 6 月 2 日在《申报》登报，开始宣传高庆奎："歌曲界尊崇谭刘，几于家弦户诵，人人皆知。而伶界摹仿，往往享受重名，然而真得两氏衣钵者，实亦寥寥。高艺员庆奎，天赋歌喉，生平尤服属谭刘，于其一字一句一节奏，心维口追。既已盖通其奥妙，更以平时所心得，寝馈枕甜，历有年所。遂以一人兼谭刘两氏之长，领袖群伦，驰声南北。沪人士显曲者，无不极端表示欢迎，异口同声，佥谓谭刘后惟一替人。今因倦游，忽动乡思，意图北上，本台主念名角如林，人才称盛，独谭刘派须生，如高艺员其人者，尚付缺如。因之特烦至友，与高君雅故者，再已挽留，已蒙首肯，此固顾曲之耳福，抑亦本台主之幸运焉，登台有期，容再露布。"①

此时，上海大舞台演员有小达子、金碧艳、毛韵珂、赵如泉、贾璧云等。高庆奎来到上海大舞台，6 月 8 日到 12 日连演了《失・空・斩》《辕门斩子》《珠帘寨》《草桥关》《胭粉计》，随后便加入了大舞台蒸蒸日上的连台本戏《狸猫换太子》的演出。

6 月 13 日，六本《狸猫换太子》在上海大舞台首演，高庆奎与小达子、金碧艳、毛韵珂、贾璧云等人合演。在第六本中，范仲禹这个角色原本并不突出，高庆奎饰演范仲禹后，便把传统戏《琼林宴》加入其中。高庆奎饰演的范仲禹完全按照谭派演法。《小说新报》在《丹桂第一台名伶谈》中评述高庆奎的《琼林宴》："高伶每演皆从问樵起出箱止。嗓音充沛，到底

---

① 1923 年 6 月 2 日《申报》。

不懈。其做工表情亦淋漓尽致，诚非罗（小宝）所能及也。”

在《塔洼奇闻》部分，高庆奎又饰演了《乌盆记》中的刘世昌。有一场戏演出时他要了一个噱头。当刘世昌“魂子”该登场的时候，检场人员将传声装置放在乌盆上面。高庆奎在后台演唱，声音通过电力传播，真的从乌盆中传出。观众大为惊奇。

刚刚演完勾脸的包公，又演唱做兼重的范仲禹，抑或刘世昌等，高庆奎自然得到不少观众的垂青。随后七本《狸猫换太子》和八本《狸猫换太子》又于上海大舞台接连演出。高庆奎的演出既体现了京朝派的唱做风格，又通过与其他主演上演［五音连弹］对唱等彰显了海派特色。谁也没想到，高庆奎演出连台本戏《狸猫换太子》竟然持续了一年的时间，而且场场满座。这不能不叫人称奇。如果从高庆奎排演《智破佟家坞》饰演余化龙算起，一个北方须生名家，竟然在上海连台本戏的舞台上驰骋了一年半之久，这在当时的北方京剧名家之中是没有第二个人能做到的。另外，也说明连台本戏《狸猫换太子》有其独到之处。

高庆奎的魅力在于，他不但保持了不同流派的演出风格，更在形成自身演出特色的道路上发展了一步。他在连台本戏的演出中，时常寻找表演突破口，即使是同样的演唱和身段，仍能让观众常看常新。他还利用这段时间观摩上海名家的表演风格，吸收借鉴他们的特色。这也对高庆奎形成高派艺术起到了促进作用。

此时，高庆奎已经形成京海兼糅的风格。因为上海大舞台的《狸猫换太子》风头正盛，此时在上海的程砚秋、郭仲衡、荣蝶仙、金仲荪、周瑞安、罗瘿公等人于 1923 年 9 月 24 日晚到大舞台观剧。罗瘿公在日记中记载：上满座。此八本已连演数十余日，无日不满，可谓盛矣。入后台与庆奎、璧云晤谈甚欢。高庆奎、徐老四此次风头十足，必大得意。不过罗瘿公显然还是一位保守的京朝派人士，对于高庆奎的表演风格，他评论道：高庆奎已成纯粹外江派，装束诡异，唱腔不守规矩，不可救药矣。

上海各舞台在这时以连台本戏相互竞争到了狂热的程度。到了12月，由于上海大舞台的《狸猫换太子》占尽风头，天蟾舞台随之也排演出九本、十本《狸猫换太子》。为了与之抗衡，新舞台排演出《徽钦二帝》，而共舞台只得另出新招，从北京请来了梅兰芳和王凤卿登台。

1923年底，天蟾舞台上演了《狸猫换太子》，大舞台夜戏连演九本、十本《狸猫换太子》。1924年春节封箱前夕，上海大舞台又翻回头演出一至十本《狸猫换太子》。而高庆奎与小达子、金碧艳、毛韵珂合演的十一本、十二本《狸猫换太子》更是连演了两个月。

这次高庆奎能久居上海，除了精湛的剧艺，还有一个因素就是他和同仁相处融洽，彼此尊重，通力合作。在论资排辈的戏班中，高庆奎并不因为自己是名资历深的演员，或者说是剧院老板请来的头牌而摆架子，依然保持着“三不争”原则。也正因如此，和高庆奎同班的演员都乐于与他交往，有的还与他成了结义兄弟。高庆奎、程少馀、苗胜春、刘奎官、王汇川、林树森、曹宝义、陈少甫、黄成美、郑玉华、赵松樵，在当时有“梨园十一杰”的美誉。

1924年5月24日之后，高庆奎转到南京演出。他分别在南京下关花园饭店大戏院、下关英商百利公司之新新舞台登台。其合演者为杨瑞亭、花玉莲等。在一个月的演出时间里，高庆奎上演了高派代表剧目及老生骨子老戏。演出合同期满，高庆奎又转到济南演出，演出十分成功。可是这样一来，北京的戏迷可就有一年零九个月没有在舞台上看到过高庆奎的戏了，这是谁都没有想到的。

自1921年组班以来，高庆奎并没有循规蹈矩地走传统京朝派的演出路数。仅以唱腔举例，由于所宗派别多样，高庆奎被当年守旧人士讥讽为“高杂拌”。可是，一般戏迷和观众对高庆奎的演出依然十分支持，庆兴社的上座率很高。即便这样，高庆奎还是感受到京朝派的压力。因此，当上海的约角人联系到他时，高庆奎便决定到上海演出。

第五篇

『三斩一探』高派艺术形成

一、组成玉华社

1924年的北京，旦角的发展越发兴旺，舞台上以老生本戏作为大轴的戏便很少有了。自从高庆奎离开北京，他演出的华乐园相继邀请了其他演员组班，不过营业业绩都不理想。旦行演员早已占据其他戏院了，邀不来旦角组班的华乐园支撑不住，便歇业改装了。

此时，前门粮食店街内的中和园营业也不见起色，上座不如人意的消息传到上海。《申报》载："北京中和园自金少梅、金韵箫等脱离后，营业骤落，难以支持。"[①] 中和园经理梁华亭不愿步华乐园的后尘，便想到邀请高庆奎回京组班，以震声势。他先托人打听高庆奎的消息，看看高庆奎在上海还要演多久。

7月2日，梁华亭在《顺天时报》上发现一则消息："高庆奎旧历六月初一由南京到济南，演唱数日归京。"梁华亭没想到，高庆奎离开上海后，又被南京、济南的戏院邀去了。梁华亭决定捷足先登，赶在其他剧院前面邀请到高庆奎。于是，他急急忙忙收拾行囊，买火车票去济南。不过济南上舞台与高庆奎的演出合同尚未到期，梁华亭只得返回。

在济南，高庆奎颇受欢迎，有位署名"周南胪"的人看了高庆奎的拿手戏《失·空·斩》之后，甚至赋诗一首："汉末称王佐，才高不可攀，一生惟慎事，三顾始离山，讨贼心常感，运筹意自间，忠贞闻互古，俎豆享人寰。"[②]

7月底，梁华亭又去了济南，他还邀请庆兴社管事王郁甫去邀高庆奎。

① 1924年8月8日《申报》。

② 1924年7月11日《天韵报》。

最终，高庆奎决定回北京，在中和园组班。二牌旦角是王瑶卿的侄子王幼卿，时年 21 岁，品貌俊秀，并有王瑶卿扶持。高庆奎之所以中意王幼卿配戏，也是由于他能唱“乙字调”，正好搭配高庆奎的演唱调门。与高庆奎合作，是王幼卿从老生改唱青衣后的首次搭班演出。

8 月 22 日，高庆奎回到北京。管事王郁甫开始联络同仁，组成玉华社。9 月初，高庆奎偕黄润卿、九阵风、王长林、王连浦、王幼卿、金仲仁、吴彩霞、诸茹香等人到德兴堂行祀神礼。9 月 8 日，玉华社在中和园开演。演出阵容是二牌旦角王幼卿、黄润卿、尚富霞、李妙兰，武旦九阵风，老旦李多奎，老生刘景然、张鸣才、鲍吉祥，武生周瑞安、赵鸿林、小振庭，小生金仲仁、诸茹香，花脸侯喜瑞、蒋少奎、王连浦，丑行王长林、郭春山、慈瑞泉。值得一提的是，尚小云之弟尚富霞提前出科，正式登台演出。

《顺天时报》剧评人辻听花对高庆奎此次组班抱了极大期望：“高庆奎自前岁腊月赴沪以来，屈指匆匆已逾一年九月矣，其间京中角色少一人物，梨园歌舞稍觉寂寥。惟余每阅沪报所载，含沪上归客所谈，咸相一致。高伶在南热心艺事，精益求精，大有一日千里之势。衷心欣悦，望眼欲穿。”[①]

由于高庆奎此前赴沪演出用了一年半的时间，因此这次组班颇受关注。关注者甚至包括沪上人士。著名剧评人梅花馆主（郑子褒）就向上海《申报》报告了此次组班情形。他特别谈道：“上下池厢早已预订一空。”[②]

1924 年 9 月 8 日，中和园戏票早就售卖一空，连倒卖戏票的案目手中都没有余票了。当天，到中和园观看玉华社演出的有王瑶卿、尚小云、郭仲衡、程砚秋、姚玉芙、钱恩瑞等人。首日戏码为李多奎的《钓金龟》，吴彩霞、赵凤鸣的《搜孤救孤》，黄润卿、尚富霞的《得意缘》，王幼卿、王长林的《女起解》，赵鸿林、九阵风、范宝亭的《乾坤圈》，高庆奎、侯喜瑞、张鸣才、王连浦、鲍吉祥的《失街亭》。

---

① 1924 年 9 月 2 日《顺天时报》。

② 1924 年 9 月 9 日《申报》。

当天演出中，高庆奎无疑是众人瞩目的焦点。为了彰显玉华社的分量，高庆奎上演了每次到上海打炮第一天必唱的《失街亭》。在当晚大轴的《失街亭》中，高庆奎饰演孔明，蒋少奎饰演马谡，王连浦饰演司马懿，张鸣才饰演王平。高庆奎的《失街亭》在唱腔上的展示综合了谭、刘、汪的特色，在念、做方面也是独辟蹊径。即使十年后，仍有戏迷对《失街亭》印象深刻："高庆奎民十一自沪返平，继尚小云、谭小培之后，演于中和园，首四日为'三斩一探'，座客常满。盖听庆奎最'解气'（'过瘾'）。忆第一天《空城计》之［大引子］，台下千余人，念时胥全神贯注，寂然无些许杂音，而每一句尾音甫落，彩声辄哄堂起。且刀斩斧齐，盛况实仅见者。他如《华容道》《平陆浑》之'趟马''刀花'，亦自卓尔不凡，殊属难能可贵。"[①]

玉华社开幕第一天，高庆奎演出的《失街亭》"升帐"出场，每唱一句，观众就叫一个"好"，这反映出观众对高庆奎剧艺的认可与热衷。一则新闻报道更是对高庆奎这天的演出作了总体概括性的评论："孔明扮相举止有儒将风，首场出场白口神情颇有可观。'观图三叹'一段，面色口吻，如观实景。'城楼'一场命老军开门扫地唱做并佳，未几，'坐楼'恬静如常，谈笑自若。'我本是'一段，声音清亮，腔调悠扬，如断如续，颇有趣味。剀断言之，其行腔间，时觉有过巧妙之处。"[②]

此时，高庆奎正如雄心壮志、六出祁山的孔明一样，展开了他组织玉华社时期的壮阔舞台。高派名剧全部《浔阳楼》《哭秦庭》《重耳走国》《割麦装神》都是在这一时期编演登台的。这段岁月不能不说是高庆奎演艺生涯中的一段重要旅程，奠定了高派艺术的基础，有评论称："高庆奎返京，肆力于编排须生新戏，是为须生以新戏在京出风头之始也。高庆奎所排演

① 1935年11月30日《北洋画报》。

② 1924年9月18日《顺天时报》。

者如《重耳走国》《平陆浑》，皆取史料为材。”[①]

与高庆奎配戏的青衣主演中，有王幼卿、黄润卿两位才俊。1924 年冬天，玉华社又来了一位花旦主演，他就是金碧艳。高庆奎与金碧艳二人相识于 1917 年，那是高庆奎第一次赴南方，在杭州第一台演出的时候。1917 年 3 月 9 日，金碧艳前场演出《马上缘》，高庆奎在大轴演出《斩黄袍》，当时金碧艳用名“金景萍”。1924 年，高庆奎在上海演出时，又与金碧艳同班登台，当时高庆奎便邀请金碧艳来北京演出。

《四郎探母》，高庆奎（右）饰杨延辉，王幼卿饰铁镜公主

玉华社班社主要阵容广告，《群强报》登载

① 1925 年 2 月 27 日《东方时报》。

1924 年 12 月 10 日前后，金碧艳应邀到了北京。当时，高庆奎住在羊肉胡同寓所，他特地邀请金碧艳暂时先住在自己家里。打炮当日，金碧艳上演的是拿手戏《打花鼓》。早在 1921 年就有一则关于金碧艳的《打花鼓》的剧评："描摹入微，尤以曼声妙舞娓娓动人，至于做作之细腻，观者故早已击节称颂不待。"[①]

金碧艳的登台得到京朝派旦行的关注，为玉华社又增添了一员战将。当天，台下看戏的陈墨香回忆："幼卿正工青衣，碧艳纯粹花旦，戏码倒也整齐。慧生彼时很爱看戏，曾屡请墨香同去。金碧艳打炮是《凤阳花鼓》，墨香在座。那日北平戏界和票友唱旦的，到了不少。瑶卿、慧生都在里面。"[②]金碧艳的花旦戏得到京朝派的一致好评，随后他便由高庆奎介绍，正式拜王瑶卿为师。

1924 年 10 月 12 日，高庆奎的代表剧目全本《浔阳楼》登场了，该剧一出，立刻受到观众欢迎。《顺天时报》编辑辻听花撰文："日前中和园高庆奎、黄润卿、周瑞安、侯喜瑞、王长林等，初演新排全本《浔阳楼》一剧，余欣然往观，略评如左。入园已四钟余，正值演坐楼杀惜中场。是剧高庆奎饰宋江，黄润卿饰阎惜姣，周瑞安饰张展元，侯喜瑞饰李逵，王长林饰张文远，刘春立饰林冲，王连浦饰晁盖，慈瑞泉饰黄文炳，范宝亭饰张顺，张鸣才饰戴宗，蒋少奎饰刘唐，鲍吉祥饰吴用，甄洪奎饰蔡德章，罗福山饰阎氏。宋江，扮相举止，善合身份，'杀惜'一段，颇有精彩，并浔阳楼上题诗一场，且唱且写，趣致颇多。又遭难一段，做工精妙，神情奕然，大多可观之处。惜姣，淫妇姿态，描摹尚佳，惟说白不甚清楚，殊可惜耳。李逵，扮相合适，说做并妙，当日情景，奕奕逼人，大有独步一时之概。张顺，态度武工，均有可观。戴宗，亦殆无大瑕。其外诸伶，余

① 1921 年 2 月 9 日《大世界》。

② 潘镜芙、陈墨香：《梨园外史》，北京：中国戏剧出版社，2015 年版。

未细观及之，无由评论。”①

同时，剧评人舜田观看《浔阳楼》后有剧评：“剧中情节，迫吃凡数十折，而以饰宋江者最为吃重。庆奎演此，自始至终，唱做均能胜任，而杀惜时之急迫，题诗时之狂傲，装疯时之狂笑，吃屎之机警，法场服罪之愤恨，无不神情妙肖，应时形容。至于唱调之多，更能逞其清脆喉咙，逐节卖力，尤多精彩。各尽其妙，为之生色，是剧竟谓旗鼓相当。且其是日顾客之多，场中无隙地，称盛于一时也。”②

11 月 16 日，新戏《哭秦庭》在北京中和园首演，观众大为喜爱。“高庆奎在该剧唱工特别繁重，[西皮] 有 [原板]、[快板]，[二黄] 有 [散板]、[原板]，在秦庭哭诉时有大段的 [反二黄]。做工则矢志复国，忧思苦愁，秦庭之哭，恳挚呼吁，一片忠忱，不用说秦王，就连台下的观众，都被他感动了。精彩绝伦，极受观众赞赏，以后历演上座不衰，成为高派老生招牌剧目。”③11 月 23 日，高庆奎又首演了《重耳走国》。12 月 7 日，新戏《割麦装神》也在北京首演。12 月 21 日，高庆奎首次上演了新戏《乱楚宫》。

《三国志》是高庆奎常演的剧目，剧评人对此剧评价颇高。署名“菊痕”的人评价说：“《三国志》全剧约演三钟头有余。高庆奎前去鲁肃，后去关羽，极为吃力。形容鲁肃种种痴呆之气，有色有声，正如初写黄庭恰到好处。盖鲁肃唱功虽少，但做派极难。庆奎描仿颇为自然，实亦因功夫深之故。后起关羽，唱亦能始终一气，毫无松懈可指，真不可多得之佳剧也。”④

1925 年 2 月 5 日到 7 日，玉华社连演了三天应节戏《闹花灯》。全剧

① 1924 年 10 月 18 日《顺天时报》。

② 1924 年 10 月 20 日《实事白话报》。

③ 于秉鐩：《菊坛旧闻录》，北京：中国戏剧出版社，1995 年版。

④ 1924 年 11 月 25 日《顺天时报》。

有 30 余场。此戏演绎秦叔宝奉命押送寿礼上京，路遇王伯当五人。到京后，见处处张灯结彩迎接元宵节，豪门公子宇文惠及仗势凌人。五位英雄路见不平，当场打死宇文惠及，大闹花灯，反出京城而去。有戏迷就此赋诗一首："百年恍惚多如戏，角色由来幻不真。愿与文人同结习，落花推挽上红茵。"①

养拙在《北京剧界近讯种种》中谈道："高庆奎与王幼卿在中和园演唱，营业状况颇为隐健。华乐园则朱琴心、王凤卿、马连良等合作，亦能维持。此两园人物目下均尚无赴沪之说，已成针锋相对之势。"②

在京城，此时老生组班的剧团只有高庆奎与马连良两大主力，而二人此时则"针锋相对"。1925 年以后，高庆奎在玉华社的每月戏码都不翻头地上演老生名剧与自己编演的新戏，奠定了他作为"四大须生""老生三杰"的地位。

1925 年 3 月 12 日，孙中山在北京协和医院因病去世，随后的吊唁活动轰动一时。3 月 20 日，尚小云找到高庆奎，表示梨园公会决定由梅兰芳、尚小云、高庆奎等人代表北京梨园界前往吊唁。对于尚小云转达的消息，高庆奎十分重视。25 日是吊唁活动第二天，高庆奎专门穿上新制备的长袍马褂，和梅兰芳、尚小云一起前往中央公园吊唁孙中山。高庆奎对这次吊唁活动一直记忆犹新，他曾向后辈多次回忆起这件事。他曾说，能作为梨园行代表吊唁孙中山先生，这是自己的光荣。同时他也受到孙先生思想的影响，对戏剧改革有了进一步的认识。

高庆奎回来后和家人表示，自己深受震动，特别是看到孙中山"天下为公""国民救国"等匾额时，总觉得自己也应该有所作为。随后，高庆奎便开始专注于搜罗具有正面教育意义的剧本，同时请好朋友清逸居士为自己编写成演出本。这些戏都遵循高庆奎对剧目的要求，即剧目要有正面且

---

① 1925 年 2 月 8 日《京报》。

② 1925 年 2 月 22 日《申报》。

积极的意义和思想。在此基础上，高庆奎又将自身多年对唱念积累的经验融入新戏中。此后，高庆奎心怀一位演员对大众的责任，编演出多部主题有正面且积极意义的剧目。

在玉华社两年的演出巩固了高庆奎在北京剧界的地位。他编排的新剧，让老生行能够与此时新戏涌现的旦行相抗衡。这样，高庆奎从老生新秀成为生行领军人物，影响力已从北京向全国扩大。特别是京剧重镇上海，更是不断地邀请高庆奎前去做营业演出。

孙中山逝世后，冯玉祥于 4 月 9 日驱逐段祺瑞下台，随即被奉系击败，撤出北京。由于时局动荡，玉华社于 3 月下旬停演。这时，高庆奎受到山东省济南上舞台的邀请，于是他带着张鸣才等人于 4 月中旬出京赴济南。演出效果之好的消息传到了上海，据《申报》报道："高庆奎、张鸣才、苏兰芳等现隶济南上舞台，声誉极隆。该台门首所悬斗大金字牌，三人凡占九，并书有'谭派真传''京班泰斗'等字，用以标榜。戏价亦增至一元以上。"[①] 同样的消息也传到了北京，"高庆奎在济南上舞台，颇具叫座之能力，营业甚佳"[②]。

高庆奎回到北京后，又于 6 月初被天津新明大戏院邀去演出。合作者为韩世昌、赵美英、赵鸿林、张鸣才、陆数田等人。其间，震惊中外的"五卅惨案"又影响到北京市面，因此高庆奎于 7 月初回京后一直居家。但北京的一些观众许久不看高庆奎的戏，都坐不住了。有报章载："高庆奎除赴天津献艺外，在家静养，久未登台。一般顾曲者引领翘楚，望眼欲穿。兹闻高伶定于阴历二十四、二十五演唱夜戏在新明剧场。其打破京师剧界之寂寞，慰越知音之渴念，果几何耶。"[③] 居京不久后，高庆奎于 9 月末赴天津演出。这次，他在天津升平舞台演出夜戏，合作者有金碧艳、李妙兰、赵鸿林、刘永奎、小玉楼等人。

---

① 1925 年 5 月 7 日《申报》。

② 1925 年 5 月 9 日《顺天时报》。

③ 1925 年 8 月 10 日《顺天时报》。

《重耳走国》，高庆奎饰重耳

《哭秦庭》，高庆奎饰申包胥

《走雪山》，高庆奎（右）饰曹福，金碧艳饰曹玉莲

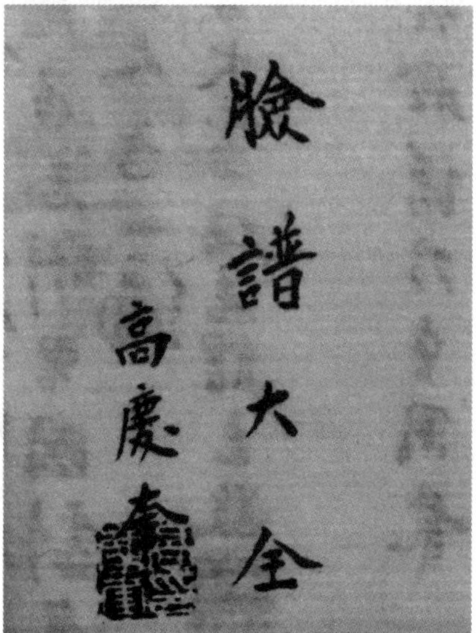

高庆奎为图书《脸谱大全》题词

1925年秋天，由于军阀混战，北京时局颇为动荡，一直到11月底才稍有平静。俞振庭重新组织双庆社，为了重振旗鼓，他想到了高庆奎。此时高庆奎尚未组班。当年提携自己的贵人相邀，高庆奎毫不犹豫地答应了。至于旦角的人选，高庆奎力邀筱翠花这个老搭档。于是在11月27日当晚，俞振庭改组的双庆社在广德楼重新开幕。改组的双庆社以高庆奎、筱翠花为台柱，并有小振庭、侯喜瑞、时慧宝、俞步兰等主演。当晚的剧目是筱翠花压轴演出《鸿鸾喜》，高庆奎、董俊峰大轴演出《胭粉计》。

帮完了俞振庭，高庆奎又收到了杨小楼的邀请。杨小楼向高庆奎表示，自己的忠庆社没有头牌老生，希望高庆奎能够过来帮帮忙。高庆奎也是爽快地答应了，杨小楼很是高兴。

这时，高庆奎已经和荀慧生一起与上海大新舞台（后来的天蟾舞台）签订合同，准备于1926年春节在沪登台。因此，高庆奎邀请荀慧生、筱翠花和金碧艳一起搭入杨小楼的忠庆社。

1926年1月22日，新明戏院的演出深深地印在了人们的脑海里。很多剧评人都回忆过那天全本《浔阳楼》的演出。剧场内不但满座，而且每个座位之间都增加了板凳。即使这样，还是有很多人没能进入剧场观看。原来，当天是高庆奎赴上海，为新建成的大新舞台做开幕演出的临别演出。戏迷不知道要等多久才能再次看到高庆奎的演出，因此购票极为踊跃。当天大轴戏是全本《浔阳楼》，由高庆奎饰演宋江，金碧艳饰演阎惜姣，侯喜瑞饰演李逵，杨小楼饰演总兵，张鸣才饰演戴宗，董俊峰饰演刘唐，许德义、迟月亭、傅小山、范宝亭、蒋少奎、慈瑞泉等分饰梁山好汉。

这天的全本《浔阳楼》，杨小楼为了捧高庆奎，在剧中竟然饰演总兵这样一个角色。剧评人丁秉鐩回忆："固然杨小楼是捧人，而高庆奎《浔阳楼》的声望、评价也就可见一斑了。"[1]

---

① 于秉鐩：《菊坛旧闻录》，北京：中国戏剧出版社，1995年版。

演出结束后，高庆奎便于 1926 年 1 月 24 日与荀慧生、金仲仁、马富禄、王连浦等一起在晚八时乘京奉列车赴天津，随后再搭轮船前往上海。他们将到上海为新建成的大新舞台做开幕演出。

二、为天蟾舞台做开幕演出

过去，曾有“京角不进天蟾不成名”之说，可见天蟾舞台在京剧发展史中的重要地位。新建成的天蟾舞台当时叫作“大新舞台”，是上海有史以来最大的戏曲剧场，于 1925 年竣工，寓意大地更新。在这样一座剧场进行开幕和首演的，正是高庆奎。1926 年，高庆奎被李征五邀请到上海演出，在天蟾舞台一演就是四个月。

早在演出前三天，剧院就连日刊出巨幅广告，每翻开剧院的海报广告，都能看到巨大的粗黑体“高庆奎”三个字。“高”字的字号尤其大，让人看了甚至有种震撼的感觉。对于高庆奎的介绍，剧院也是不惜笔墨，极尽溢美之词。戏院以“全球欢迎、出类拔萃、声情并茂、全才须生”作为高庆奎的头衔。高庆奎则早早到沪，寓居英租界北泥城桥永去里 277 号。

2 月 4 日，《申报》开始为高庆奎这次赴沪作宣传：“高艺员庆奎能戏之多无与伦比，既得谭派之真传，复聚各家之精华，全材须生当之无愧。数次来沪均受热烈欢迎，足见无暇可击，有口皆碑。今膺本台之聘，重莅春申，将出其平生杰作，日与诸君相见，顾曲周郎当能一饱耳目之福。”①

上海的各剧院向来喜欢在农历新年时邀请名角为号召，因此各戏院的竞争自然激烈。大新舞台的主演为高庆奎、荀慧生、李吉瑞、赵鸿林、白

① 1926 年 2 月 4 日《申报》。

玉昆、王芸芳等。丹桂第一台则以尚小云、马连良、茹富兰为号召。更新舞台的主演则是芙蓉草、张铭武、周信芳、王灵珠。

面对这两家剧院的压力，大新舞台表现强劲，上座率毫不逊色。大新舞台于 2 月 7 日晚七时举行开幕典礼，是晚正式开演。开台第一场戏异常热闹，成为当时沪上京剧之大观。高庆奎演出的是《击鼓骂曹》，又名《群臣宴》。而意图使用本名的白牡丹，也选在这次为大新舞台作开业演出之时，首次使用本名“荀慧生”。《元旦夜之大新舞台》记述当晚演出情况：“大新舞台连日看客极众，客满之牌，常见于门首。今记元旦夜该台之戏。是夜有高庆奎之《定军山》。庆奎嗓音高脆，行腔甚妙。”①

大新舞台的名声由此打响了，营业额也不错，剧场门口天天高悬“客满”的牌子，大新舞台董事长李征五十分高兴。那时，大新舞台的一场票钱，可购黄金 50 两。这样的景象，自然引起沪上第一大报《申报》的注意。开幕第二天，《申报》就记载了大新舞台第一夜演出的盛况：“昨晚为大新舞台开演之第一夜，海上著名仕女均联袂偕来，钗光鬓影，盛极一时。门首车水马龙，四马路西藏路一带，几为之停满，各艺员唱做均十分卖力，丝毫不苟，故观众彩声不绝。行头均系新制，光彩夺目，尤为特色。昨晚八时许，楼上下座位已满，后至者莫不有向隅之叹。”②

几天后，《申报》又作了后续报道：“福州路云南路口大新舞台自丙寅元旦开演后，往观者极为拥挤。每夕至七八时即关闭铁栅，不再容纳观客，其卖座盛况实为舞台所鲜见。该台所聘角色如李吉瑞、荀慧生、高庆奎等，均属一时之选，故所演各剧莫不聚精会神。”③

大新舞台开演之初，高庆奎和荀慧生分别演出须生和旦行重头戏。十多天后，李吉瑞忽自初六起告假。于是台主找到高庆奎和荀慧生，协商他

---

① 沙游天：《白牡丹（留香集）》，北京：京华印书局，1927 年版。

② 1926 年 2 月 8 日《申报》。

③ 1926 年 2 月 17 日《申报》。

俩在演夜戏时，合演生旦对儿戏，并分别在压轴单演一出戏作为号召。高庆奎和荀慧生自搭班时就一起配戏，交情深厚，于是二人当即就商量起戏码来了。

2 月 21 日夜戏，高庆奎先是和王少芸、赵鸿林、沈云鞶合演《八蜡庙》。大轴是高庆奎与荀慧生、潘顺奎、徐振芳合演的《汾河湾》。随后几天，高庆奎与荀慧生相继演出了全部《红鬃烈马》《四郎探母》《游龙戏凤》等生旦对儿戏。作为“白党”一员，剧作家舍予在第二天的日记中写下 21 日演出的情况：“昨日该台特贴其（荀慧生）与高庆奎合演《汾河湾》，上座甚盛。”①

早在 1920 年，高庆奎在上海与荀慧生演出的《汾河湾》就颇受欢迎。当时有剧评：“大轴为高白之《汾河湾》，高伶之艺术，海上顾曲家早有定评，予亦不遑多述，惟是晚，高伶之《汾河湾》极肯卖力气，而做功表情亦在出人头地，如与柳氏对口一场，好在招手动足都有中肯，紧若另俗伶演来，不失之呆，必失之滑，此高伶之所以异乎俗伶者也。白牡丹之柳氏，以为之高伶之配，真觉一搭一档如锦上添花。吾于此剧叹观止矣。”②

此时高庆奎与荀慧生的声誉都正如日中天，再次合作《汾河湾》，受观众欢迎程度可想而知。舍予评价说：“庆奎亦能严守规律，唱做均不显有何等油滑，尤足称者。庆奎嗓音素高，今因与荀合弦，略事俯就。反觉圆润得味，几段唱工，醇厚而正，是可知嗓不在高，而以有韵味为贵也。《汾河湾》一剧情节简单，演者若无生动技能，必难讨好。”③

高庆奎对这出各家常演的《汾河湾》自有一番研究。除了唱腔在谭派基础上做了加工以外，引人注目的是他对唱词的加工。例如，将“不知她贞洁如何”改为“不知她怎样度日”。再如，当高庆奎饰演的薛平贵询问

① 沙游天：《白牡丹（留香集）》，北京：京华印书局，1927 年版。

② 1920 年 12 月 28 日《乐园》。

③ 沙游天：《白牡丹（留香集）》，北京：京华印书局，1927 年版。

高庆奎与荀慧生于大新舞台演出《南天门》的戏单

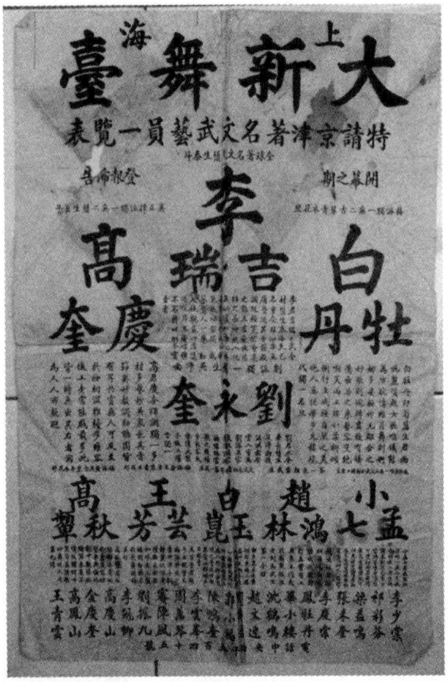

上海大新舞台开幕广告

《汾河湾》，高庆奎（左）饰薛仁贵，王幼卿饰柳迎春

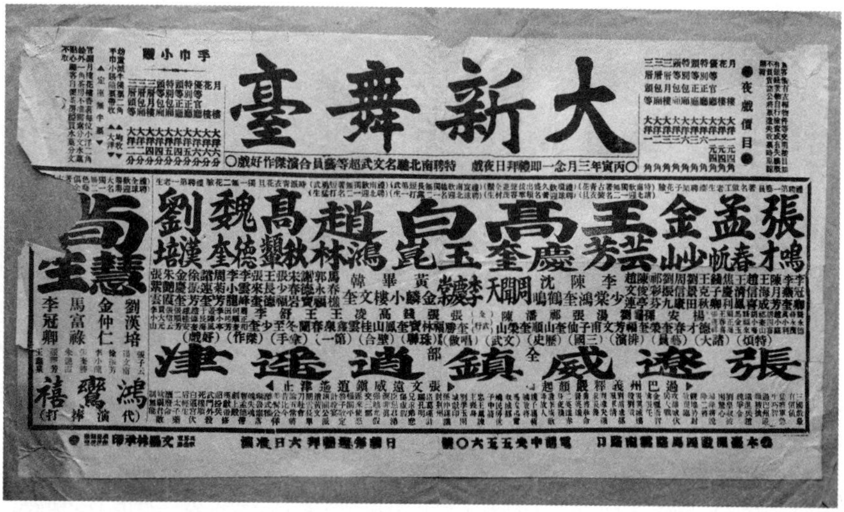

高庆奎于大新舞台演出《逍遥津》戏单

“要好菜好饭”后，柳氏答“寒窑哪有好饭菜”，高庆奎改为“你平时所用呢”。这体现出他的思想深受五四运动中“男女平等”思想的影响，舍予对此的评价是“极为得体”。

除了唱念，高庆奎这时在表演上也有了新的发展。他已经跳出了早期搭班唱戏时对贾洪林等人简单模仿的阶段，也不复有些剧评家所说的“表演做作”的拘谨。这一阶段，高庆奎的表演生动细腻，对剧目有了自己的理解，而又不过于火气。舍予对高庆奎表演薛仁贵入窑后对于一只男鞋的误会的评价为“（薛仁贵）入（窑）后见鞋怒责，及被激气恼赔礼等，均不过火”，他对高庆奎与荀慧生的《汾河湾》表演效果的总体评价为“是夕彩声盈耳，夫岂幸致哉”。

一位署名“雉尾生”的评论者在评论高庆奎与荀慧生在大新舞台合演《御碑亭》时提道：“益以高庆奎之王有道更觉生色，高嗓音本高亮，而是日走低处亦甚佳。如别家时‘身入龙门’之‘龙门’二字苍劲有致，即其例也。说白字音正确，写书前之‘黑暗不明’等句，尤斩绝动听。”[①]

① 沙游天：《白牡丹（留香集）》，北京：京华印书局，1927 年版。

高庆奎与荀慧生此时在上海的合作，可谓珠联璧合，得心应手。没有了传统京朝派的束缚，高庆奎与荀慧生大胆创新，编排出一系列令人耳目一新的剧目。这其中，既有在传统剧目基础上增加篇幅，使之成为本戏的剧目的，也有二人的新编戏，包括《新打渔杀家》《新甘露寺》《新金水桥》《新珠帘寨》《哭秦庭》《雪艳女》《孝感天》《新玉堂春》《黑水国》《新长坂坡》等。另外，高庆奎还与李吉瑞、白玉昆、刘永奎、王芸芳、赵鸿林合演了《锦毛鼠三闹开封府》，高庆奎饰演陈琳。值得一提的是，这次演出《逍遥津》时，对全剧进行了扩充，从“过巴州义释严颜”开始演起，一直演到“张文远威震逍遥津”。

这次高庆奎为大新舞台所做开幕演出获得了巨大成功，剧院获利颇丰，仅前三天时间就售得大洋 7000 余元。春节到正月底售大洋 58000 余元，仅 2 月的半个月就售得大洋 30000 余元。“据统计，高庆奎最叫座剧目为《胭粉计》《新打渔杀家》《新甘露寺》《新金水桥》等。”①

高庆奎、荀慧生于大新舞台演出《新长坂坡》戏单

① 1926 年 4 月 7 日《新闻报》。

三、班社几经改组

高庆奎从上海大新舞台回到北京不久，便赶上老生行在梨园新馆挂牌匾的事。此时的高庆奎与往日不同，在众多老生纷纷进入旦行班社挎刀时，他成为能与旦行抗衡的老生代表。1926 年 7 月 5 日，高庆奎与余叔岩、贯大元等，先在德兴堂聚齐，随后一起前往梨园新馆参与了挂匾仪式。

随后高庆奎在家休整了一个月。此时的一篇名为《高庆奎之豪语》的文章引人注意。“高庆奎在梨园中，有自立能力。因在外日久，排演本剧颇负艰巨，演十六刻钟之戏，为恒事也。庆奎无依赖性质，不为他人所左右，由沪归京后，在寓静养，每向人道，宁久不唱戏，不与挎刀。豪哉！此语殊为今日老生吐气。今剧界演本戏，或为一班之首领，大半属于旦角。庆奎竟反是，演老生诸本戏外，尝以青衣花旦为辅，在今之潮流实属非易，不能不谓为特色也。”①

这篇文章道出了高庆奎当时的状况。此时除他和马连良等少数几个老生挑班外，大部分老生演员都为旦行组班演员挎刀。高庆奎的一句“宁久不唱戏，不与挎刀”颇让老生行扬眉吐气。

7 月底，在北京尚未组班的高庆奎被天津大罗天剧院邀走。天津的戏院一般都趁着高庆奎没有组班的空当，或者北京时局不稳的时候，邀请他前去。这次也不例外。在天津大罗天剧院，高庆奎与金少梅合组了崇立社。在天津大罗天剧院与高庆奎合演者有金少梅、俞赞庭、刘永奎、张鸣才、刘俊峰、刘荣萱、溜溜旦等人。票价是包厢大洋六元，散座头等五角。高

① 1926 年 7 月 21 日《顺天时报》。

庆奎演出了拿手戏《空城计》《群英会》《四郎探母》《击鼓骂曹》等。有评论说："此次高、金合组崇立社，应时兴起，使吾辈问外津门者，尚有戏可看，其生涯之鼎盛，在意中矣。"[①]

8月6日，高庆奎在天津参加了黎元洪夫人寿庚堂会。堂会从上午十时开始，到夜里一时才散。各界人士前往庆贺者有徐绍桢、章士钊、陈锦涛、汤漪、张绍曾、曹汝霖、刘冠雄、彭养光、李准、陆宗舆等共330余人。高庆奎与琴雪芳合演了全部《四郎探母》。

回到北京后，高庆奎联络到筱翠花，组成玉华社，合作了一个多月。主要演出者有筱翠花、李连贞、黄润卿、孙毓堃、邱富棠、董俊峰、王连浦、范宝亭、李多奎、张鸣才、扎金奎、陈喜星、金仲仁、马富禄、王长林。

8月15日，重组的玉华社在华乐戏院开幕。高庆奎大轴演出《失街亭》。这次组班，高庆奎每日白天大轴演出的都是高派代表剧目《逍遥津》《浔阳楼》《胭粉计》等。29日，高庆奎参加了第一舞台义务夜戏，演出收入概充抚恤灾民之用。高庆奎先与郝寿臣、徐碧云合演《法门寺》。有评价说高庆奎"扮相儒雅，举止精到，善和本人身份。且除说白清楚，善动人听外，嗓音苍亮，腔调婉转，一番韵味，娓娓不尽"[②]。随后高庆奎又与马连良、程继先、郝寿臣、萧长华、裘桂仙合演《群英会》，高庆奎饰演鲁肃。最后的大轴戏是众人反串演出《八蜡庙》。

9月1日，高庆奎与筱翠花首演了全部《庆顶珠》。高庆奎饰演萧恩，筱翠花饰演萧桂英，曹良月饰演花逢春，张鸣才饰演李俊，马连昆饰演倪荣，王长林饰演教师爷，罗福山饰演花母，孙毓堃饰演总兵。9日，高庆奎又被天津大罗天剧院约走唱日戏。这次，高庆奎与尚小云合作唱了四天戏。虽然早在十年前，高庆奎就挂头牌与尚小云一起搭班唱戏，但自从二人各

---

① 1926年7月30日《顺天时报》。

② 1926年9月2日《顺天时报》。

自组班，已经很久没有合作了。这次二人合作了《四郎探母》《御碑亭》和头二本《玉堂春》。高庆奎还加入尚小云新戏《林四娘》，饰演了侠客。据《顺天时报》报道称："昨有人从天津来者云，每晚观戏者一千五六百人，深受欢迎。"①

因为合作愉快，二人回到北京后便决定联合组班。高庆奎与尚小云可以强强联合，还有一个原因便是此时北京的演出市场竞争激烈。在男班里，程砚秋、郭仲衡组成了鸣和社，荀慧生、谭小培组成了松庆社，徐碧云、谭富英组成了荣华社，筱翠花、马连良组成了玉华社，还有富连成社、斌庆社和即将携手组班的杨小楼与余叔岩。在女班里，则有筱兰英、姚玉兰组成的庆麟社，雪艳琴、金桂芬组成的奎德社等，此外还有在开明戏院演唱的马艳云，在城南游艺园演唱的孟丽君。

高庆奎与尚小云都是挑班的演员，二人合作的消息颇受瞩目。《顺天时报》剧评人辻听花评论："二明星协庆社，亦成为高、尚两伶之合作，京师剧场，又添一大异彩矣。回顾庆奎与小云，曾在三庆合奏其技，清歌妙舞，压倒一时，今尚在人之耳目，讵佳会重到，两伶合作，今晚开幕，此晚两伶合演《探母回令》，鼓吹风雅，一般顾曲者之欢悦如何，不卜可知也。查高尚两伶，除各有多出特别本戏外，其合演之杰作，亦复不少，加以时值中秋，天气凉爽，京师治安，尚属静谧如常，若一旦开幕，笙鼓响起，本戏与合演，互相交错，则望眼欲穿之都人士，必欲先睹为快，该院营业，同事发达，以掌握梨园实权非难事也，谨志属于，以表欢迎高、尚合作之微衷云。"②

也就是在辻听花的剧评发表的当天，高庆奎与尚小云合组的协庆社在明星电影院开演夜戏。大轴是高庆奎、尚小云、朱素云合演的《四郎探母》。

① 1926年9月12日《顺天时报》。

② 1926年9月17日《顺天时报》。

协庆社成员有时慧宝、茹富兰、裘桂仙、张鸣才、方连元、朱素云、吴彩霞、刘景然、郭春山、慈瑞泉、尚富霞、蒋少奎等人。不过，高庆奎、尚小云两位头牌演员谁唱大轴呢？二人想了一个轮换在大轴演唱拿手戏的办法。此外，二人有时在大轴合作生旦对儿戏。这样的日子持续了三个多月。有评论说："尚小云现与高庆奎在明星剧场演唱，京中人士前往捧场者甚众。高嗓子较在申时益佳，且始终不懈，故能得人欢迎也。"①

《四郎探母》演出后，隔了一天剧评就见报了："昨晚（星期五）东安市场明星电影院，高庆奎、尚小云合演《四郎探母代回令》。两角唱工均不惜力，戏演各有佳色。庆奎坐宫一段，慢演字真苍老音晨，其腔妙用，落板好听，或尖调或拔腔，尖团高矮紧慢等处，庆奎研究得法，句句彩声不绝，与小云对口之紧板，珠联璧合，佳妙笔难述出。后至见母，庆奎以至离别回令，种种唱工，均有特技，使观者无不和颜悦色。高、尚合演一班，实系对手中难得集在一处，如早年鑫培、王瑶卿在一班之情形。俟后小云之新旧戏高亦捧演，庆奎演别剧小云亦如此配演，两角合而为一，营业当望大有起色，俟后好观戏者，福耳增佳音矣。"②

这期间，高庆奎还于10月10日参加了一场著名的堂会，是由张宗昌在济南督署举办的。从北京出发的演职员就有307人。演出从白天持续到凌晨。高庆奎与尚小云、郝寿臣合演《法门寺》，大轴是高庆奎与梅兰芳、杨小楼、余叔岩、尚小云等合演的《五花洞》。

自成一格的高庆奎觉得，自己与旦行轮换演出大轴不是长久之计，于是在年底组班，二牌旦角选定郭效卿。就在高庆奎组成普庆社的前夕，12月27日，高庆奎在物克多唱片公司灌制的新唱片问世了，《申报》在显要位置进行了宣传。唱片中就有《武家坡》《击鼓骂曹》《捉放曹》。

12月31日，高庆奎新组成的普庆社在庆乐园开演了。主要阵容有高庆

① 1926年12月1日《申报》。

② 1926年9月26日《顺天时报》。

奎、郭效卿、尚和玉、刘永奎、马连昆、高秋颦、方连元、李多奎、陈喜星、张鸣才、金仲仁、马富禄等人。

庆乐园为了欢迎高庆奎登台，把园中墙壁台栏都粉刷一新，成为 1927 年到来时前门外大栅栏最引人注目的新气象。剧评家张聊公对此时的庆乐园印象最深的还是对高庆奎的宣传："（庆乐园）大门外以电灯扎成'高庆奎'三大字，颇辉煌夺目也。"①

12 月 31 日，普庆社首演剧目为方连元的《水晶宫》，金仲仁的《岳家庄》，李多奎的《钓金龟》，高秋颦的《凤阳花鼓》，尚和玉的《神亭岭》，郭效卿的《彩楼配》，大轴是高庆奎、张鸣才的《胭粉计》。

1927 年 1 月 1 日，普庆社的戏码是方连元的《泗州城》，金仲仁的《监酒令》，陈喜星、李多奎的《雪杯圆》，刘永奎的《探阴山》，尚和玉的《四平山》，郭效卿的《女起解》，大轴是高庆奎的《珠帘寨》。"阳历元旦，记者在京，夜间友人邀往大栅栏庆乐园观剧。该园去年十二月三十一日始开幕。系高庆奎所组织。是夕高庆奎演《珠帘寨》，其妹夫郭效卿新出台演《女起解》。高庆奎之《珠帘寨》饰李克用。唱功因嗓子清亮，腔调又多自出新奇，颇极动听，以故前台极表欢迎，'好'声轰然。带演'收威''起霸'接前各场，神奇均极老当。张鸣才饰程敬思，亦能对付。高秋颦之二皇娘，灵活动人。是日座荣颇满。"② 而对于高庆奎新组织的普庆社的营业情况，报道说："阳历新年，高庆奎、郭效卿等出台庆乐，上座颇佳，颇能维持。"③

1 月 23 日，高庆奎在物克多唱片公司新灌制的唱片《胭粉计》开始在上海得胜公司销售。开售第二天，普庆社在德兴堂祀神。旧历年即将结束，2 月 2 日是大年初一，庆乐园普庆社开台。高庆奎、郭效卿除了在压轴合演

① 1927 年 1 月 6 日《东方时报》。

② 1927 年 1 月 6 日《东方时报》。

③ 1927 年 1 月 6 日《顺天时报》。

了《打金枝》，还在大轴加演《御碑亭》。同时，郝寿臣也加入普庆社，与高庆奎配戏。

有报章记录《打金枝》演出的消息："《打金枝》高庆奎饰演的唐明皇雍容华贵、台步大方，不失帝王身份。'金乌东升'一段［慢板］，嗓音洪亮，韵味隽永，而其中'九龙椅'之'椅'字行腔尤妙。'九龙口内红光起'一段［二六］，宛转悠扬，腔调极佳。而此外之［摇板］、［二六板］、［流水板］亦颇精彩，真有独步一时之慨。郭效卿饰公主，张鸣才饰郭子仪，金仲仁饰郭暖，亦颇不恶。"①

不久，梨园界又迎来了一次大堂会，即张宗昌山东系列堂会。从北京出发的演员有高庆奎、梅兰芳、尚小云、程砚秋、荀慧生、筱翠花、余叔岩、侯喜瑞、王幼卿、王长林、钱金福、姜妙香、萧长华、朱桂芳等共200余人。名伶们于2月7日到达济南，都住在津浦铁路宾馆。9日，演出团一行人先在济南张宗昌堂会登台，高庆奎演出了《斩黄袍》。随后，名伶们到张宗昌老家莱州演出，最后又返回济南登台。

由于演出团回到济南正赶上农历元宵节，选的戏码也大多喜庆吉祥。就拿高庆奎的戏码来说，2月15日傍晚，高庆奎演出《上天台》。16日下午，高庆奎与筱翠花、张鸣才压轴合演《珠帘寨》，大轴是高庆奎与梅兰芳、尚小云、荀慧生、程砚秋、余叔岩合演的《五花洞》。17日下午，高庆奎演出《定军山》。19日下午，高庆奎和演出团乘车到达北京前门东站。

从山东回来不久，清逸居士找到高庆奎，把编写的《睢阳城》剧本交给了他。这时筱翠花加入了普庆社。此时的普庆社堪称人才济济，同时新增的人员有魏莲芳、黄润卿、董俊峰、蒋少奎、钱宝奎、慈瑞泉。

两个月后，普庆社进行内部改组，暂时停演。不过高庆奎却没有休息，他于4月20日参加了梨园公会义务夜戏，与梅兰芳、余叔岩、王凤卿、杨

① 1927年2月17日《顺天时报》。

小楼、龚云甫等合演全部《龙凤呈祥》。5月，徐碧云从上海演出归来。因为一时各剧院均有班社演出，没法挑班，于是他想到高庆奎。二人合组双庆社，于14日开锣。不久，俞振庭也加入了进来。主要演员是高庆奎、徐碧云、俞振庭、郭效卿、何佩华、朱桂芳、吴彩霞、董俊峰、侯喜瑞、刘凤奎、陈富瑞、张鸣才、沈斌如、俞赞庭、俞华庭、裴云亭、姜妙香、萧长华、马富禄、贾多才、傅小山等。

此时，名列“五大名旦”之一的徐碧云正如日中天。15日，双庆社在广德楼首演，高庆奎与徐碧云合演《四郎探母》。高庆奎与徐碧云重组的双庆社售座之好，让广德楼戏院获利丰厚。其他剧院得知，争相邀请高庆奎前去演出。从7月开始，开明戏院、明星影院、中和园争邀演出。为了剧院之间和睦起见，双庆社管事王郁甫与这三家戏院老板坐在一起，作了一个约定，就是让班社在每个剧院演一周。这让当时不少班社羡慕不已。

9月初，班社迎来了昆曲名家韩世昌挂二牌，在压轴演出昆曲。这是韩世昌第二次搭高庆奎的班社了。此时的韩世昌剧艺有了提高，高庆奎也想让观众有耳目一新的感觉，便决定同台演唱昆曲。9月9日，高庆奎与韩世昌演出《牡丹亭》，自己在大轴单唱《珠帘寨》。此外，在《春香闹学》中，高庆奎饰演陈最良，韩世昌饰演春香；在《佳期·拷红》中，高庆奎反串崔夫人，韩世昌饰演红娘。等戏迷们对韩世昌逐渐熟悉后，就由韩世昌单独演唱《西厢记》《游园惊梦》《金山寺》等戏。韩世昌搭班后，声誉日隆，并于第二年东渡日本演出。

不料，与高庆奎合作颇为愉快的管事王郁甫，突然在9月21日因病逝世，终年50岁。为此，高庆奎心情十分沉重，接连几天都没登台。高庆奎到王郁甫家里吊唁时，发现王家准备的丧事十分萧条，就把准备好的银两交付给王家人，资助丧事。事后，一篇名为《高庆奎之义举》的短文记述了当时情况：“与高庆奎办事之王郁甫，于日前逝世，已致本报。兹闻王郁甫身后萧条，所有丧事，多由高庆奎资助，且日后高庆奎如演戏，王郁甫应挣之戏份，照旧给予王之家属，作为养力。高庆奎此等义举，实在可敬可佩。”①

由于王郁甫的离世，高庆奎的班社没有了合适的管事，各种事务无法照常运转，高庆奎也就短暂休假了。可是，班社的其他演员如董俊峰、张鸣才等都是只陪着高庆奎演出的。为了演出伙伴们的生计，高庆奎于11月重新组班。这时，搭入的二牌旦角是关丽卿。

高庆奎根据关丽卿的条件，定下合作戏码《四郎探母》《珠帘寨》等。不久，关丽卿被安排在压轴单独唱一出，而高庆奎与张鸣才等人在大轴再次开演老生重头戏《胭粉计》《生死板》《击鼓骂曹》等。与此同时，高庆奎又接连开演反串戏《探阴山》《钓金龟》等。

对于高庆奎的反串戏，一些人讥讽为“高杂拌”，不过观众却是十分买账，上座率稳高不下。至于高庆奎的反串戏，花脸戏宗金秀山，老旦戏宗龚云甫，观众有重聆“鲁殿灵光”之感。据《平报》称：“高庆奎近今有数人才也，学宗各派，人多讥之为不纯，余则颇喜庆奎之能取甲派之长，而截乙派之短也，昨在开明出演《战长沙》《钓金龟》，特意抽暇往观。斯二剧皆为汪派之杰作，高演之则纯宗汪，《战长沙》则气度雍容，《钓金龟》则神态寒素，调高韵长。观者重聆大头声响矣。”②

12月28日，高庆奎班社改名“咏评社”，领班人改为聂凯臣。岁末，伴随着严冬到来，上海天蟾舞台相关人员专程赶到北京邀角，就像带来了南方的温暖气息，人员首选就是高庆奎。

---

① 1927年10月3日《平报》。

② 1927年12月24日《平报》。

四、沪上剧坛夺锦标

1928年1月11日，高庆奎、董俊峰、张鸣才、茹富蕙等人赴沪。这期与高庆奎配戏的是雪艳琴和荀慧生。天蟾舞台原有的演员阵容中，周信芳挂二牌。这是高庆奎与周信芳在上海第二次合作。此外，还有赵如泉、董志扬、赵东升、刘汉臣、刘奎官、高百岁。高庆奎人还没到上海，他的斗大的名字便占据了《申报》半个版面，并被称为“特聘誉满全沪、遐迩闻名、人人欢迎、庄谐并重、新旧剧家、文剧家、文武唱做、全材老生——高庆奎”。

1月23日（正月初一），天蟾舞台开锣。为了讨个彩头，高庆奎和周信芳上演了新戏《文光异彩忠义图》。这时的高庆奎进入了自成一格的全盛时代，雪艳琴已崭露头角。梅花馆主曾在二人赴沪之际评述：“高庆奎——庆奎在六七年前已享大名，须生而外更擅黑头，能戏之多为他人所未有。毁之者特名之曰‘大杂拌’。盖言其博而不精也，然际此须生人才凋敝之时，若庆奎者不可谓非庸中佼佼。试看此次各舞台新正三日之营业，究以天蟾为首屈，即此可以知群众欢迎庆奎之热诚矣。雪艳琴——当金少梅、碧云霞、琴雪芳全盛时，艳琴尚蛰居人下，未露头角。自云霞出嫁，少梅辍演，雪芳南归，艳琴遂一跃而为京中坤伶界之骄子矣。此次偕高庆奎来沪，月俸达数千金。第一日打炮戏为《贵妃醉酒》，腰腿工夫为其他坤伶所不及云。”①

同一天，《新闻报》也给予高庆奎较高的评价：“高艺员庆奎丹田力足，

① 1928年1月27日《申报》。

嗓音厚大高下徐急，随心所欲，要放就放声能裂石惊天，要收就收如似百鸟朝凤。像这种人，我可以斗胆说一句，从南到北没有第二个，行腔使腔，别开门径，曲高和寡，一派自成，取各派之长，参一己心得，集大成于一炉，成巍巍之大观，实为近时老生中不可多得的全才。”①

1月30日，天蟾舞台后台经理谢月奎与高庆奎、刘奎官在大西洋欧莱社做东，联络了上海伶界、票界、新闻界嘉宾，为高庆奎这次赴沪演出出谋划策、运筹帷幄。在座的有周信芳、李汉臣、于振庭、高百岁、张鸣才、彭春珊、郭小福、徐培根、翁变喜、朱瘦竹等。其中的李汉臣攻海派文武老生，在红生戏上尤有专长。郭小福也是老生演员。彭春珊是京剧演员。朱瘦竹是剧评家。

按照西餐的上菜顺序，当时是给每人先上了一道牛尾汤。宾主简单品尝汤后，剧院的编剧于振庭按照之前商量好的起身拱手说：“庆奎没有别的，只希望在座的诸位老朋友与共患难的兄弟们，多辛苦、多受累，帮助他将他所有的新戏排演出来。一来是为老板的生意，二来是为咱们自己的面子。想诸君终肯帮忙的吧。”大家纷纷鼓起掌。随即，在座的各位一边吃饭，一边帮高庆奎商定起戏码来。最终，大家协商的结果是，高庆奎独辟蹊径，直接开唱自己的新戏，不再仿照以前那样先唱一段时期的老生传统戏。

高庆奎的新戏，在当时的各类评论中被称为“独有名剧”之名。虽然寥寥四个字，却十分说明问题。高庆奎的新戏完全是量身定制的，突出他细腻的做功，激情的表演和高调门、拖长腔的演唱。当时已经呈现高派风格的有《胭粉计》《哭秦庭》等新戏。《胭粉计》和《哭秦庭》由高庆奎向各位演员撒了本子，便按部就班进行排演。

同时，大家商议开排一部新戏《苏秦张仪》。大家商议由于振庭担任

① 1928年1月27日《新闻报》。

《苏秦张仪》的导演；由高庆奎饰演张仪，编张仪的戏词与表演；由周信芳饰演苏秦，编苏秦的戏词与表演。演出的日期就定在当月之内。不久，《苏秦张仪》的戏报便贴在了天蟾舞台的外面。在《苏秦张仪》登台之前，高庆奎还主演了《胭粉计》《哭秦庭》《四郎探母》等高派代表剧目，以及《战五虎知马力》《新洛阳桥》《新斗牛宫》等不常演的剧目。

2 月 26 日，高庆奎在天蟾舞台新排演前部《苏秦张仪六国封相》，高庆奎饰演张仪，周信芳饰演苏秦，雪艳琴饰演张妻，刘汉臣饰演龙贾，王芸芳饰演苏妻，白牡丹饰演冯巧云，刘奎官饰演昭阳，高百岁饰演苏守贤，董志扬饰演白起，合演者有赵如泉、张鸣才、于振庭、陈永奎、刘桐轩等人。3 月 9 日，后部《苏秦张仪六国封相》登场。《申报》评论道："本埠二马路天蟾舞台营业素盛。自（前部《苏秦张仪六国封相》）开演以来，每夜均满座。前日已开演（后部《苏秦张仪六国封相》），剧情更佳。其讽刺人情冷暖尤针砭世人不堪。该剧为高庆奎之张仪，雪艳琴之张妻，周信芳之苏秦，王芸芳之苏妻，及刘奎官、董志扬、高百岁等名伶，均驰名南北伶界。硕彦加以支配得宜，场子热闹，招待周到。经理顾竹轩复每晚亲在该台照料接待观客，莫不满意好适云。"①

另一篇评论则称赞高庆奎叫座，力夺锦标："高庆奎前年隶大舞台，名居第一。今年隶天蟾舞台，包银由四千五百元增至六千元，名居第一。庆奎俟行家，深悉名居第一之仔肩荼重，受人劳尽瘁，绝对弗演歇工轻，而惟吃功重戏是演，职此之故，特能以最高之售价迭叫满座。而致使天蟾夺获各舞台新、正营业之锦镖也。"②

这次高庆奎能在天蟾舞台夺锦标，并不是因为简单的吹捧。《上海画报》曾经以《各舞台近况小记》为题进行调查，结果说明高庆奎所在的天蟾舞台演出上座最好。文章写道："开春以来，各舞台营业，要以天蟾舞

① 1928 年 3 月 13 日《申报》。

② 1928 年 2 月 20 日《申报》。

高庆奎《哭秦庭》剧照登于民国《369》杂志封面

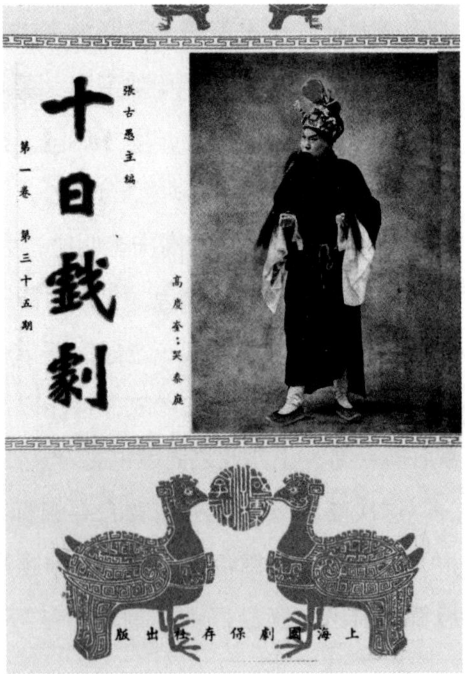

高庆奎《哭秦庭》剧照登于《十日戏剧》杂志封面

台为冠。因天蟾之角色，各有号召能力：高庆奎之唱、周信芳之做、雪艳琴之旦、刘汉臣之武功、刘奎官之唱做花面各有擅长，益以常演翻新老戏，如《割发代首》《六国封相》等剧，是以每座虽售一块六，上座仍有八九成。”[①]

高庆奎在天蟾舞台接连上演拿手名剧和新戏，即使票价高出其他剧院近一倍，他的戏依然雄踞票房首座。这给上海其他剧院造成了不小的冲击。

《上海画报》的《各舞台近况小记》中记载，当时与天蟾抗衡的丹桂第一台票价一元，每天日戏售座只有两百元左右。位于福州路的上海舞台，采用种种方法，上座仍不见佳，有一晚售座总共才卖出三百元。新开张的笑舞台“上座亦不见佳”。至于更新舞台，在当时已经到了难以维持的地步了。“该台开支每日五百七十元，而收入多为两三百元。”[②]更新舞台到了严重亏损的地步。

也许“锦标”二字正可以概括正月以来高庆奎的演出佳绩。不过转眼正月就要过去了，而原定的档期也快结束了。天蟾舞台老板顾竹轩岂肯放高庆奎回转北京？于是他亲自来到高庆奎住的酒店，商量演出事宜。高庆奎决定再唱一段时间。

除了《苏秦张仪六国封相》，高庆奎又编演了前、后部《卧薪尝胆》。该剧于 1928 年 3 月 24 日和 4 月 6 日相继首演前、后部。高庆奎饰演吴王夫差，周信芳饰演越王勾践，王芸芳饰演越王夫人，高百岁饰演范蠡，刘汉臣饰演伍子胥，雪艳琴、白牡丹、刘奎官、董志扬、李春棠、陈永奎、焦宝奎、刘桐轩等人合演。

当时上海各报纸、剧场以及各种演出广告一贴出来，人们都说这出戏真的十分适合高庆奎的戏路。他将夫差演绎成一个听信谗言、沉迷酒色的末路英雄。其中，在“别妃出宫”“坟墓哭诉”“自责逼刎”等场，高庆奎

① 1928 年 3 月 27 日《上海画报》。

② 1928 年 3 月 27 日《上海画报》。

载唱载做，展现了一个悲剧式人物。特别是哭诉时，大段的［反二黄］唱腔设计，借鉴了《哭祖庙》中的唱腔特色。首演当天，天蟾舞台剧场前车水马龙，各界人士纷纷购票。政商人士、市民百姓慕名而来，文艺界的名人也来观摩。

因高庆奎演出上座火爆而获利的还有当时的烟草公司。《卧薪尝胆》首演前后三天，昌兴公司看准时机，开展了买戏票送香烟的营销活动。由此，昌兴公司销售的香烟一下子在上海被人所熟知，由此打开了销售市场。剧场贴出《赠送香烟各界注意》告示："昌兴公司于本月初二、初三、初四夜准在本台赠送昌兴公司出品著名好香烟。烟盒内附送自来火。凡于赠品期内，前来观剧者，不论花楼、包厢、优厅、官厅、头等、三楼，每位随票赠送一包，看戏吸烟盍兴乎来。"①

4月20日，高庆奎又与雪艳琴编演了《汉明妃》。该剧以《苏武牧羊》和《昭君和番》为底本编排而成。高庆奎饰演苏武，雪艳琴饰演昭君，周信芳饰演汉元帝，王芸芳饰演林皇后，刘汉臣饰演李陵。合演者有荀慧生、刘奎官、高百岁、董志扬、彭春珊、魏德奎、刘桐轩、李春棠。该剧连演十天，卖座甚佳。

至于高庆奎、雪艳琴演出盛况如何，从一篇当年剧评可见一斑："高庆奎、雪艳琴十二夕合演《探阴山》既毕，观客端坐其座，无一去者。在平时，前台当起恐慌，盖戏不演全，观客常以此为报耳。在十二夕，前台坦然，并佩观客之系老作家，盖坐俟二者向行临别礼耳。半晌，绣帘重启，军乐队雁列台上，奏乐一阕，雪艳琴卸妆已竟，出向观客三鞠躬。观客击掌代礼，艳琴退。又半晌，高庆奎始洗脸竟，亦出向观客三鞠躬，观客击掌如仪，庆奎退，再奏乐，观客乃欢呼而散，庆奎先返，艳琴小留后台，徇其义父徐朗西先生之命，俟观客散尽，于前日合摄一影，藉志纪念也。"②

① 1928年3月24日《申报》。

② 1928年5月5日《申报》。

临别之时，高庆奎与雪艳琴合演了《四郎探母》，高庆奎还反串了《探阴山》。

高庆奎通过三个月的合作演出，发现雪艳琴的扮相、唱做都还不错，而二人合演的剧目也算成功。有人建议雪艳琴趁此机会与高庆奎合拍几张剧照作为纪念，因为再碰到与高庆奎配戏，不知要到何时了。雪艳琴托人向高庆奎表达此意，高庆奎自然爽快地答应了。于是高庆奎、雪艳琴到上海著名的保芳照相馆合照了全套的《四郎探母》剧照。4 月 22 日，二人又挑选了亮相最好的两幅付印，打算在临别赠演时送观众。随后几幅剧照还登载在剧刊上面。

《四郎探母》，高庆奎（右）饰杨延辉，雪艳琴饰铁镜公主

5 月 6 日的上海码头聚集了乘坐顺天轮去往天津的人。码头上，演期结束的高庆奎、高联奎以及雪艳琴等人和送行的友人话别。因为北方战火弥漫，高庆奎思乡之念紧切，大家都不住地嘱托高庆奎。在送行的人群里，有吴桂芬、吴兆义、徐培根以及高庆奎的盟兄弟程少馀、陈少甫、刘奎官、黄成美等人。高庆奎和盟兄弟相识相交，分外珍重，顺天号十时起锚，他九时半才登轮。大家依依不舍，终须一别。

这段时间里，高庆奎在天蟾舞台的演出佳绩成为沪上热门话题。即使到了第二年年底，还有人撰文评论那次演出：“雪艳琴去岁新正。天蟾以高庆奎为台柱。辅以坤旦雪艳琴。售价一元六角。较其它舞台为昂。蝉联数月。成绩极佳。”[①] 又有评论称：“去年元月以天蟾为最佳，倚为台柱者高庆奎与雪艳琴；丹桂（丹桂第一台）演唱未数日，常春恒被害，未免受一打折；上海（上海舞台）以朱琴心、言菊朋为台柱，日夕所得，不过千元左右，受损颇巨；更新（更新舞台）重创伊始，当时沪人士之者甚少，营业更劣。”[②]

可见几家戏院比较起来，高庆奎登台的天蟾舞台营业业绩最好，被评为“锦标”是实至名归。

高庆奎 1928 年 4 月 4 日主演前部《卧薪尝胆》戏单

五、初组庆盛社

如果说庆兴社的成立是高庆奎独树一帜的开始，那么庆盛社的成立，

① 1929 年 11 月 25 日《申报》。

② 1929 年 2 月 15 日《大报》。

则标志着高庆奎独树一帜的完成，也标志着他自成一家的完成。此后，与高庆奎配戏的旦行演员，先后有黄桂秋、筱翠花、李慧琴等人。不过，班社的名字依然沿用庆盛社。在那个须生成为旦行演员附庸的组班时代，庆盛社以老生挂头牌长达近九年，一直持续到高庆奎谢绝舞台为止。

1928 年，高庆奎与雪艳琴从上海演出归来，此时庆盛社还没有组成。高庆奎用在上海演出的包银在京城繁华市面又购置了一套宅院。这套宅院就是东四礼士胡同 63 号。6 月 9 日，高家搬到了这里。没几天，管事孔寿臣便找到高庆奎，提出希望继续组成普庆社，在端午节开演。

然而，此时北京的市面颇不太平。6 月 4 日，震惊中外的“皇姑屯事件”爆发。8 日，阎锡山率军进入北京，自任为京津卫戍司令。北京市面骤然紧张，各种营业场所萧条，戏院也颇受影响。在这种情形下，高庆奎该如何组班呢?

正在高庆奎犹豫未定之际，王梅笙从天津赶到北京来邀请高庆奎到天津短暂演出。原来，天津各剧院都获悉高庆奎从上海回到北京的消息，想趁高庆奎还未组班的空当邀他到天津演出，戏院的营业收入在这个时局混乱的时候也就有了保障。此时，高庆奎托弟弟高联奎斡旋北京组班的事宜，但组班的演员大多正在其他班社挂牌。7 月初，王梅笙邀请高庆奎到天津大罗天剧院演出的事情定下来了。这次，高庆奎与天津大罗天剧院定的合同是一个月。高庆奎邀请到张鸣才、王灵珠、董俊峰、马富禄等人一同赴天津。

赴天津演出之前，高庆奎参加了一场义务戏演出。7 月 19 日，第一舞台上演河北战地灾民筹款义务夜戏，高庆奎主演了《定军山》。高庆奎饰演黄忠，郝寿臣饰演曹操，张鸣才饰演严颜，许德义饰演夏侯渊，还有蒋少奎、王长林、曹连孝、扎金奎等合演。高庆奎的登台是第一舞台全场的焦点之一，因为这是他赴沪归来首次在北京露演。人们都渴望听他高亢的腔调，看他激情的表演。邹啸林在《顺天时报》评论当天的演出说：“高庆奎

《定军山》，高庆奎饰黄忠

之《定军山》黄忠，唱功气力充沛，嗓音结实，武功纯熟，的是不凡。”[①] 7月20日，高庆奎与马连良、郝寿臣、程继先、周瑞安、萧长华、马连昆、王又荃、范宝亭合演《借东风》。两日的义务演出共得大洋9000元，梨园公会悉数交于河北省政府，为救济灾民所用。

7月23日，高庆奎和演员们一起乘车去天津。27日，开锣登台。按原计划，高庆奎在大罗天剧院只做短暂演出，谁知道最后竟然持续了两个月。第一次是王梅笙专门邀请高庆奎赴津演出，第二次是王灵珠邀请高庆奎继续和他搭档演出，第三次是他与雪艳琴在春和戏院演夜戏，第四次是尚小云在天津春和戏院演出，约请他帮忙。

当高庆奎回到北京时，已是10月3日。由于北京时局稍稍平定，高庆奎便着手组成新的班社演出。此前，尚小云、徐碧云、王幼卿等都有意与高庆奎合组班社，不过出于时间等原因未能实现。这时，王福山找到高庆奎希望合组一班，而配戏旦角的人选是黄桂秋。一方面由于黄桂秋的嗓子逢高腔能运用自如，正好与高庆奎的高调门搭配；另一方面高庆奎看过黄桂秋的戏，认为他的确是可造之才，便同意了二牌旦角的人选，决定捧捧这个新人。

由王福山张罗，华乐园在门前高搭一座彩色过街牌坊。来往于前门的

① 1928年7月19日《顺天时报》。

人们，只要路过鲜鱼口，就能看到这座彩色过街牌坊。到了晚上，彩色过街牌坊更是显得耀眼夺目。上面除了闪烁的灯光，还有用灯泡组成的“高庆奎”三个字。

这时的高庆奎忙得不可开交，一方面他要与管事一起忙着组班的事，另一方面还在排练新戏《战睢阳》。这出戏由清逸居士编写剧本，高庆奎设计唱腔。由于这出戏场子多，尤其是有很多武戏场子，因而特别需要一个好武生。10 月 15 日，高庆奎与尚和玉等人排练完《战睢阳》后，晚上便和黄桂秋等人赶到得兴堂祭神。一天后，新成立的庆盛社正式在华乐园开锣了。演员有高庆奎、黄桂秋、尚和玉、张鸣才、李洪福、芙蓉草、董俊峰、范宝亭、金仲仁、诸茹香、王长林、马富禄、郭春山、萧长华等。

10 月 17 日的开演剧目是谭春仲的《赐福》，李广顺的《太行山》，曹彦喜、范宝亭的《四杰村》，孙砚亭、茹富蕙的《打面缸》，刘凤林的《背凳》，董俊峰、蒋少奎的《草桥关》，尚和玉、朱小义的《战滁州》，大轴是高庆奎、黄桂秋、芙蓉草、金仲仁、王长林、茹富蕙、何喜春合演的《探母回令》。

高庆奎组成庆盛社在北京京剧界成了一件大事。北京广播无线电台当晚从八时三十分至十一时三十分转播了庆盛社的演出实况。北京市没买到票的戏迷当晚从收音机中聆听了这天的演出。此后，北京电台经常现场转播高庆奎的演出。天津电台甚至有时也转播远在北京的高庆奎的演出实况。此时，天津明星戏院和青岛的戏院都派人来北京约请高庆奎演出。

组成庆盛社后，高庆奎除了依次开演拿手剧目外，便是排演新戏与重新整理演出本戏。排演的第一出新戏是《信陵君窃符救赵》，于 1928 年 11 月 28 日首演。12 月 23 日，首演《掘地见母》。1929 年 1 月 13 日，上演全部《朱砂痣》。1 月 27 日、28 日上演《苏秦张仪》。6 月 7 日、8 日上演《吴越春秋》。8 月 14 日，上演反串戏《普天乐》。

这次排演新戏，让高庆奎对年轻的黄桂秋另眼相看。黄桂秋不但扮相、唱腔都不错，而且排演新戏时的做功特别细腻真实。当时，班社撤了剧本，黄桂秋大致一看便能心领神会。他饰演的如姬，内心活动刻画得恰如其分，令高庆奎非常满意。《信陵君窃符救赵》的海报刚刚贴出，戏票就全部售罄。演出大获成功后，高庆奎又相继排演了四出新戏。黄桂秋在《掘地见母》中饰演魏元环，在《朱砂痣》中饰演吴妻，在《苏秦张仪》中饰演苏妻，在《吴越春秋》中饰演西施。这些新戏除了黄桂秋之外，武生尚和玉、老生张鸣才等人都配合得相得益彰，演出大受欢迎。

5月5日，高庆奎与黄桂秋上演《四郎探母》。这次演出成为高庆奎与黄桂秋合作《四郎探母》最为轰动的一次。高庆奎饰演杨延辉，黄桂秋饰演铁镜公主，王长林反串佘太君，陈德霖饰演萧太后。

“高庆奎饰演的杨延辉一上场就是个碰头彩，打［引子］又获彩，大段‘杨延辉坐宫院自思自叹’更是一句一彩。接着黄桂秋幕内一声‘丫鬟，带路呀！’有莺娇燕姹之音，台下再次轰动，上场四句［散板］节奏明澈，口劲脆利，唱得很有特色，接下来的［导板］、［慢板］更是满堂彩声。待等萧太后上场，台下几乎疯狂了，不仅拍手者众，还有情不自禁呼啸顿足的，把戏推向高潮。最后一场‘回令’每个主演各显神能，彩声此伏彼起，观众看得如醉如痴，好像把自己也置身其中了。”①

1929年上半年，高庆奎还主演了几出值得一提的戏，如《诸葛亮头出祁山》《绑子上天台带游街》《白帝城带火烧连营巧布八阵图》等。《白帝城》是高庆奎将《哭灵牌》《连营寨》连在一起，并添续了《白帝城·托孤》而成。高庆奎饰演刘备，尚和玉饰演赵云，金仲仁饰演陆逊，张鸣才饰演孔明，董俊峰饰演孙权，范宝亭饰演韩当。有一位高派忠实观众长年撰写高庆奎剧评，在看完《白帝城》后，署名“憾声”发表《高庆奎之白帝城》一文，评论道：“高庆奎饰刘备扮相苍老、神情悲哀，哭灵之［反

① 朱永康：《德霖嫡传青衣首席黄桂秋》，载《中国京剧》2003年第8期。

西皮］，哀苦凄凉，烧营之扑跌，极见功夫，见赵云之态度，悲喜交集，白帝城之梦弟，情景逼真，尤以托孤之唱，腔调哀婉，韵味悠扬，神情凄恻，态度恳挚，宜其掌声雷动，博人欢迎也。”① 另一位署名“豫源”的作者在《高庆奎之表情细腻》一文中说：“前在华乐聆高庆奎之《白帝城》全剧的唱做，中有两点很值得我们注意。刘备被烧，四围俱火，不能脱逃，最后照例是卧倒尘埃（此处并非表演‘死’，乃表示晕过去，皮黄各剧中常见之）。他伶只是将身体挺直，全身及须，用力发抖，然后头向后仰，身则徐徐卧倒，庆奎则不然，当烧塞时，出场三次，一次比一次狼狈，最后只是将全身一歪斜向地卧，这一刹那，将他那再也不能支持的又惊惧、又疲乏的身体的软弱完全做出来，很合理而且带艺术化。当刘备‘哭灵牌’时，声调极悲，全场陷入凄惨状态，最值人注意的就是台上的龙套，所谓‘打旗儿’，完全做哭泣状，并且有两个形容的极好，用两袖抚面，头颈发颤，哭得非常悲痛，把‘大小三军哭嚎啕’的一句，真实的做出，这种旧剧舞台上少见的情形，真是难得。”②

随着一年内五出新戏的上演，庆盛社的号召力与日俱增。7月，花脸郝寿臣加入庆盛社。高庆奎为突出他的剧艺，与他合作演出了生净骨子老戏，并排演了《铡判官》。高庆奎反串包拯，郝寿臣饰演五殿阎君。

初组庆盛社后，碰上1929年的农历七夕节，京城各报纸都登载了演出广告。其中“庆盛社全班大反串《天河配》”的消息格外引人注目。高庆奎饰演牛郎，郝寿臣饰演织女，何雅秋饰演牛神，范宝亭饰演仙女，董俊峰饰演嘎氏。

自从庆盛社组成，人们看了高庆奎反串的老旦戏《掘地见母》，花脸戏《黑风帕》《铡判官》，武生戏《翠屏山》等，这次又看到了他反串的小生。观众自然十分热情，再加上郝寿臣等人纷纷反串，庆盛社抢了七夕节各班

① 1929年6月26日《新晨报》。
② 1929年7月3日《新晨报》。

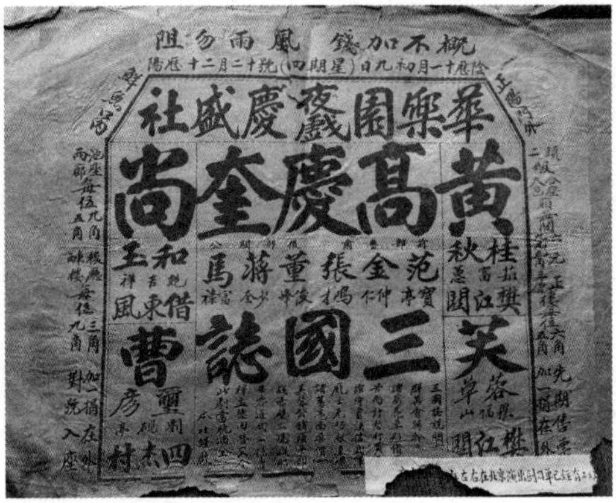

庆盛社 1928 年 12 月 20 日戏单

高庆奎《信陵君窃符救赵》绘稿，张义璋绘，《申报》1941 年 6 月 4 日登载

《四郎探母》，高庆奎饰杨延辉

的演出风头。即使当天有旦行演员挑班演出本工戏《天河配》，也没能阻挡庆盛社的《天河配》占据报纸的剧评版面。这天下着瓢泼大雨，不过华乐园仍然满座，晚上七时就座无虚席。

报章在评论庆盛社的《天河配》时说："饰观者不觉捧腹绝倒焉。"[①]可见高庆奎反串的小生、郝寿臣反串的花旦和其他演员饰演反差极大的行当，给了观众视觉上极大的冲击力。一些滑稽夸张的表演引得观众捧腹大笑，为七夕节营造了娱乐的气氛。演出效果之佳、上座率之高可以想象。

当时观众一般等到班社的大轴剧目登场才基本坐满，但当天高庆奎演出《太白醉写》之前，上座就满了。《太白醉写》是高庆奎搭班时常演的戏，他把其中的尺寸掌握得特别好，发挥了唱腔方面的优势，把华乐园观众的情绪都调动了起来。紧接着，郝寿臣的新戏《赛太岁》登场了。在戏院火热的气氛中，《赛太岁》演出十分成功。伴随着锣鼓声，高庆奎与孙毓堃合演的大轴《八大锤》开演。演出结束后，高庆奎便收拾行囊与弟弟高联奎和张鸣才等人搭轮船第七次到上海演出去了。

六、上海演出连台本戏

按农历日期算，1929年6月5日，高庆奎迎来了40岁的生日。当天，高庆奎在位于东四礼士胡同的家中设宴招待亲戚朋友。红莲馆主作为高庆奎的好友，也出席了酒宴。他在《梨园公报》中撰文："高庆奎世代业伶。幼时演硬里子兼丑角，曾在地安门天和园与杨宝忠配《奇冤报》之张别古、史洪芳配《打龙袍》之王延龄。旋入兰芳班配演本戏，极得倚重。后赴天

① 1929年8月11日《京报》。

津，改攻须生，演单出《失街亭》等，遂渐渐成名。迨刘鸿声物故，屡应上海各舞台之聘，乃乘势而起，声誉大振。年来自领一班，力排本戏，如《哭秦庭》《浔阳楼》《苏秦张仪》《掘地见母》等剧，时或反串花脸，均能号召。盖其研心精进，既勿敢稍怠，登台演唱又极卖力，声价艺业之隆非幸致也。而其处事和平，时亲孝顺，亦属梨园弟子中独具美德者。”①

与此同时，《顺天时报》也登载了一篇《高庆奎四旬初度感志》，文章中说：“高庆奎历代均隶戏界，其祖父系场面，父士杰为名丑，庆奎幼时，未专工须生，硬里须外，并演丑角。曾在地安门天和园，观与杨宝忠演《奇冤报》，配张别古。及史洪芳之《打龙袍》配王延龄，入兰芳班时，配演诸本戏，极得倚任，嗣后赴天津，演单出戏《失街亭》等，始渐渐成名，刘鸿声故后，乘势崛起，继演‘三斩一探’，承乏其后，声誉为之一振。迨至能自领一班，竭力排本戏，如《哭秦庭》《浔阳楼》《苏秦张仪》《掘地见母》，及反串花脸戏，均有号召之魔力。庆奎为人处世和平，毫无梨园的骄傲习气，且平日事亲极孝，颇不负其父士杰由幼栽培之苦心。兹值四旬初度，声价艺业如斯，将来之进取，以及名誉之增高，尤不止此也。”②

1929 年初，上海各大剧院都有人邀请高庆奎赴沪，希望他能在新年春节登台。不过当时天气寒冷，父亲高四保的身体也不大好，于是高庆奎便婉言谢绝了。到了 7 月，上海的丹桂第一台又派人来邀高庆奎。此时正值夏季，高四保身体渐渐好转，同意高庆奎去上海登台。多家剧院前来邀约，最终，上海舞台聘得高庆奎，随后立刻将电报发往上海，在《申报》登载大幅广告并撰文：“高艺员庆奎，盛誉满全球，足迹遍南北，为今日最时髦、最有名、最受人欢迎的唯一无二剧界泰斗，文武唱做、新旧兼长、艺冠群伦、色超侪辈的正宗须生。论他的唱工，佳喉天赋，嗓音响亮，句句清晰，字字明白，秉天生独厚的气质，无泛泛不实的腔调。论他的做功，

① 1929 年 6 月 1 日《梨园公报》。

② 1929 年 6 月 5 日《顺天时报》。

细腻熨帖，刻画入微，一举一动，都能高雅自然，不落勉强。论他的扮相，有潇洒绝俗出类拔萃的气概。他描摹英俊处，威武奕奕；喜乐处，笑逐颜开；悲愤处，愁容满面；温文处，书生本色；其他如台步的整齐，进退的大方，尤为不可多得之人才。本台值此新张时期，不能不有这样超绝的角色，依为台柱。故不惜巨金，挽友北上，聘其来申，于开幕日登台表演。现已来电，即日可以抵申，各界爱观高艺员戏剧的人们，又有一个绝好的机会，与他相见，这是何等快乐的事啊。”①

9月7日傍晚，高庆奎一行乘鼎升轮到达上海。由于是长期合同，高庆奎由戏院接待住在上海云南路会乐里276号。二牌旦角刘筱衡在开演之前每天与高庆奎一起商议戏码，一起对戏。从9月11日至13日，高庆奎定下的头三天的戏码是《空城计》《四郎探母》《白帝城》。

“余打炮第二天往观，高庆奎《四郎探母》，高伶年余不见，进步殊多。是日又卖力，‘坐宫’一段，口白清劲，唱法不以谭调为固定，自成一格。清响悦耳、极饶韵味，表情恰和身份。‘叫小番’嘎调，响遏行云。全剧至终不懈，诚佳作也。”② 这篇剧评记载了高庆奎打炮第二天的演出情况，特别强调“唱法不以谭调为固定，自成一格”，证明此时高庆奎的代表作“三斩一碰（探）”已经形成自己的风格，也就是后来人称“高派”的代表剧目。此后，高庆奎陆续开演了招牌戏和他改编重排的传统戏。

“高伶庆奎此次来沪系搭长班，一月来，逐渐开演《哭秦庭》、全本《浔阳楼》、《打棍出箱》及《苏秦张仪》等剧，俱颇能叫座一时。”③ 值得一提的是，因为观众呼声强烈，高庆奎打破了自己演出“不翻头”的惯例。9月28日，高庆奎开演《浔阳楼》。没想到演出当天，上海舞台门口会聚了大批等待买票看《浔阳楼》的观众。面对观众的强烈要求，上海舞台临时

① 1929年8月30日《申报》。

② 1929年9月17日《新罗宾汉》。

③ 1929年11月6日《新罗宾汉》。

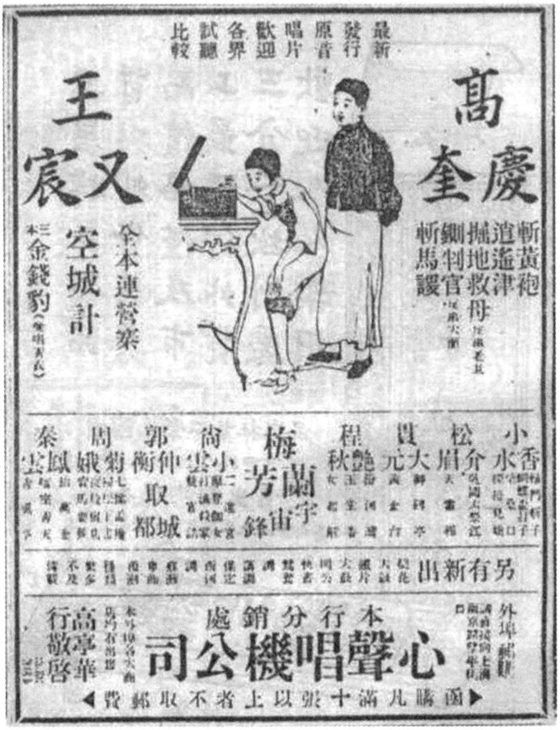

1929 年《申报》上的高庆奎唱片广告

调整演出场次，连演两天《浔阳楼》。除了上海的连台本戏，恐怕很少有剧目为了招揽观众，能够作为营业戏连续演出的。

这时，上海的连台本戏之风正盛，各大剧院编演了不同的连台本戏来招揽观众。刘筱衡于 1928 年演出一至六本《开天辟地》，颇为叫座。这时剧院计划创排七至十本的《开天辟地》，刘筱衡饰演女娇、妹喜，高庆奎饰演禹王、关龙逄，陈筱穆饰演舜王、桀王，刘永奎饰演尧王，王英武饰演勾龙，杨四立饰演禹母脩己，刘翠霞饰演云华夫人，戴南方饰演娥皇，李鑫培饰演涂山氏，刘玉琴饰演女英。当时广告称“奇兽异类、只只会动、机关奥妙、布景新异、电光灿烂、真火真雨”，“全新行头、改良服装”，“文武唱做、新腔连弹、特色歌舞”。

高庆奎在人物塑造上动了一番脑筋。他建议在获得天书之前安排一大段唱腔，内容讲述治水的渴望与无奈。这一大段唱腔更发挥了高庆奎在演唱上的优势。他从《碰碑》等悲剧气氛浓郁的戏中借鉴唱腔，发挥自己从参加新剧演出时开始的对人物表演的刻画能力，表现大禹急于治水而又苦于无方的无奈，让这个上古传说中的人物生动丰满起来。《申报》评述高庆奎这段大禹在峭壁下的表演为“字字哀毁，语语怵怛，听者为之动容”。[1]

《浔阳楼》，高庆奎饰宋江

在表现大禹治水时，高庆奎运用了《哭秦庭》中申包胥的表演。在高庆奎看来，申包胥不顾个人安危徒步奔往秦国借兵复国时，那种忠心为国为民的情感和此时的大禹颇有类似之处。特别是在刻画大禹三过家门而不入时，高庆奎安排琴师一边行弦，一边通过念白和身段表现大禹的思想斗争，刻画出大禹与民同甘共苦、大公无私的精神。

七、八本《开天辟地》中有一段内容，要表现大禹治水时遇到了种种水怪。大禹认为要运用移山镇海法术，于是从空中落下一座大山，水妖全被镇住了。这一幕充分运用了海派京剧连台本戏用道具布景表现内容的特色。此外，布景中还有河流山川、田园郊野等。特别是大禹获得天书一幕，饰演云华夫人的演员站在道具中，由机关操控的仙鹤从天而“降”，根据预先设定好的线路，将天书送至饰演大禹的高庆奎手中。此外，高庆奎饰演

① 1929年10月15日《申报》。

的大禹不脱南派京剧特色，有好几段［连弹］唱词。

七、八本《开天辟地》的开演获得了巨大的成功，随后连续演出了多日。11月17日，九、十本《开天辟地》接连上演了。高庆奎饰演关龙逢，刘筱衡饰演妹喜，小香红饰演元妃，陈筱穆饰演桀王。高庆奎饰演的关龙逢是一位冒死诤谏的老忠臣，在“桀命敬酒取乐”一场，高庆奎有大段的苦口谏诤唱段。据《申报》称：“唱来高低自如，备极动听。”“受到侮辱时，一种怒发冲冠的愤气，足以使风云变色。”①

正在这时，上海伶界联合会决定借高庆奎在上海演出之际，联合上海的十四个戏班，在上海大舞台会串演出。11月7日，周信芳演出《许田射鹿》，高庆奎与刘永奎随后演出《击鼓骂曹》。8日，大轴是联合演出的《白帝城》，周信芳饰演前刘备，高庆奎饰演后刘备，白玉昆饰演黄忠，王虎辰饰演赵云，林树森饰演关羽，李春利饰演潘璋。全本《白帝城》包括“小桃园关张结义”“大报仇黄忠带箭”“现圣容活捉潘璋”“战虎亭火烧连营”“赵子龙单骑救主”“白帝城刘备托孤”。

马连良于11月14日来到上海演出，这对上海舞台造成了一定的压力。演出当天马连良用《借东风》作为打炮戏，高庆奎则上演了撒手锏《珠帘寨》。演出的票房，二人不相上下。当时，上海舞台陪高庆奎演出的班底都是海派演员。为了能与马连良旗鼓相当，高庆奎在上海舞台只能演传统老戏，可是陪他演出的刘筱衡善于演出海派戏。这时，刘筱衡想出了一个两全其美的办法，就是聘请善于演老戏的李慧琴来替代自己给高庆奎配戏。据《申报》称：“上海舞台老板刘筱衡，因不惯与高庆奎按部就班配演老戏之苦，又鉴于大舞台之有坤旦胡碧兰为马连良副手，故聘慧琴承其乏。慧琴获此良机，大可一显身手，扬眉吐气以补前失。从此英雄有用武之地矣。”②

---

① 1929年11月17日《申报》。

② 1929年11月26日《申报》。

凭借这样的时机，李慧琴加入了上海舞台，成为此次第二位挂二牌与高庆奎配戏的旦角。李慧琴各方面表演规矩，仪度大方。高庆奎与李慧琴合作十分愉快，演出了一系列生、旦传统老戏。12月20日、26日，高庆奎和李慧琴还上演了《卧薪尝胆》。

当时报纸对高庆奎此次排演《卧薪尝胆》给予了高度评价，《申报》称“高艺员饰夫差，文武唱做，样样俱重，情节紧凑，场子繁密，开新戏未有之新纪录”。上海舞台专门将高庆奎饰演夫差在“自刎”一场的大段唱词印在传单上，配上一张剧照分发给观众。

1930年，旧历春节前最后一天封箱戏，高庆奎日戏反串演出《枪挑安殿宝》，饰演薛礼。傍晚，他和李慧琴先演出了《汾河湾》，随后全班反串演出《八腊庙》。高庆奎反串饰演费德恭，李慧琴反串饰演施公，刘筱衡反串饰演褚彪。

当马连良在上海的演出合同到期之后，剧院又邀来了梅兰芳，无形中对上海舞台造成更大的压力。在这期间，上海舞台的老板和高庆奎商议还是要重新排演新戏，增强号召力。在后半年的时间里，高庆奎相继推出了多部新戏，一直持续到演期结束的日子。

1930年，上海舞台在新春前夕登载了广告：“高艺员庆奎，自隶本台以来，已及半载，盛誉隆重，盛名卓著，沪地人士，对其所演各剧，倍极欢迎，故每演一出演，必士女云集，户限为穿。”《申报》则称：“高君嗓子嘹亮，金声玉振，气宇轩昂，精神饱满，为今日须生中之巨擘。观其在沪半载而看客之信仰，日益增加，已足证其艺术功力之伟大永久，非他人所能望其项背也。此次经本台再三恳请，方蒙其允许蝉联，准废历庚午元旦，日夜登台，演唱其生平得意好戏，届时请各界爱观高艺员诸君们，联袂光临是幸。”①

---

① 1930年1月19日《申报》。

春节过后，上海各剧院重新开台演出。上海舞台这次不但继续倚仗高庆奎，还专门邀请来徐碧云与他配戏，以壮大声势，刊出广告称："本台为罗致人才起见，除高庆奎为主角外，复以巨金聘著名平角徐碧云，南下献技。说者谓高为须生，长于嗓子；徐为青衣，亦以唱工得名。今二人在同一舞台合演戏剧，必能珠联璧合、相得益彰。"①

上海舞台在《申报》上所说的"必能珠联璧合、相得益彰"，源于这次在上海舞台，没有与高庆奎旗鼓相当的京朝派青衣与他配戏，高庆奎开演的都是以老生为独立支撑的剧目。即使有刘筱衡，二人搭配的剧目也不多，因为刘筱衡的演出完全是海派路子。因此，在刘筱衡的编排下，上海舞台在1929年上半年开演了七、八本《开天辟地》。

徐碧云到了上海后，上海舞台便拥有生、旦两员虎将。面对双料大敌，上海其他剧院的票房压力也在无形中增加了，如荣记大舞台为此邀请到荀慧生与他相抗衡，黄金大戏院也在马连良返回北京后，邀请贯大元前来助阵。

高庆奎与徐碧云商议，二人轮换演出大轴，这样既能保存体力，又能展现实力。上海舞台新春开锣后，前三天是二人合作的对儿戏。增加了一位京朝派名青衣，高庆奎的传统老戏如虎添翼。上海舞台第一天不但满座，而且当天前去购票的观众大部分都买不到票。陪徐碧云一起到上海的陈喜星对此显得十分兴奋。1930年2月4日，陈喜星给北京的兰生写了一封信。其中在开头部分就写道："初一开锣生意甚好……"

面对这种局面，1930年3月初，荀慧生在荣记大舞台排演了全部《鱼藻宫》等新戏，力求上座。为此，徐碧云也开始排演《新玉堂春》、全部《幽王宠褒姒》等新戏。在这期间，高庆奎与徐碧云联合排演了新戏《骊珠梦》。

高庆奎这次在上海灌制的唱片也在他登台的同时发行了。1930年1月25日，面世的唱片共计三张，收录了《斩黄袍》《斩马谡》《掘地见母》《铡

---

① 1930年1月22日《申报》。

判官》《逍遥津》精彩唱段。其中,《逍遥津》一剧中灌制的是高庆奎经典的［导板］转［原板］唱段。一句“父子们在宫院伤心落泪”占据了唱片一面。在这一句中，高庆奎将他拖长腔的特色展现无遗，人们也为此产生一个疑问。这个疑问从唱片面世以来流传至今：高庆奎在这一句中，究竟在哪里换气呢？直到今天，也没有一个人能将这一句在不换气的情况下像高庆奎那样演唱下来。那么，他是真的超越了生理极限，还是有不为人知的换气方法？经过几代人反复聆听这段唱腔，仍未找出答案。

这次上海舞台由于邀来了高庆奎，剧场营业业绩始终不错。报章记述：“高庆奎、刘筱衡等，自登台以来，号召力颇大，每日均告满座，九时已闭铁门云。”[①] 当年有评论认为，这次演出的成功与营业的红火，主要来源于高庆奎的努力。即使在这几个月中遭遇过两个时期的对台演出的情况，剧院也顺利度过。剧院老板对高庆奎十分感激，找到他商量在新年继续登台的事情。

有人谈到这次赴上海演出的高庆奎说：“高庆奎不好虚名，而肯卖力。今在上海，只售一元，故虽无相当之配角，营业亦正不恶。”[②] 作者一语点明，虽然这次高庆奎没有相称的旦角做配角，但是后来还能保持营业，相当不易。

七、再组庆盛社

1930年,《戏剧月刊》刊出《北平各剧社角色调查》，排在第一位的是富连成科班，排在第二位的就是高庆奎挑班的庆盛社。在当年林林总总的

① 1929年11月5日《新罗宾汉》。

② 1929年3月20日《上海画报》。

各类班社中，高庆奎挑班的庆盛社被排在第二位，可见当时月刊编辑以及读者对庆盛社的关注程度。

在调查表中，1930 年庆盛社的主演为高庆奎、郝寿臣、吴彦衡、芙蓉草、李慧琴、诸茹香、陈喜星、慈瑞泉、王又荃、李洪福、马富禄、郭仲衡、李洪春、文亮臣、吴富琴、陈少五。

庆盛社此时的实力，从票价上也能寻得端倪。现代文人生活丛书中的《喜·嬉·戏》一书中记载：“在那个旦角鼎盛时代，梅兰芳演出票价前排每张 2 元，程砚秋自巴黎归国后，票价随之也涨到每张 1 元 2 角。高庆奎、马连良的票价都在 1 元以上。其他老生如言菊朋、王又宸、雷喜福、谭富英演出的票价不过 7 至 9 角。”[①] 高庆奎的演出票价在当时的老生行中也算是最高的了。

華樂戲院
特約上海新回鬚生泰斗男女合演
高慶奎
特約著名第一花面由滬新回超等青衣
郝壽臣 李慧琴
張連廷 賈多才 孫硯亭 姚富才
郭仲衡 吳彥衡 芙蓉草 王又荃
慈瑞泉 馬富祿 李洪春 陳喜星
王 吳 文 諸 蔣 茹 李 趙
全體藝員拿手佳劇

1930 年高庆奎回京组班阵容，载于 1930 年 5 月 5 日《京报》

4 月 4 日，一则消息吸引了戏迷的注意：“高庆奎晚车到平。平津两地剧场执事，及各界好友前往迎接者甚多。”[②] 在此之前，高庆奎在上海舞台演出 6 个月有余。几天后，前门鲜鱼口华乐戏院门口便悬挂出三幅放大的剧照。华乐戏院是高庆奎演出的大本营，高庆奎的《哭秦庭》《定军山》《失街亭》三幅剧装照悬挂在最显眼的地方，吸引来来往往的人们。

为了迎接高庆奎登台，剧评家汪侠公在《全民报》“侠公菊话”专栏发表了一段文字：“当旦角世界，能独树一帜，抗衡旦角，而为须生吐

① 陈明远：《喜·嬉·戏》，郑州：河南人民出版社，2004 年版。

② 1930 年 4 月 4 日《京报》。

气者，厥有三人焉。余叔岩、马连良、高庆奎耳。高庆奎天赋特厚，尤清圆畅利之嗓音，大有盛代元音之概。较之余叔岩、马连良实有过之。”①

那几天高庆奎忙得不可开交。他在惠丰堂宴请了郝寿臣、李慧琴、芙蓉草、郭仲衡、吴彦衡等人，一起商量组班的事。在饭桌上，一位面容清秀、气度不凡的女士令人瞩目。她就是李慧琴。再组庆盛社之前，高庆奎在上海第一次与李慧琴合作。她的演出规矩大方，二人合作得十分愉快。合同到期准备回北京时，高庆奎和李慧琴商量，邀请她搭入庆盛社，挂二牌。

回到北京，高庆奎想帮助李慧琴提高剧艺水平，经杜月笙介绍，4 月 21 日，李慧琴在新丰楼向王瑶卿行礼拜师，正式成为王门弟子。经过王瑶卿教授，李慧琴的唱腔显得清秀圆润，表演更加大方雍容。李慧琴至此成为与高庆奎长期配戏的青衣演员。等到高庆奎退出舞台后，庆盛社在李慧琴、高盛麟等人的维持下还持续了一段时间。

二期庆盛社的主要演员是高庆奎、李慧琴、郝寿臣、蒋少奎、范宝亭、吴彦衡、郭仲衡、陈喜星、李洪春、李洪福、芙蓉草、诸茹香、吴富琴、文亮臣、汪荃奎、马富禄、贾多才等人。

5 月 10 日，新组织的庆盛社在华乐园开锣演出。当天的主要剧目是陈喜星的《马鞍山》，李慧琴、郭仲衡、王又荃合演的《玉堂春》，大轴是《失・空・斩》，高庆奎饰演孔明，郝寿臣饰演马谡。第二天，高庆奎上演《四郎探母》。这两天的戏，北京电台下午三时至六时都做了现场转播。

由于北京戏迷有近一年的时间没有看到高庆奎的演出，这两天的戏格外引人注目。《顺天时报》称：“十一日入华乐，《四郎探母》高庆奎自沪上归来首次出演。大受士媛欢迎。是戏饰四郎，扮相神情，均有独到处。上场[引子]亦佳，说白清脆。既至‘好不伤感人也’一句，尤觉慧声入耳。[西皮慢板]之唱，腔调新颖。全剧紧凑，无疵可指，珠联璧合，诚佳观也。”②

① 1930 年 5 月 8 日《全民报》。

② 1930 年 5 月 11 日《顺天时报》。

有了开门红，庆盛社便开始轮番上演好戏了。高庆奎在竞争日益激烈、新戏层出不穷的情况下，时常通过各种方法寻求新剧本或者旧时的秘本。有报道称："高近得三种秘本，一为《万里封侯》(玉门关班超本事)，一为全本《朱砂痣》(自得子起至大魁完，二十余场)，一为《锤震金蝉子》(岳飞本事)，现正选择配角，一月之后，或可试演于华乐也。"[①]

报纸上谈到的三部秘本中，全本《朱砂痣》是高庆奎首次组创庆盛社时好友赠送的。《万里封侯》与《锤震金蝉子》是二组庆盛社之前，高庆奎在上海演出时好友赠送的。两部戏在上海已经首演过了。相较之下，《锤震金蝉子》更易于排练，当时在上海的演出反响很强烈，所以这次高庆奎决定在北京排演这出戏。

随着天气逐渐炎热，傍晚消夏的人也多了起来。就在庆盛社与其他班社每晚奏艺并忙于排演新戏的时候，报纸上的戏曲栏目也活跃了起来。这时，《全民报》的副刊开辟了一个栏目"名伶访问记"，间断性地走访当时的名伶并作介绍报道。由于高庆奎这时成立了庆盛社，副刊主笔便催促记者抓住这个新闻的时效性，去找高庆奎做专访，增加报纸的销量。

6 月 23 日下午四时许，东四礼士胡同 63 号的高家宅寓大门被敲响了。高联奎正寻思什么人赶在这样的大热天来拜访，发现敲门的原来是《全民报》的记者。高联奎将记者请到二进院。这时，高庆奎正在北房给有足疾的父亲做腿部按摩，这是他从郭仲衡那里学来的。

《全民报》的记者表明来意后，高庆奎请他先和父亲高四保聊了一会儿。虽然此时的高四保年事已高，加上足疾，已经卧床了，不过看到有人来拜访，仍显得很兴奋，和记者聊了好一会儿，从自己幼年学习一直聊到培养两个儿子。随后，记者又和高庆奎、高联奎兄弟聊了许久。在告别时，高庆奎赠送给记者几幅父亲高四保的相片和自己的剧照。这几幅照片后来

---

① 1930 年 5 月 18 日《益世报》。

出现在连载的《全民报》上。记者以“一得轩主”为笔名，记述了采访的内容。文章中，高庆奎以第一人称的口吻向读者介绍了自己的从艺经历和现状。可以说，这篇文章是高庆奎唯一的一篇自述。“一得轩主”最后用了较大篇幅为访问记作总结评论：

高庆奎聪颖之才，天赋之嗓，继跛刘之后，为须生界独树一帜，大气磅礴、韵味悠长，当此无腔不谭之时，而庆奎如孤军崛起。今日聆歌知须生除谭腔外，尚有其他各派者，庆奎之功也。庆奎之戏，轩主听之颇多，以“三斩一探”之跛刘拿手戏，尤为佳作。《斩黄袍》之城楼一折，闭目听之，几疑台上为鸿声，其艺神似可以想见。庆奎于刘派外而谭孙各派亦无所不能，集各派之大成演于一炉，当此年富力强之秋，潜心研究，将来继谭派之后，而自成为高派者，亦意中事也。至于新排各戏，均系依照秘本排演，使零零断简之一折半折戏，得首尾衔接，有功戏剧不浅。自畹华东渡归来，剧风为之一变，而所谓四大名旦者，亦相继而崛起，意排新戏以负号召。从前须生唱大轴之地位，已为花衫角色所占有矣。使无余叔岩、杨小楼、高庆奎独自立支持，不傍旦角之门户，自得组班，则生角迟早必为旦角之附属品矣。然余叔岩因近年弱多病，杨小楼亦年逾五十，年龄关系，演唱逾少。庆奎年富力强，正有为之日，年来排演整本剧目，如《浔阳楼》《醉遣重耳》《三国志》《会稽城》《鼎盛春秋》等，其叫座力不亚于《摩登伽女》《红拂传》等戏。非庆奎之艺术过人，曷能与天之骄子之旦角，争一日之长短？观高庆奎在华乐自演大轴，而辅之以郝寿臣、李慧琴、李洪春、郭仲衡、吴富琴等，其营业之蒸蒸日上，几为平市现在各园第一，于此既可见庆奎之人缘矣。庆奎君平时在同行中，早博盛誉，其注意戏德实为吾人所钦佩。而家庭中之孝悌各尽其道。轩入其家，见其和睦靡肃之像，诚为不可多见。乃弟联奎，处事接物一团和气。其年幼时即与谭贝勒配演各戏，兼之家学渊深，必有可所。其操琴之艺，一臻炉火纯青之候。

辅助其兄成名，尤为难得。[1]

经过两年的演出，庆盛社在京城成了首屈一指的老生班社。人们一提起老生班社就会想到庆盛社，一提到庆盛社就会想到高庆奎。此时高庆奎自己排演的新戏大多保留了下来，其中很多他对腔调的设计，逐渐形成了高派风格。因此，高庆奎率领庆盛社到外埠演出的号召力比以往更强。

6月27日，经天津新新戏院约演数日，高庆奎、郝寿臣、陈德霖、李慧琴一行人赴天津。当晚，高庆奎就主演了早在庆兴社时期就创排的本戏《鼎盛春秋》。6月28日，高庆奎反串演出了《翠屏山》，有评论说："高伶反串石秀，扮相英俊，将阴狠之绿林豪客，睚眦必报之石三郎个性，一滴不漏完全烘托出来，唱开口调，气足神完，教去姬僚时之唱功卖力多矣。因黑净有损须生嗓音，而开口调则反之矣。吵家一场，神气活现。"[2]6月29日，高庆奎白天在新新戏院上演的是《胭粉计》，这天下着雨，观众仍然踊跃购票。即使是前排池座售价高达二元五角，戏院仍卖了满座。五天后演出结束，高庆奎一行人于7月2日返回北京。

9月底的一天中午，高庆奎起床刚刚吃过饭，便听到门房开门，进来一位青年。他还以为又是哪家报社派来的记者。撩开门帘进屋的是青年白家麟，高庆奎有点认不出来了。早在高庆奎搭班时期，白家麟就曾跟随高庆奎去天津演出，那时就提出过拜高庆奎为师。当时，高庆奎根据白家麟的嗓音特色，给了他一些指点，并建议他学学青年出名的马连良。后来，白家麟便长期到全国各地巡回演出，没了消息。

这回，白家麟向高庆奎讲述了自己的演出经历，又唱了两段戏。高庆奎发现白家麟的嗓子变得高亮无比，和自己很相似。看到白家麟如此真诚地提出拜师，高庆奎便决定正式收白家麟为徒，也算自己的玩意有人继承

---

① 1930年6月30日《全民报》。

② 1930年7月1日《益世报》。

《翠屏山》，高庆奎饰石秀

高庆奎（前）、白家麟师徒合影

下来。高庆奎还根据白家麟的特点，建议他多演关公戏。10 月 5 日，白家麟加入庆盛社的首场演出，主演了《古城会》。随后师徒二人又合演了不少戏。京城观众渐渐认识了白家麟这位高嗓新秀。

1931 年 2 月 1 日农历岁末封箱，高庆奎以独有剧目全部《浔阳楼》结束了庆盛社 1930 年的二期组班岁月。不过庆盛社并未报散，郝寿臣、吴彦衡、李洪春等人及新加入的马德成、吴铁庵、杨四立、何佩华等人唱武生及老生戏。

八、荣记大舞台与杜祠堂会演出

1931 年，高庆奎到上海又演出了一年的时间，除去中途短暂停演了一个月，这已是他第八次到上海演出了。此时的黄金荣同时经营着多家剧场，如位于汉口路的荣记大舞台。黄金荣看准高庆奎的声望，电邀他新年春节到荣记大舞台演出。高庆奎此时在北京华乐园演出，感到嗓子也有一些不适，但如果拒绝黄金荣的话，下次赴上海演出就颇为棘手了。最后，高庆奎迫于压力，只得中断了华乐园的演出，启程赴沪。

虽然 1931 年 2 月 17 日高庆奎才登台演出，但是黄金荣安排人于 1 月 24 日起就开始在《申报》上天天做广告。这次临行前，高庆奎对弟子白家麟做了嘱托，叫他别离开北京，等自己回来。同时他让白家麟根据自身特点多演“老爷戏”，这也是白家麟擅长演出“关公戏”的原因之一。班社及家庭等事情安排妥当，高庆奎便和李慧琴、高联奎等人南下去上海了。

除了和高庆奎一起南来与他配戏的李慧琴，在荣记大舞台挂牌的还有蓉丽娟、金少山、王虎辰、林树森等。合作的班底为袁小楼、高雪樵、张桂芬、曹毛包、粉菊花、吕慧君、李幼芬、韩金奎、陈月梅、王荣林、孙庆芬、陈嘉璘、苗胜春、张少泉、于莲化、毕春芳、王奎升、程少馀。

高庆奎到达上海后，受到各界欢迎。2 月 13 日，荣记大舞台由黄金荣做东，在都宜处邀请了上海新闻界和票友界的名人。参加这次宴请的一位作者署名“婴宁”在《大晶报》发表文章：“平角高庆奎、蓉丽娟、李慧琴都到。高还有服在身，戴副眼镜，同王虎辰一样的朴实。王虎辰因‘更新’有戏先行。高庆奎、蓉丽娟、李慧琴之人，直到来宾全散了才走。”①

与此同时，还有人在报章发表文章，对高庆奎充满期许：“名伶高庆奎等，来沪后即下榻宁波饭店，小楼行后，决于旧历元旦登台，高庆奎在北方，最负盛名，以其调高逸响，且复做戏认真，有老谭遗韵故也。北人谈戏界须生人才，首推余叔岩，次为高庆奎。而尤足多者，高庆奎彬彬有礼，无伶界习气，故数度来沪，皆得满誉，而此遭偕来之名伶，为武生王虎辰

① 1931 年 2 月 15 日《大晶报》。

及名坤伶蓉丽娟、李慧琴。与沪人久别重逢，士别三日，刮目相看，其艺术必更有进境也。”[1]

2 月 17 日，高庆奎正式登台演出。合作班底是文武老生林树森、花脸金少山、武生高雪樵、武旦粉菊花等人。自 2 月 17 日至 3 月 1 日，高庆奎日戏、夜戏接连演出，十分辛苦。连续十多天昼夜演出，他的嗓子颇为劳累，只得从 3 月 2 日开始只唱夜戏。高庆奎有时自己唱《胭粉计》《定军山》等戏，有时和李慧琴合作演出《四郎探母》《打渔杀家》等戏，有时和金少山合作演出《捉放曹》《三国志》等戏。蓉丽娟唱倒第二，和林树森合作演出《连环计》《武昭关》等对儿戏。金少山此时名气也大了，和梅兰芳合作《霸王别姬》之后，“金霸王”的美名也叫开了，他在蓉丽娟前头唱《牧虎关》《御果园》之类的戏，高雪樵在金少山前边唱一出武生戏。

《申报》登载荣记大舞台高庆奎主演《浔阳楼》广告

这次与高庆奎同来的蓉丽娟虽然并不与高庆奎配戏，而是自己在中轴单唱，但她后来回忆起这次演出的经历，印象仍十分深刻。这是蓉丽娟第二次来到上海。此前的 1930 年 12 月，上海大舞台派人到北京找穆芝田谈好公事，邀请蓉丽娟去上海演出。据蓉丽娟回忆，有一天，她和林树森正在荣记大舞台后台卸装，大轴戏是《逍遥津》，高庆奎登场前的［闷帘导板］——“父子们在宫院伤心落泪”，两个满堂好清晰地传进化妆室。林树森不住地点头，并对蓉丽娟说，姑娘，听听高老庆这句［导板］，唱得多足！这不是光

① 1931 年 2 月 16 日《正气报》。

卖嗓子的事儿，人家唱在情理上，是个唱戏的。[①]这是蓉丽娟对高庆奎演出的最初印象。林树森的话则说明高庆奎的演唱不单单是调门高、拖腔长，而且还充满了情感色彩。

3月23日，新创剧目《豫让桥》开始在报章上宣传。有报道称："全部《豫让桥》，此剧高艺员饰豫让，先唱须生，后改花脸。突破新戏未有之记录。高艺员饰豫让，唱词繁重、腔调新颖，各幕表情，体合入微。全部三十余幕，场场紧凑。高艺员演此剧前须生，后部吞碳之一幕，完全改唱花脸。嗓音忽而生、忽而净。可称别开生面唯一佳剧。"[②]经过多次宣传，4月4日，《豫让桥》首次在上海上演。高庆奎饰演豫让，李慧琴饰演姜氏，高雪樵饰演韩虎，林树森饰演赵襄子，袁小楼饰演魏驹，陈嘉璘饰演张孟谈。此次《豫让桥》的演出，因为高庆奎在饰演同一人物时，以老生、花脸应工，所以受到广泛关注，上海剧界也常常包票观摩。

这次，高庆奎加入由汪优游编排的《施公案》中饰演施公，李慧琴饰演徐孝琴，赵君玉饰演许素贞，高雪樵饰演李七侯，林树森饰演贺天保，吕慧君饰演张秀花，粉菊花饰演七珠，曹毛包饰演关升，袁小楼饰演李昆，苗胜春饰演王梁。整整三个月，高庆奎在上海把连台本戏《施公案》唱红了。"高庆奎艺员，李慧琴艺员，奏艺三月，誉满申江。最近新排之头本《施公案》一戏，尤为脍炙人口。"[③]

上海三星舞台步荣记大舞台后尘，也排演了《彭公案》。高庆奎听说其他剧院也开始排练上演《施公案》，便在空闲时去观摩。他常常这样观摩其他演员、剧团的演出，以提高自身的剧艺水平。"三星舞台排演了《彭公案》一剧后，天天满座。前天（1931年5月22日），高庆奎也赏光三星舞台的《彭公案》，按高庆奎今岁南下，在大舞台唱了几个月，号召力至今不

① 《菊坛长寿星——蓉丽娟》，载《中国京剧》2006年第2期。

② 1931年3月23日《申报》。

③ 1931年5月17日《新闻报》。

衰，这次荀慧生、言菊朋应聘大舞台，已于二十日登台。高庆奎在他们登台的当儿，决计在上海休息几天，再到杭州去进香。前天和他同在的，一位是高联奎，还有两位是新近随荀慧生来沪的张春彦和吴兆义，看得他们津津有味。后台的诸位艺员，听说高庆奎在座，都格外的卖力气，这个《彭公案》本来是出好戏，艺员个个又卖力，所以更加精彩。庆奎看得很是满意，过几天或许再要去赏光咧。”①

高庆奎在上海的演出合同到期后，一边观摩演出，一边到杭州去进香。就在高庆奎回到北京，戏迷们等着看高庆奎组班演出的时候，一位老戏迷却在天津老站平浦通车内碰到了高庆奎。见到头戴瓜皮帽、面容清瘦、一双眼睛炯炯有神、戴着一副金丝眼镜的高庆奎，便拱手说：“高老板，您这是去哪儿啊？”高庆奎回答：“我去上海唱三天堂会。”老戏迷说：“那您这次去多久啊？”“估计堂会唱完就回来，在北洋大戏院演几天。”高庆奎回答。谁知高庆奎这次去，又在上海演了半年时间。②

到底是什么堂会，让返回北京不久的高庆奎专门驱车去上海演唱呢？那就是被后世称道，会聚众多名伶的杜祠堂会。1931 年 6 月，杜月笙为其宗祠落成举行了一连三天的盛大庆祝活动，云集了京津沪的众多京剧名家，轰动全国。高庆奎演出了《龙凤呈祥》《玉堂春》《长坂坡》《取帅印》《五花洞》等戏。

演出开始前两天，谭小培、谭富英父子从北京赶到上海。他们听说北京名伶基本都受邀来参加堂会，便临时赶来。可是当时戏目已经确定，他们参演什么戏呢？这时，高庆奎表示，请谭小培、谭富英父子参演第一天的大轴《龙凤呈祥》。原本高庆奎饰演刘备，他把后部刘备让给谭小培饰演。这样一来，马连良也表示把鲁肃让给谭富英饰演，自己专门饰演乔玄。戏单重新印刷，原本大轴《龙凤呈祥》第一行四个演员分别是高庆奎、梅

① 1931 年 5 月 24 日《新罗宾汉》。

② 1931 年 6 月 5 日《益世报》。

兰芳、杨小楼、马连良，后来便是五个人了。

舞台上精彩纷呈，台下人声鼎沸。单是6月9日这一天，络绎而来的男女宾客已达万人，挤在仅可容纳五千人的临时剧场里，拥挤之状，自可想象。这样的景象一直持续了三天。第二天的堂会，从中午十二时，一直持续到后半夜，中间不休息。演完已经是凌晨六时了。

除了北来名伶，杜月笙的好友，同为大亨的王晓籁、袁履登以及天津名票王庾生都上台客串。第三天，高庆奎与梅兰芳、金少山合作演出《五花洞》。《五花洞》登场时间是下午四时四十分。下午四时，高庆奎和梅兰芳等陆续到了后台，杜月笙亲自招待，他叫服务员传来了西式点心，和大家略作寒暄。等到演完戏，已经是凌晨五时二十分了。

《五花洞》开演时，上海明星电影公司专门派人带着摄影机和电影胶卷前来拍摄。之前的几个剧目，明星电影公司只记录了几个片段，《五花洞》开演时，大部分场次都拍摄了。拍摄的时候，为了增加亮度，台上摆置了八座炭精灯。高庆奎曾对家人回忆说，纪录片拍摄的时候，台上八座灯全部开启，真的就像白昼一般。

杜氏祠堂堂会举办后，江西水灾的消息传遍全国。此时距离堂会过去已经半个月了，多数名伶已经北返，只有梅兰芳、高庆奎、李吉瑞、言菊朋等人还在。这时，黄金荣、杜月笙等觉得名伶南来不易，又倡议演员们以筹募江西急赈为名，演了三天义务戏。6月30日的上海筹募江西急赈会的剧目有：高雪樵、林树森的三本《铁公鸡》，言菊朋、金少山的《捉放曹》，李吉瑞的《独木关》，荀慧生的《文章会》，高庆奎、梅兰芳、芙蓉草、姜妙香、马富禄的《四郎探母》。一段笔记记载了当时演出的情况，颇显珍贵："大轴为梅兰芳之《探母》，高庆奎［引子］念'被困幽州思老母长挂心头'，三眼一段，颇得掌声不少。梅博士上场，全场为之肃然静寂，与老生对口之［快板］几乎一句一好，姜妙香之宗保，出场拉四门，唱句颇为动听，四郎闯营时吊毛，手脚干净。现时大都皆减料，仅一跃而止，庆奎循规蹈矩，可佩可钦，此剧演十一刻钟，散场已一时，归后余味尤浓，特濡笔记之。”①

高庆奎参加完堂会，原计划是返回北京，黄金荣劝说他留在荣记大舞台挂牌演出。在与高庆奎订立三个月合同之后，荣记大舞台就邀来了荀慧生。这时，剧院打算继续编排二本、三本《施公案》。每本的演出时间都在6个小时左右，在这样长的一出戏里，贯穿始终的重要角色施公，便需要由一位有号召力的老生担纲。事后，林树森告诉高庆奎，黄金荣觉得施公这个角色非得高庆奎来演不可。

7月9日，二本《施公案》在荣记大舞台开演，自晚上六时开锣一直持续到凌晨，连演六个半小时才演完。主要包括“拿谢虎”“大蟒山玄都观”等故事，高庆奎饰演施公，金少山饰演贺仁杰，李慧琴饰演萨夫人，王虎辰饰演黄天霸，高雪樵饰演谢虎，林树森饰演贺天保，赵君玉饰演冯文斗，吕慧君饰演翠娟，粉菊花饰演谢素贞，孙庆芬饰演贺夫人，袁小楼饰演计全，陈嘉璘饰演董成，程少馀饰演于六。

情节包括高庆奎饰演的施公与林树森饰演的贺天保，到王虎辰饰演的黄天霸的别墅中去劝他出山，有大段［二黄十二音连弹］，三人接连演唱，各有特色。施公在金殿被召见的一场戏，大段［西皮原板］转［二六］有几十句之多。在“大公堂平反”一场戏中，高庆奎、李慧琴、赵君玉、张桂芬对唱［快板］。“施公放粮拦舆告状”一场戏，高庆奎唱［西皮］，字准腔圆，嗓音圆亮，十分挂味。“劝黄天霸出山”一场中，高庆奎、王虎辰、林树森、苗胜春四人唱［二黄连弹］，共200多句。“施、贺黑店除毛贼”一场，高庆奎把秀才遇见强盗的神情演得十分逼真。贯穿全剧的施公在高庆奎载唱载做的表演下，人物形象塑造得十分成功。

正因如此，座钱大赚的黄金荣两个月后又安排推出了三本《施公案》，

① 1931年7月4日《正气报》。

继续招揽观众。有报章宣传说："三本《施公案》的施公，唱做比前两本更加繁重，当然仍请南北闻名第一须生高庆奎扮演。这位清如水、明似镜的大老爷大人，简直被我们这位高庆奎老板唱活了。唱念做三者果然是好了，外加态度大方，是像一位钦差大人的模样。"[①]8月26日，三本《施公案》上演。高庆奎主演有"施公巧断逆伦案""收服朱光祖""施公计诱独虎英"（拿罗四虎）等情节。高庆奎饰演施公，王虎辰饰演黄天霸，李慧琴饰演贺夫人，高雪樵饰演谢虎，金少山饰演凤凰张七，汪优游饰演郭玉山，曹毛包饰演关太，袁小楼饰演计全等。

在三本《施公案》里，高庆奎唱功最多，"金殿""哭灵"两场有大段[连弹]。因为是新编戏，高庆奎还自编不少独唱的新腔，为他此时排演的诸多新戏提供了舞台经验。就当高庆奎与演员们在舞台上"除暴安良"之时，"九一八"事变爆发，日本关东军强占东北。消息传到上海，第二天演完三本《施公案》后，高庆奎决定停演一天，向遇难同胞表示哀悼。24日，高庆奎又为南方水灾赈灾义务演唱了《空城计》。

《申报》登载1931年9月高庆奎离沪临别演出广告

因为局势不稳，高庆奎和李慧琴等人决定返回北

① 1931年8月23日《申报》。

京。不过临别演出的剧目高庆奎早就定好了，就演唱鼓舞国人士气、讴歌义士忠臣的《哭秦庭》和《豫让桥》。此时，光怪陆离的神怪戏和儿女情长的家庭剧充斥舞台，高庆奎上演的新戏《哭秦庭》和《豫让桥》就有了特殊的意义。在《申报》上，关于《哭秦庭》和《豫让桥》的演出预告，成为对高庆奎演唱最深刻的评价："高艺员庆奎隶本台演剧以来，迄今已有半载之久。表演各戏深荷各界，顾曲诸君交口赞许。现因高庆奎演唱已届期满，不日负誉北返，二十九夜演全部《哭秦庭》，此戏乃高生平得意著名杰作。高艺员饰申包胥，爱国忠诚描写入微。如问樵修书等场，数段唱工句句动听。至奔秦行路、哭庭乞援各幕，有大段［反二黄］，腔调悠扬，慷慨悲歌，为剧中最优点。第三夜烦演新排《豫让桥》，该剧完全根据历史，剧中有智伯兵伐赵襄子、豫让决水湘晋阳、灭智伯豫让行刺、为报仇漆身吞炭等场。"①

九、三组庆盛社

1931 年，与竞争激烈、歌舞繁荣的上海剧坛不同，当高庆奎于 10 月回到入秋的北京时，面临的是像寒冷的天气一样的北京市面，冷意飕飕。

11 月 14 日，北京前门大街一带的商铺晚七时就关门歇业，各戏院、电影院，均停止夜剧。晚九时之后，街市之上已无行人。14 日白天各娱乐场所虽照常营业，然而顾客寥寥，程砚秋在中和园演出的《柳迎春》，仅上座三百余人，其余的庆乐园、三庆园，皆上座八九十人，西珠市口开明戏院上座五六十人，第一舞台上座三百余人，肉市广和楼富连成上座二百余人，

① 1931 年 9 月 30 日《申报》。

此外各大小饭馆等，皆极冷落。平市凄凉景象，为年来所罕睹。[①]

与情形急转直下的时局和日渐萧条的市面形成对比的是，此时高庆奎迎来了演剧生涯的全盛时期，他的影响力与日俱增。与旦角评选五大名伶不同，在生行中，剧界内外一致地公认三位生行演员为杰出代表。同时，徐凌霄于1931年12月21日在《京报》正式提出“老生三杰”的称谓：余叔岩、高庆奎、马连良。

虽然市面萧条，然而观众渴望听到高庆奎高亢嘹亮的唱腔，观看他激情澎湃的演出。同时很多演员也希望高庆奎能够组班，帮助自己增加收入以维持生计。因为在市面萧条的情况下，唯有高庆奎这样的演员才能维持号召力，保持演出上座率。

在寒冬中，北京迎来了1932年的元旦。元旦当天，尚小云带着曾搭玉华社的尚富霞来到高庆奎家，一则是新年串门，二则说起国剧学会第三次大会召开的消息。两天后，高庆奎与尚小云、荀慧生、程砚秋、姜妙香、萧长华、裘桂仙、王幼卿等30余人一同参加了国剧学会第三次大会。大会主要商讨了当前纷杂的时局和维持营业的话题。

这时的中国除了东北沦陷、政局纷杂，还时不时发生水灾、旱灾。河南永城就在这时发生水灾。国剧学会第三次大会上，名伶们一致决定，在第一舞台演唱永城水灾赈灾义务戏，将演出所得和募捐款项捐给灾区百姓，以尽微薄之力。向来热心公益的高庆奎当场对此事表示赞成，当即就和在场的裘桂仙商量好，二人演唱《击鼓骂曹》。

打破行业惯例、不顾自己营业收入的高庆奎，回到北京先演唱赈灾义务戏，受到了业内外的夸赞：“高庆奎自沪归来，不先演营业戏，竟慨然唱该项义务戏，可谓当仁不让，见义勇为者。是日演《骂曹》，配以裘桂仙之曹操，可望受一般观者所欢迎。”[②] “高庆奎由上海回平，尚未唱营业戏，今

① 1931年11月15日《北平晚报》。

② 1932年1月7日《全民报》。

竟先唱义务，不以生意为前提，热心公益，见义勇为，实令吾人异常赞佩，庆奎天生一条铁嗓子，唱《骂曹》一气呵成，洵能启聋发聩。”①

得知回到北京的高庆奎参加永城水灾赈灾义务戏演出的消息后，不少同行当面或者托人转达希望高庆奎赶快组班，自己要搭班唱戏的想法。高庆奎打算等农历春节正式开锣演出。考虑再三，高庆奎联络了郝寿臣、吴富琴、吴彦衡等主要演员，就在演完永城水灾赈灾义务戏的第二天，庆盛社三度组班，主要演员有高庆奎、李慧琴、王琴侬、郝寿臣、范宝亭、刘砚亭、苏连汉、吴彦衡、九阵风、郭仲衡、陈喜星、李洪春、李洪福、扎金奎、甄洪奎、芙蓉草、诸茹香、吴富琴、赵芝湘、李多奎、马富禄、慈瑞泉、王福山、姜妙香、王又荃。

1 月 9 日，庆盛社在华乐戏院开锣演出，白天戏码有李多奎的《钓金龟》，芙蓉草的《荀灌娘》，吴富琴的《胭脂虎》，吴彦衡的《恶虎村》，高庆奎、郝寿臣、马连昆、慈瑞泉、李洪春合演的《失・空・斩》。

面对“九一八”事变日本关东军强占我国东北三省领土，高庆奎除了在北京市面萧条之际毅然组班维持同业生计，还决定通过舞台发出一名中国人的声音。高庆奎找到了老友清逸居士，请他帮忙排演有关文天祥事迹的剧目，初定为《浩然正气》。但出于某些原因，未能进行演出。

在春节到来前夕，高庆奎开创了一个新演法。在明星制到来之时，为了保证上座率，高庆奎在演出《三国志》之时，在戏曲界首创“一赶三”的演法。所谓“一赶三”就是同一名演员在一出戏中饰演三个不同角色。

1 月 15 日，高庆奎在演出《三国志》时，前面饰演鲁肃，中间饰演孔明，最后饰演关羽，开创了京剧老生主演“一赶三”的先河。剧评人苾雪一面惊讶于“一赶三”的演法，对主演在一剧中更换角色颇不适应，“角儿同、扮相同，而长相不同，使人心疑目眩，有如戏法之‘二仙传道’”；一

① 1932 年 1 月 8 日《实报》。

面又赞叹高庆奎演出的魅力之大，“此戏自三时登场，六时半止，而座客落坑满谷，无一去者，是可见欢迎者之烈。更足见观剧者之心理矣”。[①]这位剧评人记录了当时高庆奎“一赶三”的演出情况：

高庆奎自沪归来，迄今未演。前日露海报于华乐，与郝寿臣合演《失街亭》，余以不暇未往聆之。昨逢期日，演全部《群英会》自蒋干盗书至华容挡操止，中间包括盗书、借箭、借风、挡曹各节。高庆奎前饰鲁肃，中饰孔明，后饰关羽。一剧中三饰其人，老伶未之见也。庆奎素有“高杂拌”之名，其技固博，盖不能专也。但当今市面萧条，非有此种热闹场面以演号召，谓之为投机则可，谓之为多艺则或未矣。余至场时，正演草船借箭，“鲁子敬在舟中”一段，颇可动听，惟调门不及从前清亮。到馆驿见孔明，报之周都督有病一场，尚是鲁肃，孔明则仍李洪春。及“借东风”［导板］一完，彩帘掀起，则披发道衣、手携宝剑之孔明已易李而高矣。一段［原板］，间有佳腔。见风中有煞，急急逃走，及吴将追到江边，此时之孔明又易高而李矣。角儿同、扮相同，而长相不同，使人心疑目眩，有如戏法之“二仙传道”。其后孔明遣将，则先之鲁肃、诸葛又一变而为关羽矣。“睁开了”一段，嗓音已有不支之相，幸能运用尚见自如。通场而观，以饰鲁肃之眼神为佳，各种身段亦不恶，饰关羽时，两个亮相有些外江气。以吾见，一出《群英会》全剧到“借箭”止，吾取庆奎矣，弟不

《群英会》，高庆奎饰鲁肃

① 1932年1月16日、17日《全民报》。

知能合一般顾曲眼光否？是亦难责乎高伶耳。其余，郝寿臣饰曹操，马连昆饰黄盖，姜妙香饰周瑜，均是好手。吴彦衡饰赵云，李洪春饰孔明，慈瑞泉饰蒋干，亦均称职。此戏自三时登场，六时半止，而座客落坑满谷，无一去者，是可见欢迎者之烈。更足见观剧者之心理矣。归而有感，是为之记。①

在高庆奎率先"一赶三"演完《三国志》后，又接连上演了拿手戏《翠屏山》《战长沙》《连营寨》等，剧评人记述当天《翠屏山》上座达八百多人。

连日下来，三度组成的庆盛社营业收入颇丰，除了主演，其他演职员过春节的生计都有了着落。与此同时，荀慧生的班社却上座不多。作为多年的好友和搭档，高庆奎将最卖座的封箱戏日场演出让给了荀慧生，自己则联系演员，专等正月初一开台唱戏。

在庆盛社的这些演员中，高庆奎对裘桂仙这位当时生活困难的老艺人特别优待。他特别照顾裘桂仙之子裘盛戎搭入庆盛社。这是裘盛戎从富连成出科后的首次搭班。这背后也有一层关系，那就是高家与裘家的世交。当年高庆奎搭班演出，就时常与裘桂仙合演《二进宫》《上天台》等戏。

1932 年，上海发生"一·二八"事变。面对这一事件，高庆奎决定借演出鼓舞人心。他吸取了编演《文天祥》的教训，和弟弟高联奎商量，还是先在传统老戏上进行加工创作，稳妥地一步步来。最终，高庆奎选择"诸葛亮"这一广为人们所接受的历史人物，"鞠躬尽瘁，死而后已"的精神也能鼓舞不同社会阶层的百姓。为此，高庆奎根据传统戏创作了《出师表》，也就是《诸葛亮头出祁山》。"出师表"三个字早已成为一种符号，能激励国人变被动为主动，学习诸葛亮主动出师伐魏的精神，抵抗日军。《出

① 1932 年 1 月 17 日《全民报》。

师表》演出后，高庆奎循序渐进，编排出多部新戏激励国人，鼓舞士气，通过演出爱国剧目为中华民族抵抗外敌摇旗呐喊。此外，高庆奎还积极参与演出救济国难和支援抗日将士的义务戏。

仅2月，高庆奎就演出了四场义务戏。2日，高庆奎与尚小云、杨春龙、丁永利、傅小山在倒第三演出赈冬义务夜戏《酸枣岭·刺巴杰》。3日，高庆奎与杨小楼、梅兰芳在大轴合演赈冬义务夜戏《长坂坡》。23日，高庆奎与荀慧生演出《翠屏山》，慰劳抗日将士。29日，高庆奎与荀慧生、马富禄合演《翠屏山》，援助上海二十九军。

从整理编排《出师表》开始，高庆奎在1932年接连编排演出了《巧办花灯》《应天球》《青梅煮酒论英雄》《八义图》《豫让桥》《捉放曹》《史可法》《战睢阳》《煤山恨》。特别是《史可法》《战睢阳》《煤山恨》上演之时，侵华日军步步紧逼，北京时局不稳，这些演出极大地激发了观众抗日爱国的热情。

高庆奎急公好义的品德与爱国情操获得各界一致赞誉与敬佩。一时，“南麒北高”的赞誉不胫而走，北方的高庆奎与南方的周信芳（麒麟童），被人们赞颂为中国北方、南方的两位京剧革命家代表。

报章也对高庆奎报以赞赏：“年来社会人士，趋向新剧。所有剧本非偏于荒唐，即失于淫荡，求其以改良社会人心为目的，而制救国警世之佳剧者，实百不获。庆奎思想极新，深知国事之阽危，与夫戏剧所附使命，故毅然搜集历史忠义之事迹，被之管弦，以古证今，现身说法。既前后公演《哭秦庭》《豫让桥》，最近复编成《史可法》一剧，以讽时讥世而激励人心，其爱国热忱亦可敬矣。”①

高庆奎在5月推出全部《逍遥津》，取名《大逍遥津》。包括《单刀会》《斩合肥》《逍遥津》三折戏。高庆奎前饰关羽，后饰汉献帝。由于高庆奎

① 1932年7月8日《全民报》。

饰演汉献帝需要卸妆重新扮戏，因此将应该先演出的《战合肥》安排在《单刀会》之后。报章对当时的演出作了记述：“大轴《讨荆州·单刀会·战合肥·逍遥津》，高庆奎单刀会岸上唱昆曲，赴宴与鲁肃且唱且歌，威吓子敬神情绝妙，后改献帝，成羸弱之态，形容献帝无能。”①

《单刀会》，高庆奎（右）饰关羽，李洪春饰鲁肃

1932年，高庆奎在重排老戏和公演新戏中度过了，然而与庆盛社演出的兴旺相比，北京时局却越发艰难。1933年春，北京各大剧院相继停锣，连中华戏曲专科学校也停止了演出。据高韵笙回忆，中华戏曲专科学校的学生当时有了空闲时间，校长金仲苏专门找到了高庆奎，希望高庆奎能在空闲时间给戏校的孩子们说说戏。高庆奎当即表示同意。不同于当时一些名演员有“留一手”的旧观念，高庆奎向中华戏曲专科学校的学生传授的第一出戏就是自己的招牌剧目《哭秦庭》，随后又教授自己另一出叫座戏《浔阳楼》。在中华戏曲专科学校，高庆奎向孩子们耐心授课，每天都早早去上课。在教课的时候，他发现了几个学老生的好苗子，头一个就是显得敦实的“和”字的李和曾，还有“德”字的关德咸与“金”字的沈金波。

半个月之后，北京市面逐渐恢复，各家店铺都开门营业。高庆奎与尚小云、荀慧生等商议，打算试着恢复营业演出。3月25日恢复演出的第一

① 1932年5月21日《全民报》。

天，高庆奎义演的是新戏《重耳走国》。随后，庆盛社的演出基本恢复了正常。那么庆盛社的营业状况如何呢？有报章评论：“高庆奎、郝寿臣、李慧琴、李多奎等述职于华乐（戏院），堪称北平之生力军。角色极见完整。开演一戏毫无懈怠之弊，较之他处上座大佳。”①

《镇潭州》，高庆奎（右）饰杨延昭，白家麟饰岳飞

在 1933 年赴上海之前，高庆奎在庆盛社排演了全部《造白袍》，于 2 月 26 日首演。主要情节包括：关公显圣、张飞遇害、刘备兴师。4 月 8 日，高庆奎又首演了全本《八义图》。4 月 23 日，二次公演时，《全民报》称其“是梨园中上古之阳春白雪，是菊坛上至空前绝后篇”。

十、同梅兰芳在天蟾合作

有一张上海天蟾舞台的老照片弥足珍贵。它真实地再现了 20 世纪 30

① 1933 年 4 月 4 日《全民报》。

年代京剧全盛时期在上海福州路建成的天蟾舞台的繁华景象，常被作为资料照片使用。照片拍摄于 1933 年，这时的天蟾舞台以高庆奎、梅兰芳挂双头牌演出。

在照片中，写有主要演员姓名的巨幅广告名片被挂在天蟾舞台外墙上。其中，“高庆奎”三个硕大的字十分醒目，被当时天蟾舞台戏院老板顾竹轩安排在正中央最瞩目的地方。目光往下，会发现用灯泡排列组成的人名从左往右依次为：李慧琴、梅兰芳、高庆奎、金少山。

最能说明问题的还是建筑顶部，高庆奎、梅兰芳二人的名字平起平坐在正中央。在那个讲究名字排列的先后、讲究座次的岁月里，这张弥足珍贵的老照片向人们展示了高庆奎当时的剧界地位。

上海天蟾舞台外景，高庆奎、梅兰芳 1933 年在天蟾舞台挂双头牌

在那个老生演员纷纷依附旦角的年代，高庆奎不但独当一面，而且最终与剧界代表梅兰芳相互配戏，挂双头牌，这是十分不容易的。

高庆奎与梅兰芳再度进行商业性演出合作，这距离他们上一次这样的合作已经有 13 年了。上一次合作还是高庆奎陪同梅兰芳东渡日本的时候，不久高庆奎便自立门户了。这十多年来，高庆奎与梅兰芳也有数度合作，不过都是堂会演出或者义务戏。

至于梅兰芳，1932 年他带领承华社全体演职员到上海演出后，因为北京时局动荡，就再没有返回北京。梅兰芳在天蟾舞台演出合同期满后，便同家眷住在上海静安寺沧州别墅。而其他搭档如姚玉芙、姜妙香、萧长华等还要搭班挣钱，便都乘车返回北京。

不久，天蟾舞台老板与梅兰芳商量再度登台，但缺少一个与梅兰芳相称的老生。此时上海并没有老生有空档与梅兰芳合作。1933 年 4 月 28 日，由于黄金荣邀请，后又有杜月笙向高庆奎发电邀请，便有了高庆奎这次天蟾舞台之行。此前的 2 月 28 日，天蟾舞台少主顾月波与徐德增就乘早车赶赴北京，专门邀请高庆奎。

高庆奎对这次赴上海演出异常重视。因为，不像其他著名甚至创立流派的老生演员给梅兰芳挂二牌，高庆奎这次也是挂头牌，而且是第一次与梅兰芳挂双头牌。5 月 9 日左右，正在等候中的高庆奎再次收到了杜月笙从上海发来的电报，邀请高庆奎等赴沪开演。于是，高庆奎便联络姜妙香、萧长华、王少卿、孙甫亭、刘连荣等人，所有事宜准备妥当之后，于 15 日下午五时在前门火车站离京，然后再乘坐渡轮到达上海。

高庆奎再度来上海演出的消息不胫而走。观众期待看高庆奎的戏，特别是他演出的《哭秦庭》。这出戏已经成了高派代表剧目，是票房的保证。曾与高庆奎合作的演员吴富琴回忆："高四保、高庆奎和联奎爷三位从赶包到独立组班很不容易。庆奎的《哭秦庭》唱得最好，后来他去上海演出，马路上贴着横幅广告，上面就写着一个大字'哭'，成天叫满座，确是大红大紫了一阵子。"①

有一位戏迷在这次高庆奎演出之前，专门撰诗一首，显示出对欣赏《哭秦庭》的渴望，同时表达出对华北局势的忧虑："远使强邻派上卿，警边垂手待援兵。友军未允全中国，敌影先来绕北平。华日争端无政策，金银支配定筹觥。同胞若待包胥泪，且听高伶唱一声。"②

这首诗语调深沉，除了宣传《哭秦庭》之外，更指出了高庆奎的《哭

---

① 贺捷生：《御霜实录：回忆程砚秋先生》，北京：文史资料出版社，1982 年版。

② 1933 年 5 月 16 日《申报》。

秦庭》与当时中国北方时局的关系。在那个国难当头的年代，高庆奎作为一名受到观众喜爱的戏曲演员，正是通过自身的表演来激发人们的爱国热忱和御敌斗志的。虽然《哭秦庭》诞生于十年前，但高庆奎在编演新戏时一向注重剧目主题思想，因此他的新戏在国家内外交困之时排演，更显可贵。1933 年，高庆奎又把新编排的《煤山恨》也带到上海演出。

5 月 18 日，渡轮停靠上海港口。天蟾舞台的老板早早便派人到港口迎接，将高庆奎用汽车接进上海市，住进了最豪华的大江南饭店。和三年前那次盛况空前的演出不同，高庆奎在那次的演出票价翻了一倍，而这次的票价翻了三倍整，原因是高庆奎与梅兰芳两位生行、旦行领军人物的强强联合。同来者有梅兰芳之配角姚玉芙、姜妙香、萧长华、朱桂芳、王少亭、刘连荣、孙甫亭，及梅兰芳、高庆奎二人之场面仆役等共 40 余人，下车后，均下榻于石路宁波路口的大江南饭店。

5 月 23 日，黄金荣、顾竹轩为高庆奎、梅兰芳在法租界桃花宫饭店设席，邀请各票友及上海各报记者。宾主在桃花宫饭店开怀畅饮，各叙衷肠。票界和报界人士均表示，对于高老板和梅老板的这次合作，一定多多捧场，多多宣传。

1933 年 5 月 24 日《申报》上的高庆奎演出广告

高庆奎对这座矗立在上海闹市区福州路上的天蟾舞台再熟悉不过了。这是他第三次在这里长期演出，此时的高庆奎不但已获得观众认可，名列“老生三杰”，而且其根据自身特色创立的高派也正在形成。因此，演出头三天的戏码需要好好商定。

自从高庆奎首次赴上海演出一炮而红，他的打炮戏一般都是《空城计》《辕门斩子》《连营寨》。而如今，《逍遥津》已经成为高派代表剧目，因此，《逍遥津》便被列入前三天的打炮戏。而这次，高庆奎又是与梅兰芳并牌演出，两人商量的结果是合演生旦对儿戏《四郎探母》。这出戏也在高庆奎“三斩一探”的拿手戏中。而原先戏码中的戏仅保留《空城计》，这是他融合谭派、刘派的拿手戏。经过商量，高庆奎头三天戏码依次为：第一天演出《空城计》，第二天演出《逍遥津》，第三天与梅兰芳合演《四郎探母》。

由于当时正值国内时局动荡，梅兰芳排演了《抗金兵》。而高庆奎在这之前已经编排演出了好几出振奋国人、以史为鉴的剧目。这次，除了演出《哭秦庭》等剧目，高庆奎还特别演出了《煤山恨》。

由于《煤山恨》剧情完全契合警世的时代要求，因此戏院决定把这出戏安排在大轴。考虑到梅兰芳的参与，冯耿光出了个主意，建议梅兰芳唱一出《刺虎》。因为《刺虎》与《煤山恨》情节连贯，这样一来，大轴里也就有梅兰芳了。同时，考虑到梅兰芳这出戏只是在此前美国之行演唱过，在国内从没露过，最终确定将梅兰芳的《刺虎》一折加入《煤山恨》中。《新闻报》曾载文：“高君庆奎，新排全部《煤山恨》，其事实以《铁冠图》为蓝本，加以穿插。自李闯起兵，迄崇祯殉国。苦心经营，精彩动人。在平津出演大受欢迎。《刺虎》一剧，为梅君兰芳拿手名剧，中外驰名，雅俗共赏，在纽约连演五十一次，得绝大之成功。此次梅、高二君，相聚一堂，各界一再相烦合演是剧，情不可却，已蒙首肯。梅君在《刺虎》前加入数幕，场场精彩，幕幕紧凑。高君饰崇祯帝，唱做并重，到底不懈，煤山殉国一幕，有大段唱工。撞钟、分宫等场，有深刻之表情，尤为出色。按此

1933 年 6 月 17 日天蟾舞台演出戏单

剧描写亡国之惨，惊心动魄，大足鼓励民气，刺激人心。加之梅、高二君珠联璧合、相得益彰。实千载一得之良机。”①

此次合作，高庆奎与梅兰芳还合作演出了《打渔杀家》《甘露寺》《汾河湾》《牢狱鸳鸯》《法门寺》等戏。高庆奎与金少山合作演出了《应天球》《首阳山》《三国志》《托兆·碰碑》《捉放曹》等戏。

在须生为旦角挎刀的年代，高庆奎不但与马连良各自独树一帜，而且这次在上海天蟾舞台与梅兰芳挂了双头牌。即便如此，高庆奎依然保持着谦逊的品德。对此，《全民报》曾登载文鹤孙从上海发到北京的电文：“此次赴沪，全体包银四万五千元。高庆奎此次来沪，待人接物礼貌甚恭，人缘颇佳。且售票甚盛，极受欢迎。预卜此一月之成绩当不恶也。”② 这次高庆奎和梅兰芳的合作颇为成功，原定 6 月 25 日为最后一天演出，结果一再延期，演到 7 月 4 日才告止，可见观众之热情。

演出结束后，按照原计划，梅兰芳将随高庆奎等北上返回北京料理事

---

① 1933 年 6 月 4 日《新闻报》。

② 1933 年 6 月 12 日《全民报》。

1933 年 6 月 24 日天蟾舞台演出戏单

务。不过旋即从南京发来消息，南京政府某要员邀请梅兰芳、高庆奎一同演出，为某项事业筹款演唱义务戏。因为能把梅兰芳和高庆奎凑在一起搭档演出的机会实在是千载难逢。随后，高庆奎和梅兰芳、金少山、姜妙香等在南京演出了三天。三天的剧目为《探母回令》《法门寺》《霸王别姬》。

十一、四组庆盛社

1933 年 7 月的北京显得格外炎热。但 10 日这天，还是有不少人聚集在北京前门火车站，原来是因为高庆奎从上海回来了。高庆奎下车就看到了月台上的华乐戏院经理万子和。大家一阵寒暄后，在汽车上，万子和向高庆奎询问了一阵这趟上海演出的情况后就转入正题——想邀请高庆奎演出。于是经过休整，8 月 12 日，高庆奎开始在华乐戏院演出周六、周日白天戏。同时，高庆奎为了庞大的家庭成员的开支，还赶往吉祥园演出夜场。

这时，庆盛社中除了与高庆奎配戏的花脸郝寿臣和旦角李慧琴外，还有九阵风、吴彦衡、李多奎、马富禄、李洪春、范宝亭、诸茹香、郭春山等庆盛社长期搭班成员。7 月 12 日，庆盛社开始演出。首日演出剧目是陈喜星的《桑园会》，李多奎的《长寿星》，王福山、九阵风的《打瓜园》，李慧琴的二本《虹霓关》，高庆奎、郝寿臣、吴彦衡、姜妙香、马富禄、马连昆、范宝亭的《三国志》。观众对刚刚在上海与梅兰芳挂双头牌的高庆奎十分欢迎，首演当日，华乐园上满座。[①]

8 月 19 日，高庆奎又在京首演《煤山恨》。演出中，特由年仅 4 岁的高庆奎第五子高晋元（高韵笙）饰演四太子。《全民报》对此称赞“特烦高君第五公子四岁神童，襁褓即能歌唱，三岁即能度曲，娓娓符拍，兹本园诚烦串演崇祯太子‘杀宫’一幕，将假将真，可列入梨园佳话也”。[②]

12 月 10 日，高庆奎首演新戏《赠绨袍》。值得一提的是，李春恒接替郝寿臣的活儿，搭入了庆盛社。《赠绨袍》首演当天，与郝寿臣戏路、扮相相似的李春恒登台了，他把须贾那种嫉贤妒能、趋炎附势的小人嘴脸刻画得活灵活现，观众十分买账。此后，《赠绨袍》便由高庆奎与李春恒合演了。

1934 年元旦，高庆奎的庆盛社一边在华乐戏院演出夜场，一边应哈尔飞戏院之邀演出日场。此时四度组班的庆盛社迎来了黄金时期。高庆奎与李慧琴、李春恒等人配合默契，再加上轮番上演的高派新戏，高庆奎的声誉如日中天。1 月 12 日一早，两位操着山东口音的人敲响了高庆奎的家门。原来，他们是受山东省主席韩复榘的委派特地邀请高庆奎到济南演出的。特派员说，这次演出主要是为进德会演唱临时堂会，高老板的包银为一万银元。

由于时间仓促，高庆奎当天便联络班里各位演员，庆盛社一行人便和特派员于当天晚上六时登上赴济南的列车。1 月 17 日，高庆奎在济南进德会演出《四郎探母》。报章报道：“当晚八时座位已满，庆奎嗓大复原，深受该埠观众欢迎。闻演期七日，至水灾义务戏。高伶准下周六日，可返

① 1933 年 8 月 13 日《东方快报》。
② 1933 年 8 月 19 日《全民报》。

平云。”①

高庆奎这次在山东连日演出了代表名剧《哭秦庭》《赠绨袍》《煤山恨》，均场场爆满。山东省各界更是提前预订包厢，连时任山东省主席的韩复榘每日都早早到场观看演出。由于演出空前成功，高庆奎连日来受到韩复榘及山东省政商各界的热情款待。最后，高庆奎为表达对山东省各界的热情款待的感谢，还特别演出了一场义务戏。演出薪酬用于救济山东因黄河泛滥而无家可归的灾民。报章记载：“兹讯此次成绩异常美满，进德会获利有三千元之多，高庆奎获誉之佳，亦属空前，计韩主席连日设宴，公安局、商务局、省政府、赈务会、盐务局、民生银行各团体，排夕莅观，并赠联幛愉扬，末日演唱救济黄河义务戏，池座售五元，座位拥挤异常。”②

高庆奎在济南演出成功的消息传到了北京。他回到北京后，还是在华乐戏院和哈尔飞戏院演出。由此可见高庆奎此时受观众欢迎的程度了。哈尔飞戏院为了增加号召力，更是在剧院门口挂起横幅，横幅上写着“济南载誉返平，中国须生泰斗”大字。

此时高庆奎依然本着对观众负责的原则，从演唱到做功都不惜力，正因越来越受到人们的推崇，高庆奎演出便更加认真了。4月8日，高庆奎主演的《三国志》，从“蒋干过江”演起，一直演到“关羽回营交令”为止，演出持续了五个多小时。在剧中，高庆奎依然延续着他首创的“一赶三”表演方法。

这时，罗瘿公为高庆奎编写出《杨椒山》(又名《杨椒山弹劾严嵩》)剧本。一向以演出爱国新戏为主的高庆奎决定将《杨椒山》搬上舞台。得知这个消息后，为高庆奎写出多部剧本的清逸居士和陈墨香又联手对《杨椒山》原剧本进行润色加工。在接连演出之余，高庆奎与庆盛社全体演员一起排练这部剧。

---

① 1934年1月21日《北辰报》。

② 1934年1月31日《全民报》。

《煤山恨》，高韵笙饰皇子

《煤山恨》，高庆奎（右）饰崇祯，李慧琴饰皇后，高韵笙饰皇子

《赠绨袍》，高庆奎（右）饰范雎，李春恒饰须贾

1934年4月，中国为防御日本可能采取的进一步侵略行动，采取了加强军事建设的措施。与此同时，高庆奎加紧了《杨椒山》的排练。华乐戏院贴出了演出预告：“激烈愤厉天昏地暗，惨侧悲颤栗神号鬼，忠风义节千古不灭，瑰行奇操千古不灭。”[①]高庆奎即将上演爱国新戏的消息成为轰动此时北京城的重要新闻。《杨椒山》的演出预告出现在北京各家报纸的重要版面上。人们一面期待着高庆奎新戏的上演，一面期待着能看到爱国名臣杨椒山的舞台形象。北京著名老字号便宜坊的孙掌柜特意将家里珍藏的明代杨椒山造像赠送给高庆奎，高庆奎和华乐园将杨椒山的造像刊登在演出广告上，让人们一睹杨椒山容貌。高庆奎决定于4月29日上演新戏《杨椒山》，鼓舞百姓保家卫国，警示军队风纪。

华北时局风云突变之时，高庆奎毅然上演爱国新戏，受到北京各界的瞩目，此时庆盛社营业场面依然十分火爆。高庆奎的老搭档筱翠花找到他，与华乐戏院经理万子和商量之后，由筱翠花在庆盛社挂二牌。二人的合作，在当时萧条的北京市面，让人们有所期待。

剧评界对高庆奎与筱翠花的合作也颇为关注与支持。有作者署名“红樱馆”在《北辰报》撰文：“此次高庆奎、筱翠花合作，系露演于天津北洋大戏院，返平后，即拟继续携手。以双方艺事上及声价上言，将来的发展，颇可拭目以待。筱翠花此次离开自班，半受市面不景气的影响，精力上也难独立支持下去，投高之举，诚为智也。吾希望该二伶能一心合作到底，庶可为菊坛争一份光彩，为梨园树一异声。”[②]

对于筱翠花投入高庆奎的庆盛社，剧评人也颇为乐观，希望二人合作排演好戏。汪侠公在《全民报》撰文：“此次筱翠花与高庆奎合作，最惬众意，尤慰多人之望，两人艺术超俗，共隶一台，演《浔阳楼》《穆柯寨·穆天王·辕门斩子》《翠屏山杀山》《玉镯记法门寺大审》《战宛城》等必相得

① 1934年4月20日《全民报》。

② 1934年5月9日《北辰报》。

益彰，筱翠花之《碧尘帕》《蝴蝶梦·庄子扇坟》两剧，皆需名须生与演，嗣后庆奎陪衬其中，饰崔子、庄子、亮格外生色。”①

如汪侠公所言，高庆奎此时与筱翠花合作，在不少剧目中二人都有表演发挥的空间。如《翠屏山》中，筱翠花对饰演潘巧云十分拿手，而高庆奎饰演石秀也很出色。虽然高庆奎饰演石秀属于反串，不过与一般人的反串不同，他塑造石秀的优势是高亢的嗓音，适合展现处于激情时的石秀，同时在念白、做表上也更突出。高庆奎表演的一套六合刀法和后半出戏采用的梆子唱法，最是《翠屏山》的看点了。对于这一点，有评论认为，高艺员饰石秀，大耍六合花刀，刀雨缤纷，霞光万道；后半唱梆子，哀管急弦至足骇人。观此剧后，方知其纬武经文也。

高庆奎的一套六合刀法，是早年观摩谭鑫培、向李鑫甫学习而来的。5月5日高庆奎与筱翠花首演《双钉记》后，又于20日首演了《挑帘裁衣》，高庆奎反串饰演武松。6月28日，高庆奎、筱翠花在哈尔飞戏院首演《碧尘帕》。7月1日，二人又首演了《蝴蝶梦》，高庆奎饰演庄周，筱翠花饰演田氏。自从筱翠花加入庆盛社后，忙碌的演出和每天的排练让高庆奎的时间表排得满满的。转眼间北方已进入冬季。

11月10日，河南省开封市寒风阵阵。从中午就有人陆续前往开封火车站，到下午一时多，车站内外已经聚集了两千人，其中还有人挥舞纸旗。人们一边交头接耳，不停地搓手跺脚抵御寒冷，一边向列车驶来的方向张望。“叮叮叮”，随着车站的铃声响起，人们脸上露出愉悦兴奋的表情。火车到站，人们涌向车厢门口。“高老板！”一个眼尖的人高声叫道。人们循着叫声的方向看去，只见高庆奎戴着一顶瓜皮帽，和蔼谦逊的样子，一边下车一边向人们点头示意。这时人们早已围住了高庆奎，他们听说当天下午高庆奎率团来开封演出，早早就来等候，想一睹他的风采。

---

① 1934年5月10日《全民报》。

印有高庆奎剧照的《翠屏山》剧本封面

高庆奎在河南开封演出的消息不但轰动了当地，也成为京津地区的一个话题。天津《益世报》登载了高庆奎在河南演出的消息：“汴自梅兰芳演罢赈灾剧后，虽仍有光华、醒豫等舞台陆续演唱，不过苟延残喘，毫无名角之可言。故游艺坛上，久呈沉寂景象。近闻上海三星舞台经理汪育斋来汴组织河南大舞台，借人民剧场旧址，大加修理，并已聘请北平庆盛社须生高庆奎，花旦筱翠花及李慧琴、高盛麟等全体艺员七十余人来汴，准于本月上旬间开锣。想当时定有一番盛状云。”①

高庆奎和同行演职员原来是一起下的火车，可是渐渐地，人们把他和走在一起的万子和单独围了起来。高庆奎则边走边回答戏迷的问话。出了火车站，来到早已在等候的汽车跟前，高庆奎仍然被前来欢迎的人们簇拥着。万子和一个劲地向人们婉言告别，过了好一阵高庆奎才登上汽车，前往开封城内鼓楼街交通大旅社寓所。

高庆奎这次到河南开封演出是应河南开封大舞台的邀请，青衣是筱翠花，小生是高维廉，武生是高盛麟，丑行是马富禄，花脸是裘盛戎，琴师是高联奎，另有其他演职人员。让高庆奎没想到的是，这次在开封受到的欢迎真是出奇的热烈，因为自从1933年他和梅兰芳在上海挂双头牌演出后

① 1934年11月12日《益世报》。

就没再到外埠演出过。开封市各界团体都纷纷来到寓所看望高庆奎和筱翠花等人，几人每天的应酬都十分繁忙。

11 月 21 日是高庆奎首场登台演出的日子。虽说下午六时才开演，不过五时剧场就满座了。如果算上没能入场的观众，前来观看演出的起码有一万人。当天高庆奎演出的是《三国志》。他向来以演出成本大套的剧目为特点，剧目有头有尾，且演来绝不敷衍偷懒。这天的《三国志》由“蒋干过江”演起，一直演至“华容道挡曹”为止。高庆奎前饰鲁肃，中饰孔明，后饰关羽。当日记者披露：“高庆奎大卖力气，观众欢心欲狂，咸饱耳音之，许为历来汴梨园界之绝无仅有。”① 大轴《三国志》演完已经是晚上十一时多了，可是观众在台下不愿散去，纷纷鼓掌叫好。等到高庆奎、筱翠花卸妆后，剧院内外的观众非但没有散去，反而越聚越多。没能进剧场看戏的观众早早就打听清楚，聚集在高庆奎乘坐的汽车周围。

等到高庆奎、筱翠花等人走出剧场，准备登车回寓所时，人们再次把二人围起来，有的鼓掌叫好，有的则希望高庆奎再演一场《三国志》。当日现场记者披露高庆奎受欢迎的情形时说他“于万人簇拥中登车驶去云”②。

第二天，高庆奎和筱翠花合演了全部《庄子》。第三天，高庆奎演出了高派名剧《逍遥津》，并与筱翠花合演了《双钉记》。第四天，高庆奎拿出高派招牌戏《浔阳楼》。

高庆奎在开封的演出大受欢迎，万人空巷的演出佳绩早已传到北京。在旦角全盛时代，作为独树一帜、开宗立派的老生大家，高庆奎早已遭到了一些人的嫉妒与仇恨。而就在这时，高庆奎的嗓子突然坏了。关于高庆奎嗓子变坏的具体日期，如今已无从考证。不过的确是回京不久后，他的嗓子就变得喑哑。他张口便能唱到的乙字调，有时则唱不上去了。

章遏云谈道：“那是在民国二十三年（1934 年）年底发生的事，有人说

① 1934 年 11 月 25 日《全民报》。

② 1934 年 11 月 25 日《全民报》。

他是被人陷害，在茶里混入了药物。一说是吃了白马汗。”[1] 也有人认为高庆奎的嗓子是常年演出过于劳累所致。高庆奎曾在一天之内奔波于剧院与堂会演出三场《四郎探母》，这样的戏对于一般老生来说都是吃功畏难的，何况高庆奎高亢激昂地一天演出三场呢？

面对日渐萧条的市面，为了保持长盛不衰的上座率，高庆奎与筱翠花、马富禄决定继续排演新戏。就在 1934 年下半年，高庆奎嗓子逐渐受损之后，列入计划和正在排演的《翡翠园》《梁花玉》《忠义侠》《正气歌》《双尽忠》等剧，只能搁置起来，最终成为永久的遗憾了。

实际上，仅从这些剧名就能看出，此时高庆奎编演新戏已经不仅仅是为演出了。这些未能演出的戏，都充斥着保家卫国的爱国思想和救亡图存的救国使命。如《双尽忠》，取材周夷王时期李广与李文为国尽忠牺牲的事迹。当时高庆奎得到了清末同治时期福寿部《双尽忠》的旧本，他与李洪春商量，自己饰演李广，李洪春饰李文。可惜倒嗓打断了高庆奎排演新戏的步伐，同时也让正处于完善期的高派停滞了下来。

十二、上海黄金大戏院演出

1935 年 1 月，《申报》上一则消息《高庆奎等将来沪演艺》引起了读者的兴趣。光是标题就很吸引人，再看正文：“法租界恺自迩路八仙桥黄金大戏院主黄金荣君，已聘定名艺员高庆奎、云艳霞、芙蓉草、金少山等一班名角，仿照梅兰芳在该院登台办法，订定于废历元旦日登台演唱拿手好戏，惟戏券系平民化，定价颇廉，想届时敏体尼荫路上，车水马龙，必有一番

① 章遏云：《章遏云自传》，北京：中国戏剧出版社，1991 年版。

《申报》登载高庆奎初演黄金大戏院广告

热闹也。”[1]

即使高庆奎尚未登台，一番热闹的景象的确已经展开。1935年1月28日，高庆奎和章遏云、高盛麟、杨瑞亭、芙蓉草、金少山、张德禄、刘文魁、刘慧英等演员和黄金荣在大利春饭店设宴，招待驻上海的各报记者及票友等，来宾百余人。上海黄金大戏院前后台的经理等人特别殷勤地招待各界来宾，直到晚上十时人们才陆续离席。

各报记者纷纷到场，但记者黎然没能到场。宴前他专程赶到高庆奎、章遏云的寓所进行了独家专访，采访内容还被转发到了北京的《全民报》上。《全民报》以大篇幅，分三天对高庆奎这次赴沪情况进行连载。北京与上海远隔千里，但北京各界依然关注高庆奎的这次上海之行。此前，高庆奎已经数月没有演出了，坊间都流传着高庆奎倒嗓的消息。天津各界也关注着高庆奎赴上海的消息。

此时的上海，暖和得犹如阳春时节。记者黎然来到高庆奎和章遏云的寓所做采访。敲门进去，黎然发现寓内的座上客真不少。在说明来意后，他看到了高庆奎。黎然说，高庆奎老板看来个子不算高大。这天他身上穿着一件玄色的缎子马褂、灰色的长袍，头上戴着一顶瓜皮帽。黎然形容高庆奎：一张蛋形的脸上，深深地染着愉悦的芙蓉，谈起话来怪和蔼相的。

上海这个城市对于高庆奎来说并不陌生。早在1919年，高庆奎从日本回来后的秋天，就来上海打炮唱戏了。那一次他一炮而红，从此雄踞申江，

① 1935年1月21日《申报》。

被上海各家戏院竞相礼聘演出。这次来，一晃已经过去 15 年了。也许高庆奎当时并没想到，这是他作为头牌老生最后一次在上海演戏了。而记者与他的交谈，也颇具总结意味，为高庆奎 15 年雄踞梨园的演艺生涯做了一个注脚。

高庆奎和朋友打住话题，专程把黎然引到客厅沙发，二人坐下聊了起来。

记者："高老板今年贵庚？原籍哪里？"

高庆奎："四十五岁啦，原籍是山西，但咱已有三代人住在北京了。"

记者："学戏的经过是怎么样的呢？"

高庆奎："七八岁就已经在北京的福寿堂里学老生了。先生是贾丽川，从前他是挺有名的呢。咱的第一次上台则是 11 岁。"

记者："上海来过几次呢？"

高庆奎："民国八年的时候是我第一次到上海来。那年下半年，咱和梅老板一块儿到上海走了一趟。"

记者："这次到上海预备唱多久呢？准备演哪些拿手戏呢？"

高庆奎："呵呵，哪里来的什么拿手戏，不过照观众喜欢的程度来说，有《逍遥津》《哭秦庭》《浔阳楼》《珠帘寨》《四郎探母》等几个戏。这次来上海预备着演一个月。"

记者："回顾这些年的演戏生活，有什么感想？"

高庆奎："也没有什么的，只是近年来咱们唱戏的也在衰落啦。你看现在的市面，是多么不景气啊。所以咱们来申后，就跟黄（黄金荣）老板商量，票价力求平民化。"

记者随后又和章遏云聊了些其他话题。谈话间，高庆奎寓所客厅的大座钟哐当哐当地敲了起来，不觉已经晚上十时了。即便如此，座客还是很多。随后，他便起身告辞，在高庆奎和章遏云的送别下，慢慢踱出门来。记者和高庆奎的一对一答只能算是一段简略的采访，不过从这段记者笔下真实的采访内容中，我们看到了高庆奎话语间的谦逊与和善，虽然作为“老生三杰”之一，他却没有丝毫的傲慢与架子。

高庆奎始终保持着谦逊与和善的为人之道，这从他当年和父亲高四保定下“三不争”的搭班原则时就开始了。然而，“天妒英才”四个字却应在了高庆奎的身上。从 1934 年夏天开始，高庆奎的嗓子就越发不适，演唱起来不但觉得费劲，有时还觉得干涩嘶哑，唱高音有困难。高庆奎开始调养休息。但年底黄金荣却从上海派戏院经理刘宝庚北上邀角。刘宝庚到了北京就直奔高庆奎家。听刘宝庚介绍，黄金大戏院打算在 1935 年春节开始演出京剧。这样的重要开幕演出仪式，只有高庆奎去才能撑起这个台子。

1935 年，那时的高庆奎一方面想打破外界关于他嗓子的各种传言，另一方面也想再振作一下，于是就答应了刘宝庚。高庆奎觉得，这次赴上海同时也能扶植刚出科的儿子高盛麟，便想邀一位有号召力的旦角同赴上海。他找到了当时被选为“四大坤旦”之一的章遏云。

章遏云作为旦行新秀曾于 1933 年在天蟾舞台演出，效果颇佳。最后一天演出结束后，观众都涌到剧院前台大门两侧，为的是一睹章遏云真容。黄金大戏院和高庆奎都属意章遏云还有一个缘故：章遏云是杜月笙的干女儿，即使高庆奎在舞台演出时因嗓疾所限演出效果受损，有章遏云撑台也定会万无一失。

这次黄金大戏院的主演除了高庆奎和章遏云，还有祁彩芬、丁永利等。据记载，上海黄金大戏院底包的演员有金少山、杨瑞亭、芙蓉草、苗胜春、李一车、张德禄、刘文魁、刘慧英、朱德芳、张振邦、孙庆春、李春棠、张畹云、佟庆喜、宋玉珊、刘美玉、陈启霞、林兰芳、马福祥。打鼓的是江南有名的姜宝才，琴师是穆铁芬，管事的是早年给王鸿寿做管事的李小龙。

高庆奎在赴上海前曾登门拜访章遏云。几十年后，章遏云仍记忆犹新："他是这样跟我说的：'大小姐，我高某人平生没有做过什么亏心的事，偏偏老天爷把我嗓子毁啦……现在我唯一的指望，就在我儿子高盛麟身上。我看他玩意还可以，不过总得有人拉拔他，所以这次去上海，一定要请你帮忙。我已经想了好几出戏，《霸王别姬》我可以来韩信，《玉堂春》我可以来蓝袍，还有全部《打渔杀家》、全部《秦琼》，有你去我才放心啊……'"[①] 高庆奎不因名高资深而自矜，言辞恳切，对她推心置腹，章遏云当即便痛快地答应了。

"高庆奎的全部《秦琼》不是《打登州》，而是包括一出别人不太会的《七雄闹花灯》。"剧评人刘曾复在评述高庆奎这次演出时说："这出戏我小时候在旧中和园，戏园形制还是倒座台的时候听过，戏中有高庆奎的秦琼和周瑞安的宇文成都所打的'一封书'镗对双锏，高庆奎的双锏耍得别提多漂亮啦！所以高在嗓子好的时候，唱戏也不是光靠卖嗓子。"

有关《秦琼》的剧目，一般只是演出《卖马》《发配》《临潼关》《取帅印》等几出戏。不过在20世纪30年代的上海滩，这样的传统骨子老戏已不被人重视了，奇幻绚丽的连台本戏在上海舞台唱上了"主角"。而选择《秦琼》系列剧目，实际上是高庆奎经过深思熟虑的。此时高庆奎的嗓子实际上已经不如以前了，他就尽量选择以做表为主的剧目。像《卖马》这样的戏，自高庆奎搭班唱戏起，就是他的拿手戏。他再根据这次黄金班底规模，选择了《秦琼》系列剧目。

在那个崇尚本戏的时代，如果要演出新意来，就要对《卖马》这样的戏进行加工了。高庆奎和弟弟高联奎商量，《卖马》一出场，就是落难的秦琼。上海崇尚连台本戏，那么秦琼因何落难、剧中的黄骠马的来历等，就需要通过表演交代清楚。黄金大戏院前后台经理也是这样的想法，于是和

① 章遏云：《章遏云自传》，北京：中国戏剧出版社，1991年版。

高庆奎一拍即合，同时联系金少山一起编排这出戏。戏的名字定为《隋唐开国史》。根据情节，最后将《隋唐开国史》编排成两本，演出内容包括：当官差叔宝做都头，贾润甫赠送黄骠马；王家店秦琼等回文，卖黄骠巧遇单雄信；东岳庙秦琼得重病，接叔宝养病二贤庄；单雄信长亭送秦琼，临潼关秦琼救圣驾。两本分两天演完。头本里，高庆奎饰演的秦琼从出身演起，一直演到“锏打鳌龙”“临潼救驾”为止。高庆奎饰演秦琼，金少山饰演单雄信，章遏云饰演陈小香，杨瑞亭饰演李太君，张德禄饰演李渊，芙蓉草饰演独孤皇后，刘文魁饰演隋文帝，刘慧英饰演李素英，苗胜春饰演杨广，袁小楼饰演张超，董舒良饰演贾润甫，李一车饰演店主东。

头本《隋唐开国史》，高庆奎（前排左四）饰秦琼

其中，金少山饰演的单雄信有多场与高庆奎饰演的秦琼的对手戏。根据章回体小说《隋唐演义》中“东岳庙秦琼得重病”这一部分编排的剧情里，单雄信为当面错过秦琼而表现得十分懊恼。他追秦琼到东岳庙，发现他病卧庙中。单雄信痛哭流涕，把秦琼接回家中。等到秦琼病愈，二人惺惺相惜。

《申报》评论高庆奎和金少山合演的头本《隋唐开国史》：“高金二君，铢两相称，几场重要戏，均由二君合演，管教卓绝一时。”[①]

在上海，因为是新年开幕演出，因此很多剧目都起了讨吉利的名字。

① 1935年3月19日《申报》。

1935 年 3 月 18 日《申报》登载《隋唐开国史》广告

比如，高庆奎演出的《定军山》取名《老将得胜》，《御碑亭》叫作《金榜乐》，等等。在演了几天招牌老戏后，高庆奎和章遏云商量上演传统老戏全部《庆顶珠》。这是高庆奎家藏的旧本，从萧恩父女打鱼起，讨渔税银子打教师，获宝顶珠杀丁府，避祸潜逃萧恩被擒，桂英投奔倪家，私行探监至花逢春劫法场，花萧两家结亲为止。

此时中年的高庆奎饰演萧恩，他演起这位老当益壮的英雄人物来更加老练，而程派新秀章遏云演萧桂英也正逢其时。当时剧评说："场场精彩，幕幕紧凑。高庆奎君饰萧恩，扮相潇洒，表情出神。除打渔杀家两处之唱做高人一等以外，'探监'一场有大段二人唱功，词句极繁，甚为动听。"①

高庆奎与章遏云除合作演出了《大破金光阵》《御碑亭》《四郎探母》这些传统生旦对儿戏以外，还排演了高庆奎的新戏和冷门戏，如以《游龙戏凤》为蓝本的全部《骊珠梦》，还有高庆奎很少演出的全部《酸枣岭》，其中高庆奎饰演骆宏勋，章遏云饰演巴九奶奶。这些都是高庆奎的拿手戏，熟悉高庆奎的上海观众对于这些戏都是每场必看。特别是高庆奎与章遏云合作《四郎探母》，"每贴《探母》，必可报满"②。

在高庆奎看来，和章遏云演出最大的憾事就是没能演成《戏迷传》。此

---

① 1935 年 2 月 8 日《申报》。

② 1958 年 10 月 18 日台湾《联合报》。

戏是高庆奎每次到上海演出最受欢迎的剧目之一，可以说每演必满座。他在剧中一人饰演多行当，演唱多流派的代表唱段，最受欢迎。但《戏迷传》中的角色需要便装登台，而章遏云坚决不打破京朝派不便装登台的原则，未能露演。章遏云在回忆录中说道："这件事恐怕是我和高庆奎同台，在他认为最遗憾的一件事了。"[①]

这时的金少山已成为天蟾舞台的台柱子，黄金荣特意要他来撑台。高庆奎、章遏云和金少山排演了适合三人戏路的全本《法门寺》《霸王别姬》等。借助这次演出机会，金少山专门提出要陪高庆奎好好唱生净对儿戏。2月24日，高庆奎、金少山和高盛麟合演了全部《草桥关》，由"汉光武思念忠臣功劳"起，至"二十八星宿上天台"止。高庆奎饰演刘秀，金少山饰演姚期，高盛麟饰演牛邈，杨瑞亭饰演马武。有剧评认为这场戏"珠联璧合，空前妙戏"[②]。特别是高庆奎的几大段唱腔与常人不同。

《四郎探母》，高庆奎饰杨延辉

除了老戏新唱，高庆奎还与金少山合作演出，排演了他的最后一出新戏《雪中人察孝廉》（又名《察孝廉雪地遇英雄》）。明末清初，吴六奇自幼饱读诗书，广涉经史，但由于嗜酒好赌以致倾家荡产，沦为乞丐，浪迹于闽粤江浙一带。在大雪纷飞的一天，吴六奇将乞得的食物藏于庙钟之下，其他乞丐无法搬动，而他一下子就搬动了大钟。这

① 章遏云：《章遏云自传》，北京：中国戏剧出版社，1991年版。

② 1935年2月24日《新闻报》。

一幕被名士孝廉查伊璜看到，他见吴六奇熊腰虎背，力大胆壮，遂视为“海内奇杰”，相邀痛饮并赠予冬衣。查伊璜最后赠送吴六奇以厚资，遣其回乡。吴六奇参伍之后，功勋卓著，清世祖特授挂印总兵官左都督，命驻镇饶平。他打击、封锁了郑成功在东南沿海的抗清斗争。康熙二年“明史案”株连了查伊璜，吴六奇竭力营救，使查伊璜得以脱身。

这段报恩佳话一时传为美谈。清代不少大作家的重要著作都曾以此为题材并加以渲染和赞扬。蒋士铨曾据此创作了《雪中人》。近代小说家也有根据此故事编成《风雪英雄》。剧本则主要参考了清代文学家钮琇所著的《觚賸》。

其实，仅从这段故事简介不难发现，《雪中人察孝廉》是一出老生、花脸合作的精彩剧目。高庆奎、金少山演出此剧，是根据昆曲《雪中人》改编的，事实剧情与昆曲基本相同。只不过昆曲中的吴六奇由老生饰演，这次改为花脸，更适合人物的塑造。原来昆曲的查伊璜由小生饰演，这次改为老生。

《雪中人察孝廉》前半部分“雪中遇乞儿”一幕中，高庆奎通过“路遇”，以表情、身段展现出查伊璜路遇奇才时的惊讶和激动之情。而“赠衣”一场中，高庆奎与金少山几段对唱和念白颇为精彩。特别是最后，查伊璜赠予吴六奇冬衣和盘缠，劝其回乡深造时，高庆奎的唱念表演和金少山饰演的吴六奇的感恩之情，将全场气氛烘托到一个高潮。

全剧后半部分，金少山饰演的吴六奇的几段武戏颇见功力。当查伊璜被收监时，高庆奎的大段唱功表现出人物受冤的无奈和怀才未用的内心感慨。最后“金殿”一场，吴六奇为查伊璜百般辩解，查伊璜获释后二人相见，一番表演颇为感人。当年报纸称高、金二君“煞费经营，倾数月光阴，始克竣事”，“实为珠联璧合，名贵一时之好戏也”。[①]

---

① 1935年3月29日《申报》。

高庆奎饰演的查伊璜是一位风流儒雅的书生，态度谦和，身份恰当，唱念并重，表情神妙。《觚賸》中称查伊璜：才华丰艳，而风情潇洒。常谓满眼悠悠，不堪酬对；海内奇杰，非从尘埃中物色，未可得也。从这些记述中可以想象出查伊璜的风采。金少山饰演的吴六奇，声调高朗，举止大方，是一位激昂慷慨的大英雄。

由于种种原因，《雪中人察孝廉》这样情节精彩、唱念并重的生净对儿戏，高庆奎和金少山只演了一场。当时金少山说，等高庆奎下次来上海时，再陪他好好唱这出戏。谁知一年后，高庆奎因嗓疾退出舞台。

1937 年，日军开始全面侵华，金少山出于民族大义拒绝给在上海的日本人唱戏。这样一来，在上海无法立足的他只能准备行囊北上返家。金少山原本打算到北京找高庆奎一起组班演唱生净对儿戏，他计划了不少剧目，其中就有《雪中人察孝廉》。金少山委托二哥金仲林回京先和高庆奎联系，得知高庆奎倒嗓。为此金少山和高庆奎都留下了永远的遗憾。而原定排演的剧目《雪中人察孝廉》则作为上海的唯一一场演出留痕菊坛，成为京剧舞台的绝响。

用“英雄相惜”来形容高庆奎与金少山绝不为过。到了北京的金少山经高庆奎引荐，结识了华乐戏院经理万子和。之后，金少山组建了松竹社，并由此开创了花脸演员挑班之先河。金少山虽然没能与高庆奎成班，不过他还是聘请了高庆奎胞弟高联奎为琴师。金少山也在这时通过高庆奎引荐结识了青年剧作家翁偶虹。金少山与高庆奎成了绝好的朋友。

1937 年，在金少山收吴广志为徒的拜师仪式上，来宾名单中排在第一、第二的就是高庆奎、高联奎兄弟。其次是周瑞安、万子和、李多奎、慈瑞泉等人。而这些人也都是常年与高庆奎合作的老搭档。

第六篇

最后的岁月

一、告别舞台

高庆奎在生活中谦和忠厚，内向讷言。然而到了台上他就像变了一个人，激越的演唱和激情的做戏让观众大呼过瘾。他演出时从头至尾都全神贯注，刘曾复说他“搏兔亦用全力”。同时他还不断地排演新戏，改编老戏，反串各行当的戏。高庆奎算得上一位敬业的演员，因此他的观众群体涵盖了社会各阶层，每每演出，观众们都购票踊跃。高庆奎有时唱完日场又唱夜场，从下午唱到凌晨。他和同仁们一样，要用赚来的钱养活一大家人。

有不少人认为高庆奎和别人不一样，他除了把演戏当作一种职业，还有对演戏的一种痴态。高庆奎由衷地喜爱戏，在台下爱研究剧本和人物的演法，在新戏中设计唱腔。他在台上的表演充满激情，完全不是应付敷衍。

他常年辛苦地演出，特别是经常上演三小时左右的大轴戏，一般人的体力是难以坚持的。因此，高庆奎从挑班不久后便开始吸上了大烟。这也是清末以来名伶的一个习惯，结果便是耗损了身体。20 世纪 30 年代中期，受政府戒烟宣传的感召，高庆奎率先在生行戒掉了大烟，并开始锻炼身体。他每天早起，从居住的宣武区保安寺街骑车到朝阳区八里庄一带，在锻炼身体的同时，也保证了长时间演出的顺利进行。身体刚刚有了起色，败嗓的痛苦又接踵袭来，彻底击垮了高庆奎的身体与精神。

嗓子不适的高庆奎遍求名医进行调治。有文字记载：“返平后即至平西香山麓之香山旅社静养，刻嗓音调治，业行复原，并由郭菊荪大夫为之戒除嗜好后，体格愈显健胖，与前判若两人。居家纳福课子，优游岁月，近复有东山再起之意。高每早五时，即起而用功，六时许偕联奎及其子盛麟赴永定门窑台一带溜嗓，间或与二三友人赴平西海甸一带闲游，且时至中南海游泳池游泳，已准备秋凉后重登舞台，仍与筱翠花同演云。”[1]由此可以看出，高庆奎原计划在1935年秋天重返舞台，不过后来嗓音不佳，未能登台。

1936年初，天津租界内新来了一位德国籍的喉咙科专家，采用的是当时先进的西医疗法，据说治疗喉咙疾病颇有医术，不少欧洲歌手都找他治疗过嗓子。于是在亲戚的极力推荐下，高庆奎每星期都坐车到天津一次，由这位德国大夫悉心治疗。据说过了一些日子，高庆奎的嗓音渐渐有了一些恢复。高庆奎嗓子的好坏牵动着各界人士的心。他调治嗓子的任何消息都会受到关注，被登载在当时的报纸、杂志上。对于1936年初高庆奎向德国大夫求诊的事，有文章说“不啻绝处逢生，重见天日，合家无不欢快”。

高庆奎的嗓子的确渐渐好转，他准备在春节的时候组班重登舞台。不过虽有好转，距离他一张口便是高调门、乙字调的程度还差得远。每日他都勤吊嗓，希望自己的嗓音能早日恢复原状。

夏天，高庆奎认为时机已经成熟，便联络了庆盛社的班底，配戏的青衣则是庆盛社的固定搭档李慧琴。而班社中的花脸有李春恒，还有刚刚出科搭班的袁世海。6月12日，《实报》一则关于“高庆奎出台”的消息引起人们注意：“名须生高庆奎，在家休养年余，顾曲者久不聆其《浔阳楼》《史可法》《斩黄袍》《崇祯煤山恨》，憾何如之。今高之喉咙复原，依前组班已妥。订蒲节昼演于华乐。”

几天后，高庆奎在丙益轩邀请了庆盛社主演和北京梨园行内外人士。此时，庆盛社重新组班就绪，似乎就等开锣。而高庆奎即使嗓子并未完全恢复，但依然在准备排演新戏《单福新野遇英主》，为成班后的庆盛社做号召。

出于对嗓音的考虑，高庆奎和李慧琴等商议，决定头一天大轴演出全

---

① 1935年8月5日《福尔摩斯》报。

部《浔阳楼》。这部戏除了被认为是高庆奎的“独有名剧”，还是一部唱做并重的戏，可以减缓高庆奎演唱的压力。第二天的戏码则是新戏《史可法》。为了保证演出，杨小楼也于演出当天在后台照料帮忙，以防意外。如果发生退票的情况，就接替高庆奎登台演唱。[①]

此前的袁世海正搭在尚小云的重庆社，武汉演出后回京不久，被约饰演《浔阳楼》中的刘唐。袁世海曾回忆：

高庆奎先生已辍演了一段时间，再次登台，观众颇有久别重逢之感，购票极其踊跃。结果竟事出意外。高老先生饰演的宋江，首次出场刚在幕内念出一句：“列位，少陪了！”我的心就咯噔地沉下来，险些“哎唷”一声喊出口。怎么高老先生的嗓音完全失去了原有的高亢、嘹亮，变得干涩、沙哑啦？后台的人们也都惊讶地竖耳静听。“嗓子还没溜开，一会儿就会好了”，这一愿望刹那间从每个人的心头掠过，我也在这样地祝愿着。大家都为老先生暗暗捏一把汗呢！老先生上场了。“大老爷打罢了退堂鼓”等几句四平调，几乎堕入无声的演唱。到我刘唐上场，和宋江酒楼会面，老先生完全失音了。全凭眼睛、手式、动作与我对话，我望着老先生那认真、严肃的神情，看见他那从脸颊上滚落下来的黄豆粒一般的汗珠，痛惜、焦虑的心情更添了几分。我能理解，此刻，老先生为他自己的嗓子失音该多么焦虑；但他很沉着，他不惜余力地凭借动作、神情将戏演下去。而我只能竭尽全力地放开喉咙，让观众听清我的唱念，以协助他们理解宋江的无声表演。观众的情绪、态度更是令我感动。面对舞台上的半哑剧表演，他们竟能长时间地屏气观看。该静场时，场内静无声息，逢老先生表演到精彩之处，仍报以热烈掌声。是出于对高老先生艺术的热爱？是对他嗓哑无音的同情、惋惜？是被高老先生一丝不苟的认真表演所感染？还是相信高老

① 《故都菊片》，载《戏剧周报》1936 年第 4 期。

先生的嗓音过一会儿会好起来呢？都有吧，都有！我认为。客观事实冷酷无情，不遂人愿，高老先生的嗓音一点都没好转。戏演至“宋江吃屎装疯”已近结束，部分观众才惋惜、感叹地提前退出剧场。绝大多数的观众都坚持到散场。[①]

当年的北京大学学生、后来的著名作家郑朝宗，是一位彻彻底底的“高迷”。他发现报纸上登出消息“高艺员嗓音业已恢复，且较前更为洪亮，兹定于端午节出演华乐园，届时必有一番盛况云”。郑朝宗回忆，演出当天上午他参加完系主任文显先生的“专书选读：《莎士比亚》”课程考试后，便急忙进城，赶到华乐戏院买到“天字第一号”池子前排左角的票。“我永远不会忘记那一晚上的情况。园子里上上下下挤满了人，台上从跑龙套的算起，没有一个不是格外卖力的，大家仿佛都在给高老板捧场。到了大轴子上场时，满园子鸦雀无声，静候高老板出来。然而，一阵锣鼓声过后，胡琴的调门尽管压得很低，门帘后的声音却一点都听不见。我坐的地方看不见出场，只听人家说那位操着琴的高老板弟弟高联奎正在不断摇头。高老板终于出来了，沙哑的喉咙唱着四平调，台下不约而同叫了一声‘嗳啊’。这之后，我看到了一种罕见的现象——普遍的同情。那天晚上，我相信每一个看客在散戏前离开园子，也没一个露出不满的情绪，大家有的只是悲悯和惋惜。遇到老高做功精彩的当儿，掌声和喝彩声特别热烈，好像非如是便不足以表示安慰之意。”[②]

庆盛社第二天的戏码只得回戏。但是，很多观众不肯退票，人们都相信高庆奎在《浔阳楼》演出当天的哑嗓只是暂时的，他们期待着高庆奎嗓子恢复，再来换票看他的演出。袁世海回忆：“直拖了几个月的时间，票才退完。感动、遗憾、同情、惋惜的情绪，萦绕在我的心头。对一个演员

① 袁世海：《艺海无涯》，北京：中国青年出版社，1985年版。

② 郑朝宗：《梦痕录》，香港：三联书店香港分店，1986年版。

来讲，嗓哑失音，脱离舞台，是最痛苦不过的，而观众给予的同情、鼓励、关心，则又是演员痛苦中的最大的安慰！”①

1936年，高庆奎在华乐戏院辍演之后，庆盛社还保持了一段时间。因为当时包括高庆奎在内的大多数人都认为他的嗓子会好转起来，经过治疗就能恢复演出。庆盛社即使在高庆奎辍演之后还能维持近两年时间，这不能不说是民国梨园界的一个奇迹。如1937年4月25日庆盛社演出戏单：张蝶芬的《红鸾喜》，李春恒的《草桥关》，高盛麟的《挑滑车》，白家麟、李慧琴、王福山、陈喜星合演的《哭秦庭》。从《五十年戏剧史料》中记录的这则戏单来看，庆盛社还照旧在华乐戏院演出。此时，高庆奎大徒弟白家麟打起高派旗帜，维持着庆盛社演出高派戏的传统。

那次《浔阳楼》演出之后，很多人都希望高庆奎凭借他那细腻动人的表演，开辟一条以做功取胜的新路子。高庆奎深思熟虑，决定尝试性地探索一下这条路。究竟拿什么戏做尝试呢？高庆奎考虑过《九更天》《铁莲花》等戏，最后他定下《游龙戏凤》《战宛城》。高庆奎找到筱翠花这位与他多年合作的老搭档。

为确保演出万无一失，筱翠花专程到高家，与高庆奎把戏又对了一遍。二人着重加强在做功表演上的配合。侯喜瑞听说高庆奎决定重登舞台，也专门赶到高家，主动请缨出演《战宛城》的曹操。侯喜瑞到高家的那天，高庆奎把高盛麟叫到跟前，对侯喜瑞说："老弟，盛麟身上玩意还不错，他演典韦，你多照应啊。"侯喜瑞说："老板，您就放心吧。"

高庆奎最后的登场在华乐戏院。这里是他演出的大本营，经理万子和是他多年合作的老伙伴。演出那天，高庆奎与筱翠花在压轴合演《游龙戏凤》，表演自然精彩，不过高庆奎暗哑的嗓子发出的腔调连他自己也觉得不习惯。在以前，他饰演的正德帝很多腔调都是高高扬起，有几处唱法还和

① 袁世海：《艺海无涯》，北京：中国青年出版社，1985年版。

《逍遥津》，白家麟饰汉献帝

别人不一样，凭借高亢的拖腔总有满堂喝彩。不过那时这些都没有了。当晚的大轴《战宛城》体现了高庆奎安排剧目的良苦用心，一方面希望自己饰演的张绣以做功取胜，另一方面是把希望寄托在儿子高盛麟身上。高盛麟的典韦演得十分卖力，很有杨小楼的风格，就连亮相后下场的身段都有杨小楼的影子。筱翠花的邹氏演得也十分精彩。侯喜瑞演的《战宛城》有自己的特色。整场演出下来，华乐戏院中，千余名观众都聚精会神地观看着演员的表演。特别是对于高庆奎的演出，每次他一上场，观众都屏息凝神地看着他调动全身的力气进行表演，张绣愤恨的表情，那一双眼睛的运用叫人过目不忘。不过，剧场中没有了观众熟悉的高庆奎那高亢的嗓音。

如果就这样以做功取胜地演下去，高庆奎也许能走出一条新路。不过，高庆奎却没有这样走下去。翁偶虹用“不舞之鹤，为羊公羞”形容高庆奎当时的心境。高庆奎决定正式退出舞台，维护“鹤唳九霄”的高派艺术形象，专注于向后辈传授高派艺术。

遭受这样巨大的变故和打击，对任何人来说都是难以接受的。这时距离在华乐戏院演出《浔阳楼》已有近一年的时间了，高庆奎仍然访投名医治疗嗓子。一天，高庆奎又坐车到天津去找德国大夫。为了医治嗓子，高庆奎除了变卖家藏的古玩玉器字画等，还变卖了保安寺街、堂子胡同、礼士胡同等五处房产。高庆奎还于1939年专门赴日本找名医看过嗓疾。也许后来的人们觉得这样的行为是徒劳的，但在当年，不但高庆奎本人，亲朋好友和戏迷们也都不相信高庆奎的嗓子会就这样坏下去，都认为经过治疗后他的嗓子会好起来，即使不能达到当初张口便是乙字调门的程度，起码也能凭着在剧界“老生三杰”的地位登台唱戏。

社会各界一直持续关注高庆奎倒嗓事件。戏迷们都从当时的报章杂志上获取关于高庆奎的最新消息。《立言画刊》上的“问答”栏目，多次有读者询问高庆奎嗓子的近况。而关于高庆奎倒嗓的诸多传闻中，一则关于高庆奎戒烟倒嗓的传闻代表了一部分人的看法。有文章记载：（高庆奎）不幸在去岁突然倒嗓，于是舞台上少见其踪迹，闭户安居，静养待复，有言其倒嗓原因乃由于在沪演唱太用劲力，基久自衰而竭，益以返平途中遭受风寒，还寓病重卧倒，先后迁延二月方能告愈，但病虽起床，然嗓则一倒竟不得恢复云。另一说，绝对异殊。称其所以倒嗓，皆由戒烟而起。近有友函告，谓高金竟复原，偶一发声，仍能绕梁三日，现因家人劝阻，决意再休养几时，准来年新春，重献身舞台云。[①]

从戒烟角度讲，高庆奎可以说是梨园界率先抵制大烟的。而后梨园行其他名家也逐步戒掉大烟。然而，他们的嗓子并未因为戒烟而受到影响。最为典型的例子是高庆奎之子高盛麟。新中国成立后，经过党的培养，高盛麟逐渐成为新的戏曲工作者和戏曲教育家。在这之前，他也经历了痛苦的戒烟过程。高盛麟还专门撰文回忆过这段经历。不过，高盛麟的嗓音并未受到戒烟的任何影响。直到 1976 年，高盛麟录制《挑滑车》《古城会》戏曲片时，嗓音依然高亢嘹亮。因此，高庆奎因为戒烟而倒嗓的说法也是站不住脚的。

很多人认为，高庆奎的嗓疾是常年演出过度劳累导致的。《高庆奎两日三演辕门斩子》谈道：“当星期五六两日，高庆奎演《辕门斩子》三次。星期五在桂宅清唱，同侪有凤卿、瑶卿。星期六先在庆和堂金宅堂会演是剧。

---

① 《高庆奎戒烟倒仓——心即如铁，嗓亦复原成铁》，载《影与戏》1936 年第 1 卷第 4 期。

张鸣才陪八贤王，李多奎陪佘太君，于云鹏陪焦赞，异常齐整。疏受来宾多人之称赞。演毕未遑休暇，即赴庆乐，再演该剧。杨延昭分包赶角，洵属稀有，亦云劳矣。”①

从这段文章可以看出，高庆奎曾在两天三度演出《辕门斩子》，翁偶虹也说高庆奎曾一天三演《四郎探母》。这样繁重劳累的演出，对演员的嗓子损耗必然很大。高庆奎本人表示，在上海黄金大戏院那次将近一年的连续演出，让嗓子颇受损耗。因为那时剧院台主黄金荣给了高庆奎很大的压力，他上演的剧目都颇为吃重。

一直以来有人相信，他的倒嗓是受到了外因作用，确切地说是受到暗害。比如曾随高庆奎赴演出的章遏云就在自传中表示，高庆奎的嗓子是受到别人的暗害。还有人进一步说，高庆奎的嗓子是受到了白马汗的毒害。这样的说法在高庆奎同时代流传颇广。

虽然人们对高庆奎倒嗓作出种种猜测，但根本的原因还是受时代所限，当时的医疗条件达不到精确检查的地步，无法对高庆奎倒嗓后嗓子的真实病理作出准确、翔实的诊断。高庆奎的嗓子到底因何暗哑，也就成了一个永久的谜。据高韵笙回忆，父亲嗓子哑得说话都困难，这不是一般的疾病，也许与喉癌有关，而且高庆奎病逝前嗓子也是红肿的，不能进食。

历下布衣是《戏剧旬刊》的编辑，在 1936 年第 32 期发表了一篇文章《高庆奎灿烂前尘 不堪回首》。有文章记载：“高庆奎以梨园世家，由配角地位，一跃而为名伶，机会之佳，人争羡之。实因其艺术精妙所至。成名以后，尤着力于本戏之创制。《赠绨袍》《杨椒山》《史可法》等，均为其杰作。嗓音高亢，虽所宗不纯，然颇能取精遗糟。在平中组班，人选之整齐，推一时上选。前岁突以败嗓闻，或以‘塌中’论，或以身体发生变化论。息影平中，从事修养，将近二载。半年前，复于平中露演，首日《浔

① 1927 年 1 月 10 日《顺天时报》。

阳楼》。现又六月矣。高氏日用颇丰，经济即感缺乏。一代名伶晚境潦倒令人扼腕，尤希其努力珍摄，同业中多方臂助。俾嗓音复原，回复往日之光荣焉。”

北平梨园公会证章

高庆奎退出舞台后，在公众中较为重要的一次露面是在1936年7月的北京市梨园公会成立大会上。29日下午三时，梨园公会会址热闹非凡，来了2600余人，按照七行七科前往开会。高联奎、刘砚芳、赵砚奎组成主席团，担任主席职务。开会后，主席团宣读了议程，开始选举董监事。选举董事：杨小楼（81票），尚小云（81票），于连泉（81票），荀慧生（79票），程砚秋（77票），梅兰芳（76票），余叔岩（75票），谭富英（73票），赵砚奎（72票），马连良（71票），高庆奎（70票），王又宸（70票），刘砚芳（47票），李盛藻（22票），王凤卿（13票）。8月8日下午四时举行了就职典礼。

这一时期，高庆奎受邀出席金少山收徒、程砚秋收徒、杨宝森婚礼等一些活动。此外，高庆奎主要是潜心教学，把继承高派的希望寄托在中华戏曲学校的李和曾、沈金波、关德咸身上。同时，高庆奎还竭力扶持女婿李盛藻，为李盛藻排练了不少高派戏。

二、编演爱国救亡新戏

庆盛社是高庆奎在北京组班时期实力最为雄厚的一个班社。从1928年到1936年，庆盛社组班将近十年的时间，可以说跨越了高庆奎的演艺全盛时期。而这一时期也是中国内忧外患频发、日本侵华战争的时期。高庆奎作为一名演员，通过舞台塑造出一系列的爱国仁人志士，激发了观众的抗日斗志和爱国情怀。《二十世纪大舞台》曾把注重思想主题的新戏的特征概括为“改革恶俗，开通民智，提倡民族主义，唤起国家思想”。高庆奎陆续推出的一系列爱国进步新戏在 20 世纪 30 年代的北京产生了深远影响，他与后来在南方推出进步新戏的周信芳（麒麟童）被合称为“南麒北高”。这两位艺术家成为 20 世纪上半叶京剧老生行推出进步新戏的代表。

对于通过舞台艺术向观众进行思想宣传的方式，早在 1911 年高庆奎试演新剧（后称为话剧）时就有强烈的体会。后来，高庆奎塑造的借兵复国的《哭秦庭》，对“九一八”事变之后怀有收服东北之心的国人来说有强烈的现实意义。每当此戏上演，便能触发观众对东北沦亡的悲痛之情。因此，《哭秦庭》成为一部既有爱国进步思想，又融合高庆奎艺术精髓的高派代表剧目。

《哭秦庭》全剧唱念做打俱全，唱功特别繁重。在“秦庭哭诉”时，高庆奎饰演的申包胥有八大段的［反二黄］唱腔。正因如此，《哭秦庭》从上演伊始，就受到观众的赞赏，后来历经修改而上座不衰。剧评人丁秉鐩说：“秦庭之哭，恳挚呼吁，一片忠忱，不用说秦王，就是台下的观众，都被他感动了”。①

编剧家清逸居士对于高庆奎积极上演进步新戏的行动颇为赞许与支持，二人成为挚友。一方面，清逸居士为高庆奎编写了诸多爱国题材的剧本；另一方面，高庆奎通过阅读书籍报纸发现古代爱国志士题材时，也会请清逸居士编成京剧。这样的合作，一直持续到清逸居士去世。

值得注意的是，与同时代旦行竞相编演才子佳人剧目不同，高庆奎与清逸居士对于通过编演新戏向观众传达的效果的看法是一致的，也就是依

① 丁秉鐩：《菊坛旧闻录》，北京：中国戏剧出版社，1995 年版。

托历史题材，警示今人。清逸居士为高庆奎编写的《史可法》等，成为 20 世纪 30 年代高庆奎最为叫座的剧目。

而高派戏《豫让桥》，光看广告词便知其思想价值之高。“《豫让桥》的剧情是帝国主义侵略失败的先声，是民气澎湃保家卫国的镜鉴。《豫让桥》的结构，是志士舍生、誓报国仇的血痕，是英雄爱国奋斗到底的悲泪。《豫让桥》的表演，是民族精神一致御辱的成功，是烈士死节万载名扬的奇迹。”①

在《豫让桥》中，高庆奎开创了京剧剧目中的一个先河，即剧中的同一角色由不同行当饰演，高庆奎先是以老生饰演豫让，等到豫让漆面吞炭之后，他改饰花脸，用自己擅长的铜锤花脸腔调饰演豫让。有剧评说：“前在华乐演唱，观者万人空巷，大受欢迎。‘漆面吞炭’‘斩衣三曜’，唱花脸之声调，尤博得彩声弗麲。”②

署名“秋风”的剧评人评述：“《豫让桥》一剧自名伶高庆奎公演以来，成绩极佳，这出新戏，是一部描写帝国主义侵略失败及民气澎湃卫国成功的特出杰作。剧中之豫让，以身许国，誓死报仇。尤为我民族不朽之英雄。壮烈哀惨可歌可泣。”③

豫让的故事背景为春秋战国时期，为了更触动人心，高庆奎决定选择明清史料中的民族英雄。于是，《史可法》成了他心中新剧代表的不二之选。为了给观众一种真实感，他从刻画人物出发，饰演史可法时上妆不拍粉、不抹红彩，展现其本来面目，仅仅将眼和眉处略微描画。

在《史可法》“大帐发兵”一场，由于四位靠将所代表的英勇将士不能同仇敌忾，反而彼此不睦、互相攻击。史可法看到这种情景十分焦虑。“诸位将官”，高庆奎一句深沉的念白后，伴着锣鼓他把袍袖一抖，面部表情激

① 1932 年 4 月 22 日《全民报》。
② 1932 年 6 月 19 日《立言报》。
③ 1934 年 6 月 26 日《北辰报》。

动起来："方今强敌当前，诸将宜同心协力，化除成见，团结一致，方能救亡图存。"高庆奎这几句饱含感情的念白一说完，全场观众报以雷鸣般的掌声。高庆奎在《史可法》剧中念出的这句话是当时广为人知的一句抗日口号。"九一八"事变后，为了鼓舞国人的抗日士气，全国各地，特别是北京的街头时常能见到贴出的这句口号标语。由此可见，高庆奎的演出颇能引起观众共鸣。

《全民报》关于《史可法》的两篇剧评颇有价值。《华乐聆高记》载："庆奎之史可法扮相大方，神情凄楚，阻奸时之慷慨，哭主时之苍凉，均绘声绘色，妙到毫巅。后督师扬州，为国平番，而朝内奸佞百计构陷，使清兵南下，社稷沦亡。史可法之难以挽回，而孤忠耿耿，一死殉国。投江时大段反调，哀痛悲愤，血随泪出，描摹当时情景无微不至，观者不禁一洒同情之泪，而生受国亡情矣。"① 另一篇剧评谈道："庆奎饰史可法，其唱做念打。无一不精。如将场训兵之口白，清楚流利，动听之至。且能将忠臣救国、训兵御辱之形态刻画尽致，是为将士之楷模。及清兵入城，对敌之起打，紧凑稳健，火炽异常。兵败以身殉国一段唱功，繁难已极。行腔使调，忽高忽低，顿挫婉转，殊是悦耳。加以天赋高亢之嗓音，犹有锦上添花之妙，诚佳剧也。"②

《战睢阳》是高庆奎宣传"誓死抵抗"精神的代表剧目。剧中，张巡被强敌围困在睢阳城，但他抵抗到城破的最后时刻。为了演出《战睢阳》，庆盛社全班定制了全套的唐式服装，华乐戏院也制作了大型的睢阳城布景。全剧演出内容也是精彩连连，包括"草人借箭""火烧云梯""南霁云咬指""享士"等，共 26 场。与高庆奎曾经搬上舞台的很多英雄形象不同，他在新戏《战睢阳》中除了前场扎靠应工文武老生外，还以花脸行当示人。当睢阳城被攻破后，张巡被擒骂贼而死。为了将张巡的形象塑造得更加丰

① 1933 年 7 月 8 日《全民报》。

② 1933 年 5 月 2 日《全民报》。

满，高庆奎吸取了小说中“张巡死后成圣”的段落。高庆奎以花脸行当来饰演张巡的鬼魂。他勾蓝脸、戴红蓬头，改唱花脸的唢呐腔。从演唱形式到人物形象的精心设计，都更充分地表现出张巡这位爱国英雄的余恨，同时也展示了高庆奎演出中横跨多个行当的能力，而不是简单的以游戏为目的的反串。

《杨椒山》一剧源于高庆奎对北京时局的忧虑。著名演员殷野十分佩服高庆奎上演《杨椒山》的勇气。他曾赞誉：“华北风云日急，日寇虎视眈眈，正是国难当头多事之秋。在这么一个乌烟瘴气的时候，令尊高庆奎先生排演了《杨椒山》，许多有识之士都誉为这是有非凡胆识的。”[①] 除了在金殿，高庆奎饰演的杨椒山与严嵩针锋相对之外，在“秉烛修本”一场，杨椒山慷慨陈词，愤气填膺，此处高庆奎设计的行腔铿锵有致。在末场，杨椒山在菜市口就义时，高庆奎为此时的杨椒山设计了“吹腔”，这样唱起来显得悲壮而慷慨。

清逸居士曾在第 10 期《国剧画报》里说：“近日昆曲既不盛行，在国剧中，只有皮黄为辅助教育，移风易俗之乐。鄙人以为若将历代史书、各种典故尽编成皮黄，词句需明白坦易，使妇人孺子莫不通晓。既可辅助无形教育，又可提倡中国艺术，治理论哲学于一炉，尤易感化人也。”在那个年代，当一部分观众热衷于追捧风华绝代的旦行演员、沉迷于才子佳人新戏的时候，高庆奎却在生行倾注全力上演一部部爱国进步新戏。这也许是他能被公认为“老生三杰”或者“四大须生”的重要原因之一。

---

① 殷野：《高氏哲嗣谈高派——忆高盛麟兄一席谈》，载《戏曲艺术》1989 年第 3 期。

三、组成高家班赴沪

1940年，《申报》上再次出现了高庆奎的名字。不过，他的名字出现在一个极为特殊的位置。头牌的名字是李盛藻、童芷苓，高庆奎的称谓是“导演”。高庆奎一边为李盛藻、童芷苓排戏，一边同到上海为他们担任舞台监督，也就是行话中的“把场”。在海报上注明导演的名字，这在民国的戏曲海报上还是极为少见的。据报章载：“高庆奎过去曾经像现在的马连良一样红过，他也是京朝派伶人第一流的红角儿，不幸后来嗓音失润，一字不出，以致不能再粉墨登场，因此这一位第一流的红角儿，在环境支配下退休了。直到现在，竟以教戏为主。最近黄金大戏院方面，已发表接毛世来后队的下届角色是须生李盛藻、坤旦童芷苓、武生高盛麟这一批人。因为盛藻是庆奎的女婿，盛麟是庆奎的长子，所以黄金当局联想到这位晚境不佳的艺人，而去函邀请庆奎随其子婿来沪，照料一切，顺便可以替盛藻排几出高派杰作。现在庆奎已允南来，届时绝响歌坛已久之《赠绨袍》《哭秦庭》等剧，势必又将与吾人相见，亦佳音也。”①

高庆奎随李盛藻等南行是因为接到了上海黄金大戏院孙兰亭的来函，至再至三，高氏盛情难却，于7月28日作了最后决定，承允南行。有人说，1940年8月在黄金大戏院登台的一队北京班社可以称为“高家班”。这么说也不为过，因为“高家班”把场的是高庆奎，头牌老生李盛藻是高庆奎的女婿，武生高盛麟是高庆奎的儿子，另外如孙盛武等人也都是高家的亲戚。此外，花脸是袁世海，小生是江世玉，老生是李世霖，另有童芷苓两

---

① 1940年7月27日《申报》。

位胞兄童寿苓、童世苓。

《青梅煮酒论英雄》，李盛藻饰董承

高庆奎这次的主要目的是培养女婿李盛藻。经过两次赴沪的演出，李盛藻已经组成了文吉社，随着嗓音转亮，他得到高庆奎的精心传授，演出了大量的高派戏。8 月 10 日上午，高庆奎和李盛藻、高盛麟、童芷苓、孙盛武、江世玉、李世霖等 40 余人离开北京，在天津塘沽转坐顺天轮一起到上海。13 日十时到了上海码头，高家班入住法租界敏体尼荫路 276 号沧州饭店。《申报》记者在沧州饭店对高庆奎进行了访谈。从报道中可以看出，高庆奎对此次赴沪充满希望，向记者介绍自己的女婿李盛藻。“李盛藻迩来嗓音奇佳，大有庆奎全盛时代之概。庆奎早年成名杰作，已悉数教授于盛藻。是故，盛藻已成庆奎传人。”[①]

记者发现，高庆奎的面色和言语中都显出兴奋喜悦的感情。的确，作为一颗老生新星，“嗓音奇佳”的李盛藻当时被《十日戏剧》称为高庆奎的“乘龙快婿”。此时的李盛藻又完全专注于继承高派，自然地，高庆奎心中十分欣慰。

打炮戏是李盛藻和童芷苓大轴演出的《四郎探母》。李盛藻运用了很多高派唱法与表演技巧。压轴是高盛麟和袁世海的《连环套》。这样的安排是高庆奎的一番心血：在他看来，儿子高盛麟经过前几年在庆盛社的培养，现在有了一定的声望，而剧艺也渐有功力，被当时观众认为是杨派传人。为了把《连环套》演好，饰演窦尔墩的袁世海也作了充分准备。在“拜山”一场，黄天霸试探盗马之人，原本黄天霸与窦尔墩在念白、演唱的形式等

① 1940 年 8 月 14 日《申报》。

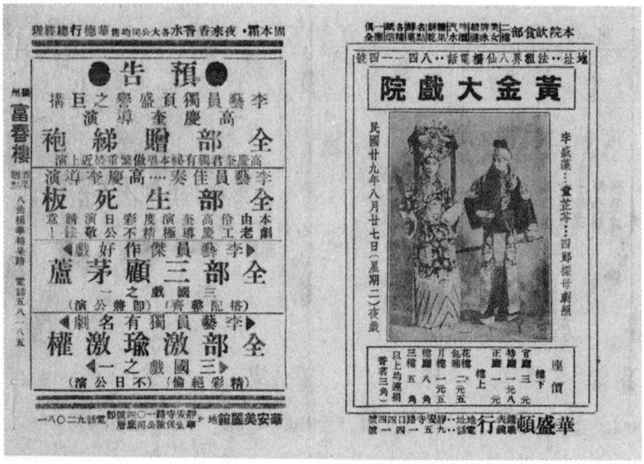

1940 年，高庆奎、李盛藻赴沪的宣传页

方面有很多重复的地方，特别是在打击乐的运用上面，二人短短几句对唱，用了四次“闪锤”，让人感觉十分拖沓。袁世海对很多地方进行了压缩，他将窦尔墩“忽听镖客讲一遍”的唱段改成［垛板］，还取消了在“闪锤”中夹念“好马呀，好马”，改为惊呼声“噢”。

袁世海的改动，使得他和高盛麟的演出更加紧凑，情节冲突更加强烈，再加上高盛麟完全运用杨派的表演，让观众叫好不迭。散戏后，高庆奎对袁世海的改动给予肯定：“你在台上有股子谁也不让的斗劲，很好。戏，就得这样演才会有‘戏’！”

几十年后，袁世海回忆当时高庆奎说的一番话：“当初，我和寿臣演过这出戏，我反串黄天霸，寿臣饰演窦尔墩。我们有些地方就改得紧凑了。你很有他那股子劲，学他学得很像。拜了他，深造！”高庆奎对袁世海除了鼓励，还勉励他拜师郝寿臣，这给了青年袁世海莫大的鼓励。袁世海对此回忆说：“这一席话，体现了老先生对我们后生的关怀、爱护，增加了我拜郝老师的迫切心情和信心。”①

① 袁世海：《艺海无涯》，北京：中国青年出版社，1985 年版。

此时，高庆奎的心情无疑是复杂的。十多年来，他多次赴沪演出，除了丰厚的包银和无数的荣誉，还有那一出出凝结他心血的高派剧目。热爱观众的高庆奎向来以演戏卖力著称。不过这是他最后一次站在舞台上，向上海观众进行谢幕表演。高庆奎表演“跳加官”，醉步上场，手中不拿条幅，每逢该引观众看条幅的时候，他都改成摘下加官假脸，露出未经化装的本来面目，挥舞着假脸向观众致意。

高盛麟青年便装照

高庆奎挥舞加官假脸的瞬间，令在场所有人印象深刻。即使过了几十年，那次同行的袁世海依然印象深刻。他回忆当时上海观众对于高庆奎的欢迎程度：

“侬嗓子哪能啦？”

“侬好啦哇？”

“阿拉等着看侬的戏来！”

如雷的掌声已不能充分表达出观众对他的期望和关心，竟然争先恐后地放开声音向在台上表演的高老先生直接喊话啦！是啊，高先生何尝不想放开喉咙为大家登台演唱啊，哪怕是能大声地向观众说几句感谢的话也好哇。可是，他的嗓子哑得太苦了，一点也发不出声音。他只好眼噙热泪，高高举起双手向观众拱手作揖，以作答谢。

观众的一片深情，不要说使高老先生心情激荡，我们所有在场的旁观者，也无不为之激情难抑，感叹不已呀！为什么演员情况如此，观众还这样欢迎？冰冻三尺非一日之寒。观众们旧曲犹在耳，新声久不闻，渴望之情自然在与老先生会面时倾泻无遗。[1]

演了几个月，快到腊月岁末了，黄金戏院的经理孙兰亭找到了高庆奎："高老板，这次您携女婿李盛藻和儿子高盛麟等人一起到黄金戏院来。这么久了，您也正式登台演个角色吧。"高庆奎说："高某人这次冲着上海观众的热情，为满足观众看到我的愿望，演了跳加官。不过，我的情况您也知道，没法登台与别人合作了啊。"孙兰亭说："我知道您是这个想法，早都替您想好了。马上有场义务戏演出《大八蜡庙》。您就来个诸彪的活，就是拿刀过个场，也不用开唱，来点身段就成啊。冲着您的名声，戏院肯定上座，而且给您一千元酬劳。"高庆奎说："谢谢您的好意，这趟来沪承蒙搭台，盛藻和盛麟唱出来了。不过我不能为钱演一场哑剧啊，砸了我几十年高派的牌子，您说是不是？"高庆奎的这段话，被当时菊坛传为美谈，大家都佩服当时生活拮据的高庆奎能说出这样的话。

无论如何，高庆奎终究是谢绝舞台了。这次也成了高庆奎最后一次到上海。这个他在十多年里多次到过的地方，可以说是高庆奎获得剧坛荣耀的地方。他在上海登台的时间，细算起来甚至和在北京的时间相当。高庆奎在上海以演出传统戏出名，然而他又融汇借鉴海派剧目，虚心取长。就在高庆奎息影菊坛之时，一位上海的剧评人对高庆奎多次赴上海演艺经历作了评述，这也许是对高庆奎在上海艺术生涯的最好注脚：

平角南来之沪，其能独当一面而不为旦角之附庸者，近数年来，当为庆奎、连良两人而已。高、马除拿手戏外，又肯卖力气，而以旧戏中之全本以及自编新戏为号召。首尾连贯，令观者得窥全豹，故尤脍炙于沪人士之口而盛誉宜隆。连良以念白鸣于时，唱则近于纤巧，聆着终觉尚少咀

① 袁世海：《艺海无涯》，北京：中国青年出版社，1985 年版。

嚼，故意言实大声宏，气力充沛，则无疑地逊庆奎一筹尔。庆奎之唱，纯出丹田，中气极足，收放咸宜，戏容充溢眉间，两眼更奕奕有神，念［引子］与定场诗尤为受听，诚觉嗓音绕梁，回味纯纯。此等处均可放《空城计》《骂曹》等剧中见之。唱则以苦戏为最佳。《逍遥津》《生死板》诸剧，有一唱三叹、人不忍卒之感。惟觉庆奎于各派并蓄兼，又复兼唱净角老旦，故贬之者遂谓其不如鸿声，而又驳杂不纯之诮。然平心而论，庆奎之艺无论其是否及刘，而所谓“三斩一碰”如以鸿声为比较，则就诸今日须生中，然已百不获一，故不得已而就其次，其惟庆奎。高多年前之沪出演后，曾加入老“大舞台”《狸猫换太子》本戏，一时为舆论所不满，颇多非惜（未非惜之者亦正是爱获庆奎），北返后当“大新”开幕（即后改天声及上海现又改为天蟾者），又受聘来沪，李吉瑞挂头牌，庆奎与慧生互唱压轴。营业之盛，得未曾有。在该台改为“上海”时期，则悬首牌，而以刘筱衡、王英武为辅，以拿手老戏，递嬗演唱，观者仍欢迎不衰。《铁莲花》一剧，以刘筱衡、张鸣才为配，高既始终不懈，刘、张亦大卖力气，聆之几有“铁石人儿也泪淋”之感。其新戏如《锤震金蝉子》《重耳走国》《苏秦张仪》《豫让桥》《哭秦庭》《割麦装神》等，亦均曾出演于沪，就中以《哭秦庭》为最盛：秦哀公之为赋无衣，能于其湫楚悲怆、愁眉苦脸之唱做中曲之传出，不愧为庆奎新戏中佳构。庆奎之沪，每挚其弟联奎与俱，为之操弦，亲托极为得力。今高以戒除嗜好而嗓败，虽未可谓为谢绝歌台，终未知出演何日。

《哭秦庭》，高庆奎饰申包胥

其子盛麟，能戏极多，自出科后，出演旧京颇富时誉。惟其具有美质而不求专工，倘以博为能，则终为识者所不取也。[①]

四、最后的岁月

20世纪30年代末，在宣武门内石驸马大街东口外的公交汽车站旁，每天早上八时前总会出现一位鼻架金丝眼镜、手拿旱烟袋的人，他总是按时出现在车站旁边，两眼有神地望着汽车驶来的方向。他就是此时已被中华戏曲专科学校聘为教师的高庆奎。

每天早上高庆奎都准时到校去上课。此时，中华戏曲专科学校以每月150元的酬金聘请高庆奎前去教戏，主要教授关德咸、王和霖、李和曾、沈金波等人。其中最受关注的是李和曾，平时下课后，高庆奎会在傍晚单独给李和曾教戏，可以说是一句一句唱腔、一个一个身段、一个一个眼神地传授。在评论界，此时的李和曾被《庸报》冠以“高派唯一传人”称号。

高庆奎书写的扇面

高庆奎曾有个教育口诀：玉不琢，不成器；技不精，不成艺；教不严，师之惰；幼不学，老何为？他教过的每个学生都被要求背诵口诀并理解口诀的意思。中华戏曲专科学校毕业生朱金钊回忆：

① 念辛楼主：《菊海杂谈：谈高庆奎》，载《戏剧旬刊》1937年第8期。

“高庆奎老师艺术好，人也特别好，从来不打学生，高老师教完戏有时在学校用饭，他从外面叫来饭，常常让学生与他一起享用。”

《赠绨袍》，李和曾（右）饰范雎，赵德玉饰须贾

《十日戏剧》曾发表署名“予意”的作者的文章《彤斋剧话》，记述了当时李和曾在中华戏曲专科学校首演《哭秦庭》的景象。当时高庆奎倾力培养李和曾，并为其把场。这时，李和曾的登台，对于渴望高派戏的观众而言相当于甘露，大家都踊跃买票。观众在广和楼看完李和曾首演的《哭秦庭》之后，都挤到门口抢购后七天的演出票，即连看七天《哭秦庭》。观众十分热情，都挤到门口，以至于出门都十分费劲。观众王橙韵在信函中记述，6 月 19 日当天大雨倾盆，可是当他到了剧场却早已人头攒动——“和曾歌［倒板］、［原板］、［快板］，嗓音充沛，行腔酷似乃师，痛快淋漓，一句一好”。由此，李和曾在观众心中印象逐渐重要，被公认为是高庆奎传人的上乘之选。

1940 年，高庆奎收李和曾为徒，同时负责为李和曾组班。高庆奎写了一张文书，班社盈亏都由他负责。一方面高庆奎扶持李和曾心切，另一方面李和曾毕业未久，社会声誉未牢固，加上其他班社竞争的压力，因此挑班之后并未保持持续上座。1941 年，李和曾班社散班，但他每天清早还是到高庆奎家中去学习。不久，散班后的李和曾加入青衣班社挎刀。随后，李和曾开始了外埠的演出生涯。高庆奎自从帮助李和曾组班后，就退出了中华戏曲专科学校，因此日常开销显得更加拮据。如果要探究这其中的缘由，一共有四个。第一个原因，也是主要原因，就是高庆奎倒嗓后基本失去了生活来源，而一家人基本都依靠高庆奎的演出收入维持生活。第二个原因是高庆奎为了治疗嗓子花费了大量的积蓄。再加上时局动荡，高庆奎变卖了五处房产。第三个原因是高庆奎平时并没有积攒下太多的家财。他喜欢广交朋友，高宅经常开流水宴席。家里有中餐和西餐两个大厨，来了朋友，就根据不同需求开不同的餐席。有时，一拨朋友刚走，又来一拨朋友，高庆奎便热情地留其用餐。第四个原因，高庆奎还经常接济同行，这是从他父亲高四保那里承袭下来的家族传统。

《十日戏剧》上的一篇报道《上海票友给高庆奎唱搭桌戏》正是发表于这段时间。令人欣慰的是，即使高庆奎暮年坎坷，有些朋友还是会想到他。上海的票界专门为高庆奎唱过一次搭桌戏。当年高庆奎多次赴上海演出，享誉沪申，票界的好朋友甚多，这些人感念当年的情谊而演唱义务戏。那时高庆奎每次到上海，总抽出时间到“雅歌集”等票房，和上海票界结下了深厚的友谊。

1941 年 3 月 31 日，高庆奎搬到烂缦胡同 78 号居住。此前的多处房产虽然都已变卖用于治嗓，然而嗓音恢复的希望仍然落空，高庆奎的心情十分抑郁。在生活和精神的双重打击下，高庆奎的嗓疾于 1941 年秋天突然恶化。于是，高家便聘请名中医陶震东诊治，陶震东明确判定为哑痨。据说，该病起因是嗓子塌中，以及心情抑郁。此时，高庆奎的嗓子已经红肿得不能进食了。他自知病得不轻，不过也没想到会因此谢世。到了腊月十三日，高庆奎病得不能起床了，长子高晋昌和女婿李盛藻便开始准备后事。1942 年 2 月 3 日下午二时，高庆奎的病情变得危重了，李盛藻夫妇、高世泰、高世寿、高韵笙、白家麟、李和曾等均随侍在侧。下午六时，高庆奎的情势转佳，但仍未脱离险期。4 日凌晨五时许，高庆奎溘然长逝。

4日晚上六时，女婿李盛藻主持大殓，外甥孙盛文照料丧事，子女及徒弟均亲视装殓，用800余元购置了黄柏寿材，加上装衾费共用了900余元。这些费用是由女婿李盛藻和徒弟白家麟等，以及高庆奎生前亲友凑出的。

《新天津画报》副刊编辑部于2月6日撰文《菊国星殒》《高庆奎逝矣 老伶凋谢梨园损失》："须生名宿高庆奎……曾被誉为须生三大贤，因其艺事精湛……固非一般普通艺人所能及也。不意高于去年秋曾患痨病，虽经调治，终至医药无灵，回春乏术。迄至四日五时四十分，病故于烂缦胡同七十八号本寓。曾煊赫一时之一代名伶，从此与世长辞矣。"

2月6日成立治丧处，并经本宅及众亲友聘定丧棚执事职责人员。治丧处执事：高晋昌（高庆奎长子）、李盛藻、白家麟。总务：孙盛文。玄牍：游乐三、欧阳宣。会计：刘千里、时文瑞。杂务：李盛荫、殷金振、刘世亨。拦祭：虞仲衡、王仲亭、游乐三、李和曾。司厨：高盛虹、朱世业。业席：刘砚亭、于莲仙。知宾股：万子和、李洪春、孙盛武、王笑天、刘千里、佟瑞三、李盛斌。宣传股：王笑天、刘千里。临时顾问：尚小云、赵砚奎、叶文甫、刘砚芳、郝寿臣、金少山、于永立、丁永立、雷喜福、时慧宝、安舒元、李洪春等。

7日，举行"接三"仪式。由于高盛麟还在从南方赶回的路上，其他几个孩子也都年幼，因此长子高晋昌和女婿李盛藻、外甥孙盛文负责接待前来吊唁的人。伴宿日素席由白家麟、虞仲衡、游乐三、李和曾、孙盛文、孙盛武分担，不足者由高盛麟补足。

尚小云、程砚秋、李多奎、汪侠公、李春恒、杨宝忠、杨宝森、马富禄等数百人均往吊唁，以中华戏曲专科学校学生及富连成社学生为最多。吊唁的人扶着棺材有痛哭流涕的，也有感慨无限的。下午六时送至观音院焚化冥器，极尽哀荣。

8日九时，高庆奎灵柩举行了发引。由烂缦胡同78号本宅发引，共用32杠。执绋者都是中华戏曲专科学校和富连成社的学生，每人白衣一袭。

李盛藻、白家麟等皆穿孝衣。发引后，即一直抬送松柏庵义地，沿途有路祭棹多处，程砚秋、马连良、尚小云、马富禄等均派人或亲往执绋，下午三时始在松柏庵安葬。不久高盛麟回来，高家又举行了开吊仪式，将高庆奎安葬在离父亲高四保不远的位置。后来，高庆奎、高四保又被迁葬大红门集贤村，最后安葬在京西香山。《新天津画报》于2月9日登载《高庆奎盖棺定论》，3月2日登载《谈高庆奎之剧艺》，对高庆奎的一生做了注脚。

从此梨园见弱神，呜呼老庆返大真。
高家兄弟从今已，只有麟儿是可人。

张伯驹在《红毹纪梦诗注》中也以高庆奎为题作诗一首：

虽不正嗓音高，派异程门亦豪。
庆奎病后谁能继？无人更唱斩黄袍。

北京市宣武区的烂缦胡同路东一户的大黑漆门前冷冷清清，这就是高庆奎最后的寓所。有时在星辰满天的夜晚，高世泰和高世寿会把家里的一部电影机拿出来，安置在院子的天棚下。然后，高大奶奶十分珍重地从屋内取出几卷胶片拿给他们。哥俩熟练地放进电影机内，连上电源后，便在天棚上放映出一段段黑白影像。

影像内有高庆奎在华乐戏院登台的情景、台下扮戏的情景，和张鸣才、李多奎、马富禄、清逸居士等至交在一起的情形，还有一家人在西山游玩的情形，等等。高大奶奶看几眼便忍不住回屋，高世泰、高世寿和高韵笙坐在一起看起这一段段影像，回忆着父亲生前的容貌。在高庆奎的全盛时期，夜幕降临的夜晚，高庆奎总会和一家人坐在院内，放着电影机，那是多么的惬意啊。

高庆奎留在世间的，为人所知的是那一张张经典的唱片，那一出出精彩的高派戏，那独树一帜、敢与旦行抗衡的气魄，以及他在国家危亡之时用戏曲唤起国人救亡图存的精神。正因为这些戏，高庆奎在众口相传中，跻身“老生三杰”“四大须生”，可谓实至名归。

附　录

高庆奎演出主要新创（整理）剧目

1.《生死板》

又名《铁莲花》，一般只演“扫雪打碗”一折，是做和念吃功夫的老生戏。高庆奎把它编成全本《生死板》，从“庆寿借贷”起至“悍妇法场”止。1927 年 12 月 21 日，高庆奎在开明戏院重排演出全部《生死板》。高庆奎饰演刘子忠，张鸣才饰演刘子明，董俊峰饰演包拯，慈瑞泉饰演马婆子，诸茹香饰演吴氏，高富远饰演宝柱。

剧情：刘子忠与刘子明为兄弟二人，颇有家财。子忠妻马氏及其前夫子宝柱图谋霸占刘氏家财。他们先是挑拨子忠、子明分家，又促使子忠误伤人命。子明替兄认罪，子忠也自认其罪，县太爷无法判断，命人发下生死板，子明抢得“死板”，被处死。马氏母子又逼迫子明之妻吴氏带女儿出逃。然后马氏和宝柱又虐待子明之子定生逼其倒卧雪地，险些冻死，并以烧红饭碗烫伤其双手，欲置之死地。最后宝柱与马氏定计，以铁莲花压死子忠，并嫁祸定生。经审问，真相大白。最后，马氏与宝柱被处以极刑，吴氏则与定生母子团聚。

2.《信陵君窃符救赵》

这是高庆奎初组庆盛社时期上演的第一出新戏。1928 年 11 月 28 日，华乐戏院大轴是高庆奎新戏《信陵君窃符救赵》，高庆奎饰演信陵君，张鸣才饰演侯生，尚和玉饰演晋鄙，黄桂秋饰演如姬。在中华戏曲专科学校任教时，高庆奎曾将《信陵君窃符救赵》传授给李和曾和范钧宏。新中国成立后，范钧宏根据高庆奎原剧进行加工改编，创作出《兵符记》，曾在中国京剧院上演。

剧情：春秋战国时期，秦昭襄王（嬴稷）遣大将王龁围攻赵都邯郸。赵平原君向魏国求救，魏安釐王派大将晋鄙救赵。秦王传言诸侯，敢出兵救赵国的诸侯国，秦国将在打败赵国之后去攻打它。魏王惧怕，令晋鄙驻兵不进，必见兵符才可以进兵。魏公子信陵君（无忌）劝魏王进兵，魏王不听，信陵君又心念其姊平原君夫人，决定亲自前往救赵，被侯嬴劝阻。魏王夫人如姬曾受信陵君之恩，窃兵符交给信陵君，信陵君急忙同朱亥等赶至晋鄙营中，命晋鄙交印。晋鄙心疑迟迟不交，朱亥用锤打死晋鄙，信陵君挂帅，带兵赴赵，大败秦兵，解邯郸之围。

3.《掘地见母》

这是高庆奎初组庆盛社时期上演的第二出新戏。该剧根据折子戏《孝感天》改编而成。1926 年 5 月 9 日在大新舞台首演，高庆奎饰演郑庄公，荀慧生饰演卫夫人。1928 年 12 月 23 日，华乐戏院日戏大轴是高庆奎初次演出的全本《掘地见母》，高庆奎反串饰演姜氏，黄桂秋饰演魏元环，尚和玉饰演子都，张鸣才饰演郑庄公，芙蓉草饰演陈夫人，金仲仁饰演共叔段，蒋少奎饰演颍考叔。

剧情：春秋郑庄公与母交恶，置母于城颍，并设誓不及黄泉不相见。后来被颍考叔孝母感化，又碍于前誓，遂掘地见母，以践黄泉相见之誓，并迎回奉养。

4.《朱砂痣》

又名《麒麟送子》，是高庆奎组成庆盛社编演的第三出新戏。全部《朱砂痣》在民国时期只有高庆奎上演。1929 年 1 月 13 日，华乐园日戏大轴是高庆奎上演全部《朱砂痣》，高庆奎饰演韩廷凤，黄桂秋饰演吴妻，张鸣才饰演吴惠泉，高盛麟、茹富蕙、鲍吉祥等配演。

剧情：北宋宣和七年，金兵进攻中原，韩廷凤调任成都太守，于乱中与儿子失散，其妻悲痛而死，告归乡里。十几年后韩太守欲娶继室，以传宗接代。时有商人吴惠泉，家业凋零，染病在床，为给其妻江氏寻求生路，决定把她嫁给韩太守。江氏开始不同意，但考虑到一百两聘礼可为丈夫治病，勉强依从。洞房之夜，韩太守见江氏独自哭泣，初以为是嫌弃自己年老，经反复追问，方知她乃是有夫之妇，为救丈夫才嫁到府里，于是当夜派人把她送归，不仅不索回聘礼，而且再送白银百两。第二天，吴惠泉大病见好，携江氏到韩府谢恩。韩太守向他们谈起自己当年的遭遇，吴惠泉夫妇表示将为他寻一个义子。成都有一金氏，因家贫要把十三岁的儿子卖掉，恰吴惠泉到这里收账，用五十两银子将他买下，急返家乡，把男孩送给韩太守，以报救命之恩。太守同义子谈论其家世，疑心这个义子就是自己失散的亲子。他记起亲子的左足心有一朱砂痣，经验证果然如是，父子团圆。

5.《苏秦张仪》

此戏分为前后两部，两天演完。1929年1月27日，华乐园日戏戏码有高庆奎、张鸣才、黄桂秋、芙蓉草、高秋颦、董俊峰、郭春山等首演的前部《苏秦张仪》，高庆奎饰演张仪。1929年1月28日，华乐园日戏有高庆奎、张鸣才、黄桂秋、芙蓉草、高秋颦、董俊峰、郭春山等推出的后部《苏秦张仪》。

剧情:《苏秦张仪》分为上下两部，演绎战国时合纵连横的历史故事。苏秦与张仪见列国纷争，欲一展抱负，结为金兰并分别回家。苏秦屡次自荐未得高官，受到兄嫂、父母嘲讽奚落。张仪回家后往秦国求官，时值商鞅嫉贤妒能，火焚苏秦之万言书，封张仪为客卿。张仪见不用苏秦，遂弃职回归。苏秦后悟得合纵之法，受封燕国丞相，并合纵赵国，受封赵国丞相。秦国察觉后，以张仪攻打魏国。苏秦用机谋使得张仪夺取秦柄，以为后用。苏秦阵前道出真相后，张仪助苏秦收兵。苏秦遂以合纵之法，受封六国都丞相。

6.《吴越春秋》

这是高庆奎推出的悲情新戏，

分为两天演出。高庆奎前部饰演勾践，后部饰演夫差。1929 年 6 月 7 日，华乐园日戏全班公演前部《吴越春秋》，除高庆奎饰演勾践外，黄桂秋饰演西施，蒋少奎饰演夫差，诸茹香、郭仲衡、曹喜彦等人配演。1929 年 6 月 8 日，华乐园日戏全班公演后部《吴越春秋》。高庆奎饰演夫差，黄桂秋饰演西施，郭仲衡饰演伍子胥，张鸣才饰演勾践。

剧情：吴王夫差兵发越国，越王勾践卧薪尝胆，最后夫差兵败自刎。后部包括范蠡访美、造姑苏台献美、吴王采莲、伍员使齐、宠爱西施、越王报仇、吴王大败、别妃出宫、坟墓哭诉、自责己罪、范蠡逼刎、夫差自尽、伯嚭被诛等部分。

7.《普天乐》

这是郝寿臣搭入庆盛社后，高庆奎专门设计与他合演的新戏，也是二人再次合作排演的第一出新戏。高庆奎饰演包公，郝寿臣饰演阎王，范宝亭饰演判官。1929 年 8 月 10 日，华乐园夜戏初演前部《普天乐》。8 月 11 日，上演后部《普天乐》，以“闹五殿”为卖点。

剧情：宋仁宗年间，元宵节大放花灯。少女柳金蝉随家人逛灯会，忽来一阵阴风，将金蝉刮至荒郊。屠户李保贪图金蝉的首饰，将其勒死，遗尸喜鹊桥。金蝉的表兄颜查散路经此桥，见表妹尸体便上报官府。金蝉冤魂入阴间告状，不料五殿判官张宏为李保舅父，张宏欲保全李保，私改生死簿，将李保改为颜查散。金蝉的冤魂常到李保家闹事。李保很害怕，遂将劫来的首饰丢到喜鹊桥。颜查散经过此地，见有包裹，当即坐地看守，待主人寻找。正巧被柳家仆人来兴看到，便将他告上官府，县令江万里怀疑金蝉为颜所杀，将其定为死罪。行刑时，颜立尸不倒。颜母知其中有冤情，拉着县令到包拯处告状。包拯为查明此案，来到阴间，令判官查阅生死簿，而簿上却注明柳金蝉因看灯走失，为颜查散所杀。后油流鬼向包拯言明此事，包拯遂将罪判带回阳间重审，此案真相大白。包拯使颜查散、柳金蝉还阳，绞死李保，并于城隍庙铡死张宏。

8.《范仲禹》

《范仲禹》中的《琼林宴》是高庆奎早期搭班时，经常上演的剧目，他载唱载做，逐渐获得声誉。1929年9月19日，高庆奎在上海舞台首演推出《范仲禹》。高庆奎前饰范仲禹、后饰包拯，演出效果十分精彩。

剧情：范仲禹在老友刘洪义的资助下来到京都赶考，十分顺利。归家途中，儿子金哥为猛虎衔去。妻又为葛登云抢去，范遇樵夫指引至葛家索妻。葛登云假意款待，将其灌醉，后将其乱棍打疯。其妻白玉莲闻信自缢，山西人屈申见范所遗黑驴，以己驴相换，又被李保勒死。黑驴投包公处，包知有异，命勘查。白氏与屈申借尸还魂，男女颠倒。包拯用阴阳镜判明，铡死葛登云及李保，范一家团圆。

9.《锤震金蝉子》

1929年11月15日，高庆奎、刘筱衡、王英武在上海舞台合演《锤震金蝉子》，高庆奎饰演岳飞。演出包括“岳家庄”“哭高宠”“岳飞斩子”“锤镇金蝉”等部分。

剧情：金将金蝉子连败宋将，岳飞挂免战牌避之；岳云怒碎免战牌，岳飞欲斩之，牛皋劝阻，使岳云戴罪出战，牛皋助岳云计杀金蝉子。

10.《骊珠梦》

1927年7月24日，高庆奎、徐碧云在北京开明戏院首演《骊珠梦》。高庆奎饰演正德帝，徐碧云饰演李凤姐。1930年2月18日，高庆奎与徐碧云在上海舞台再次联合上演了《骊珠梦》。

剧情：李凤姐遇朱厚照前，曾梦骊龙入房，醒而遇朱。朱既纳李凤姐为妃，李龙归而发觉，控之于镇兵，兵至围店；适江彬等来迎帝，事乃白。厚照携凤姐回京，至居庸关，凤姐见四大天王像惊悸成病。鞑靼入侵，厚照亲征，既返，凤姐病重而死，死后魂入厚照梦中叙别。

11.《万里封侯》

1930年3月16日，高庆奎在上海舞台首演《万里封侯》。高庆奎饰演班超，由李慧琴、刘永奎、杨四立、董志臣、韩文奎、殷春虎、胡玉楼配演。

剧情：汉朝大将班超，抗击匈奴，最后登台封侯。

12.《马陵道》

1930 年 12 月 27 日，《马陵道》由高庆奎、郝寿臣搭档在华乐园首演。高庆奎饰演孙膑，郝寿臣饰演庞涓，李洪春饰演郑安平，陈喜星饰演鬼谷子，慈瑞泉饰演书童，马连昆饰演墨翟，范宝亭饰演田忌。

剧情：全剧从孙膑、庞涓入山学艺开始，到孙膑辞别鬼谷子下山，包括魏王招贤、孙膑诈疯、马陵道万弩射庞涓等部分。

13.《豫让桥》

1931 年 4 月 4 日在上海首演，高庆奎饰演豫让，李慧琴饰演豫让夫人姜氏。1932 年 4 月 24 日，高庆奎在华乐戏院首演《豫让桥》，高庆奎饰演豫让，范宝亭饰演赵无邱，李洪春饰演赵襄子，李慧琴饰演豫让夫人姜氏。

剧情：讲的是春秋列国周贞定王时，豫让“漆身吞炭”的故事。晋国赵襄子被智瑶围攻，用张孟谈之计，联合助智氏之韩虎、魏驹，三家共灭智瑶。豫让因受智瑶敬重，欲刺赵襄子报仇，被赵襄子擒获，问明释放。豫让漆身吞炭，藏于桥下，仍谋行刺，又被赵襄子所擒，豫让乃求赵襄子脱衣，用剑砍衣，以报智瑶，然后自刎而死。

14.《出师表》

又名《诸葛亮头出祁山》，全剧包括《流言计》《凤鸣关》《天水关》《骂王朗》《失街亭》等。1932 年 2 月 6 日（正月初一）在华乐戏院首演，高庆奎饰演诸葛亮，郝寿臣饰演姜维，李洪春饰演赵云，扎金奎、甄洪奎配演。

剧情：诸葛亮初出祁山伐魏，赵云请为先锋，诸葛以其年老激之，赵云历叙战功，坚决前往；至凤鸣关，果力斩魏军大将韩德父子五人。诸葛亮上出师表，辞刘禅出师。用袭取安定、南安两郡故智，假作夏侯楙求援，遣赵云往袭天水；天水太守马遵中计欲行，为中郎将姜维识破，将计就计，反击败赵云。诸葛深爱姜才，乃令先攻姜母所在之冀城，诱姜维往救，再遣魏延假作姜维进攻天水，马遵果信姜反，俟姜维至，闭门不纳；姜维进退无路，投降诸葛亮。

15.《巧办花灯》

此戏是将传统戏《遇皇后》连演《打龙袍》演出，高庆奎于1932年2月21日在华乐戏院首演。“天齐庙”部分，高庆奎反串李后（老旦），郝寿臣饰演包公。演至“打龙袍”，高庆奎反串包公（铜锤），马富禄饰演李后，郝寿臣反串陈琳（丑行），王又荃饰演宋仁宗，王福山饰演灯官。

剧情：包拯陈州放粮，在天齐庙遇盲丐妇告状，历数当年宫闱秘事，包始知此妇即真宗之妃李宸妃，允代回朝辩冤。包拯回京，借元宵节，请仁宗（赵祯）观灯于午门，故以雷殛张继宝灯戏演出。赵祯问包拯，包拯答帝亦不孝。赵祯怒以为谤己，欲斩。首相王延龄求免，请老太监陈琳说破当年狸猫换太子，刘后害李后事，赵祯悟，立赦包拯，并亲迎李后还朝。李后命包拯行罚，包乃脱赵祯龙袍，打袍以代。

16.《捉放曹》

1932年4月30日在华乐戏院首演。高庆奎前饰陈宫、后饰刘备，郝寿臣饰演曹操，李洪春饰演关羽，吴彦衡饰演华雄，马连昆饰演袁绍，范宝亭饰演张飞。1933年，高庆奎还在后半部分《斩华雄》中饰演关羽。高庆奎这样前饰陈宫、后饰关羽的演法，在梨园中开了先河。

剧情：曹操逃至中牟县为官吏所获。县令陈宫敬曹忠直，私行释放，弃官同逃，路遇曹操父执吕伯奢加以款待，曹心疑，杀死吕及其全家。陈宫怨曹不仁，乘夜弃曹而去。曹操至陈留，矫诏召集各镇诸侯，起义兵共讨董卓。袁绍、袁术、公孙瓒、孙坚等十八路齐集，推袁绍为盟主，兵至汜水关，董卓部将华雄连败孙坚、鲍信，斩鲍忠、俞涉等，关羽讨令出战，袁绍轻之，曹操敬酒以示鼓励，关羽先不饮酒，出马立斩华雄。

17.《除三害》

取材于《世说新语》。高庆奎将原有《除三害》丰富首尾而成为一出生净对儿戏，宣扬弃恶从善的理念，是高派代表戏。1932 年 3 月 26 日在华乐戏院首演。高庆奎饰演王浚，郝寿臣饰演周处。

剧情：西晋时期，周鲂之子周处依仗勇力过人，欺压百姓，酗酒闹事，横行乡里。父老乡亲对其恨之入骨，将周处与当地猛虎、恶蛟并称“三害”。新任宜兴太守王浚认为周处尚可劝教，于是乔装老叟前往拜访，与周处在途中相遇，王浚佯装不识，以“三害”的说法讽喻周处。周处听后大为震惊，决心痛改前非，于是奋不顾身前往打虎、斩蛟，从此改恶从善。

18.《青梅煮酒论英雄》

1932 年 3 月 27 日在华乐戏院首演，高庆奎前饰董承、后饰刘备，郝寿臣饰演曹操，李洪春饰演关羽，李洪福前饰刘备、后饰陈登，吴彦衡饰演车胄，陈喜星饰演汉献帝，范宝亭饰演张飞，刘砚亭饰演许褚。

剧情：汉献帝（刘协）许田行围，曹操射中母鹿，百官以为帝射中，齐声拜颂；曹操俨然受贺。刘协不平，回宫暗草衣带诏付国舅董承，纠合诸侯，共同除曹，董乃与马腾、刘备、王子服等七人共立义状。刘备自与董承共立义状后，恐操疑忌。故在园种菜以示并无远志；曹操宴刘备述志，并畅论天下英雄，独以英雄许刘备，刘惊而失箸，借雷声故作胆怯，曹被瞒过。后刘自请讨袁术，计离许都。刘备破袁术后，遣回曹操派来监视之朱灵、路昭，自驻徐州。曹操怒，暗致书于守将车胄，命图刘备。车胄与陈登计议，欲于刘备回城时杀之。陈暗告关羽，关羽乃背刘备，乘夜假作张辽人马，赚车胄出城将其杀死；刘备重领徐州。

19.《挑帘裁衣》

《挑帘裁衣》是高庆奎的一出反串武生戏。1934 年 5 月 20 日在华乐戏院上演，高庆奎饰演武松，筱翠花饰演潘金莲，马富禄饰演王婆子，金仲仁饰演前部西门庆，高盛麟饰演后部西门庆，王多寿饰演武大郎。

剧情：从“武松阳谷县遇兄”演起，一直演到“血溅狮子楼”为止，包括武松打虎、金莲调情、戏叔别兄、王婆掇计、挑帘裁衣、显灵侦信、开吊杀嫂、闹狮子楼等部分。

20.《蝴蝶梦》

又名《庄子》。该剧最早由高庆奎根据秦腔翻排而成，以《古今奇观》之“庄子鼓盆成大道”为蓝本，颇多警醒世人之意。1934 年 7 月 1 日在华乐戏院首演。高庆奎饰演庄周，筱翠花饰演田氏。

剧情：庄子参悟大道，能作分身化形之术。因为与妻田氏言语不和，看破世情，遂幻病而死。庄子看田氏无限悲伤，便幻身化一楚国王孙，前往吊唁，以试田氏，谁知田氏欲纳王孙为赘夫。王孙忽得暴疾，须人脑方可疗治。田氏遂将庄子棺奋力劈破，欲取脑髓。不想庄子于棺内跌坐而起。田氏始知庄子幻术，懊恨并自缢而死。

21.《双钉记》

1934 年 5 月 5 日，高庆奎在天津北洋戏院夜场初演《双钉记》，高庆奎、筱翠花首次合作此戏，马富禄、王福山配演。

剧情：成衣匠吴能手之妻白金莲与绸商贾有礼有染，合谋以钉钉入吴首中，吴死。包拯验尸，勘破奸情，又因忏作妻进言，追查，另断出以钉杀夫案。

22.《碧尘帕》

又名《崔子弑君》《海潮珠》。1934 年 6 月 28 日，由高庆奎、筱翠花在哈尔飞戏院首演。高庆奎饰演崔杼，筱翠花饰演棠姜，马富禄饰演齐王。

剧情：齐庄公昏庸无道，见大夫崔杼之妻棠姜貌美，与其通奸。棠姜以家藏海潮珠相赠。庆封暗告崔杼，崔假装称病，为引齐庄公前来。齐庄公中计，以探病为由，私会棠姜，并与棠姜密谋毒死崔杼。崔杼暗中得知一切，号令埋伏府中伏兵杀死庄公。同时，崔杼在激愤之下，追杀棠姜。

23.《八义图》

又名全本《搜孤救孤》。这部戏是在原有《搜孤救孤》一折基础上编排而成，可以说是最早将“赵氏孤儿”故事全部搬演的京剧新戏了。1933年4月9日，高庆奎在华乐戏院首演《八义图》。高庆奎饰演程婴，郝寿臣饰演屠岸贾，李慧琴饰演庄姬公主，李洪春饰演公孙杵臼，由鲍吉祥、陈喜星、范宝亭、刘俊峰、吴富琴配演。

剧情：晋灵公夷皋荒淫无道。屠岸贾残害忠良赵盾，并将赵盾全家三百余人杀害。赵盾的儿子赵朔娶了晋灵公的妹妹庄姬公主，赵朔死时，庄姬公主有娠待产。庄姬公主入宫后，产生一子，借着宫人卜凤和门客程婴的帮助，将赵氏孤儿救出。屠岸贾进宫搜寻不得，乃揭示国内，如不献出赵氏孤儿，便将与赵氏孤儿同庚的婴孩悉数处死。程婴和公孙杵臼商议后，程婴毅然以自己的儿子假充赵氏孤儿，交给公孙杵臼抚养，而他则向屠岸贾出首，诉告公孙杵臼隐匿赵氏孤儿。屠岸贾果然不察，将公孙杵臼和假的赵氏孤儿处死，同时应程婴的请求，将赵氏孤儿当作程婴的儿子认为义子。15年后，赵氏孤儿长成，程婴将赵家的悲剧以讲说故事的方式告诉了赵氏孤儿，同时得到老臣魏绛的帮助，终于由赵氏孤儿手刃了屠岸贾，报却沉冤。

24.《史可法》

取材于《明史》，全称为《史可法殉国记》。1932年7月2日，高庆奎在华乐戏院首演《史可法》。高庆奎饰演史可法，郝寿臣饰演多铎，李洪春饰演左良玉。这部新戏被认为是进步剧目中的代表作。

剧情：清军入关后，南明史可法辅佐福王，督师扬州。多尔衮攻至扬州后，书信劝降史可法，受到严词拒之。最终，清兵攻破城，史可法召集军民拼力守城，城破不屈而死。

25.《战睢阳》

又名《睢阳城》《张巡战睢阳》。1932年9月11日，高庆奎在华乐戏院首演《战睢阳》。高庆奎饰演张

《掘地见母》，高庆奎（左三）反串武姜

高庆奎《普天乐》剧照登上《北平半月剧刊》

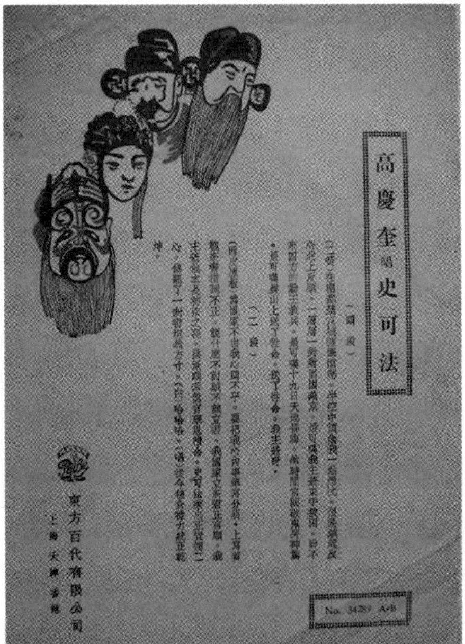

《史可法》唱片附带戏词

巡，李洪春饰演南霁云，李洪福饰演雷万春，范宝亭饰演许远，马连昆饰演尹子奇，王福山饰演贺兰进明，朱玉康饰演张镐。

剧情：唐代李隆基时期，张巡、许远镇守睢阳，其部将有南霁云、雷万春二人。安禄山反叛作乱，张巡、许远命南霁云到贺兰进明处借粮乞师。谁知贺兰进明不但按兵不动还寸粮不发，南霁云愤怒至极，咬指而归。安禄山叛军围住睢阳城，城内弹尽粮绝。张巡带头杀死爱妾，许远烹其家户，用来给士兵充饥。守军深受感动，均无叛志，誓死守卫睢阳城。直到城内瘟疫爆发，救兵不到，守军无力抵抗的时候，睢阳城才被叛军攻破。而张巡捐躯后，变为厉鬼申斥安禄山叛军。

26.《煤山恨》

1932 年 10 月 30 日，高庆奎在华乐戏院首演《煤山恨》。高庆奎饰演崇祯，郝寿臣饰演多尔衮，李慧琴饰演皇后，范宝亭饰演李闯王，李洪春饰演王承恩，吴彦衡饰演李国桢，芙蓉草饰演皇娘。

剧情：闯王围攻京城，李国桢出战屡败，请思宗朱由检出奔，朱由检不从。闻报太监杜勋等献彰仪门，由检持剑入宫，逼周后自杀，并断公主左臂，展观铁冠道人所进图，有所会意。往煤山，哭诉祖先，自缢而死。

27.《赠绨袍》

1933 年 12 月 10 日在华乐戏院首演，是高派代表剧目。高庆奎饰演范睢，李春恒饰演须贾，范宝亭饰演魏齐，马连昆饰演大中军，陈喜星饰演邹衍，鲍吉祥饰演王稽。

剧情：魏相魏齐遣门客须贾及范睢出使齐国，齐相邹衍敬重范睢，须贾嫉妒。回国后须贾诬范私通齐国，魏怒而鞭打范睢，范死而复苏，秦使王稽携范归秦，化名张禄，拜相。后须贾使秦，范睢故扮贫窭状往见须贾，须贾因天寒赠予绨袍一件，范伴须贾往谒秦相，及见，始知即范睢，大惊请罪，范睢念其尚有故旧之情，赦之不死，却于宴使臣时，使食草料以辱之，驱其回国献魏齐之首报仇。

28.《杨椒山》

又名《杨椒山弹劾严嵩》。1934年4月29日首演于北京华乐戏院。高庆奎饰演杨椒山，李慧琴饰演杨夫人，李春恒饰演严嵩，李洪春饰演何吉杨，范宝亭饰演严世蕃，慈瑞泉饰演狄道知县，王福山饰演邬懋卿，郭春山饰演狱卒。

剧情:《杨椒山》演绎的是明代嘉靖年间名臣杨继盛（杨椒山）的事迹。杨椒山因弹劾权奸严嵩父子“五奸十罪”，触怒严嵩。严嵩奏请嘉靖拿杨下狱，并指使邬懋卿酷刑残害，并诬杨椒山有通敌的莫须有罪名。杨椒山坚贞不屈，在京都菜市口慷慨就义。

29.《浔阳楼》

又名《宋十回》，完全按照《水浒》原文编排。《浔阳楼》最初为梆子戏，京剧全本《浔阳楼》，高庆奎是首演第一人。1919年12月23日，高庆奎在丹桂第一台首演全部《浔阳楼》，饰演宋江。1924年10月12日，全部《浔阳楼》于中和园首演，高庆奎饰演宋江，黄润卿饰演阎惜姣，侯喜瑞饰演李逵，周瑞安饰演花逢春，张鸣才饰演戴宗，王长林饰演张文远。数月后，杨小楼在《浔阳楼》中饰演配角总兵王殿元，更为《浔阳楼》提升名望。

剧情：高之浔阳楼，一以水浒为蓝本，而缀锦联华、生发无限，由首至尾，通场饰宋江。包括坐楼杀惜外，连演题诗、装疯、吃屎等数十场。

30.《平陆浑》

1924年10月19日，高庆奎在中和园上演新戏《平陆浑》。高庆奎饰演楚庄王，周瑞安饰演唐狡。

剧情：陆国国王陆浑侵犯楚国边境，楚庄王率兵亲征；陆浑不敌，遂设计诈降，请楚庄王赴会，暗中放火，并计划设伏兵谋杀楚庄王。楚庄王早有准备，陆浑计谋被识破，楚庄王帐下公子侧、熊负羁保之突围。突围成功后，楚庄王得潘鹰接应，设计诱陆浑劫营。楚庄王暗中设置伏兵迎敌，擒获陆浑弟妹，陆浑降服。

《赠绨袍》，高庆奎（右）饰范雎，李春恒饰须贾

高庆奎主演《杨椒山弹劾严嵩》宣传页

《浔阳楼》，高庆奎（右）饰宋江，张鸣才饰戴宗

31.《哭秦庭》

1924年11月16日，高庆奎在中和园首演《哭秦庭》。1926年4月8日在上海大新舞台上演改编版。高庆奎饰演申包胥，白玉昆饰演伍子胥，荀慧生饰演伯嬴，赵鸿林饰演子浦，魏德奎饰演姬光，王芸芳饰演季芈，马富禄饰演樵夫，张鸣才饰演隋王，金仲仁饰演楚昭王。

剧情：春秋时，楚人伍子胥率吴国军队攻入楚国郢都，楚国大夫申包胥来到秦国求救。秦国最初没有答应出兵，申包胥在秦庭不吃不喝哭了整整七天七夜。秦哀公被他的忠诚打动，终于答应派兵救援。

32.《重耳走国》

1924年11月23日，高庆奎在中和园首演《重耳走国》。高庆奎饰演重耳，王幼卿饰演齐姜，张鸣才饰演齐桓公，侯喜瑞饰演魏犨，李寿山、鲍吉祥、王长林、诸茹香、蒋少奎、刘景然、金仲仁、王连浦配演。

剧情：晋献公昏庸，受骊姬蛊惑，杀死长子后，又派人绞杀二公子重耳，不想被狐毛挡住。朝中众臣跟随重耳逃奔齐国，谁想重耳沉迷齐国。齐姜苦劝重耳不成，将其灌醉，安顿车上，一同投奔宋国。

33.《割麦装神》

1924年12月7日，高庆奎在中和园首演《割麦装神》。高庆奎饰演孔明，侯喜瑞饰演司马懿，张鸣才、王长林、范宝亭、李妙兰等配演。

剧情：蜀汉诸葛武侯伐魏。魏司马懿令张合为先锋，与武侯决胜负。武侯营中乏粮，其时陇上麦熟，欲割麦以资军用，为司马懿所识破，防备周密。武侯运用遁甲法，唤姜维、魏延、马岱，与武侯同样装束，军士俱披发仗剑，分四路而出，魏兵追赶不及。司马懿不知是人是鬼，惊疑不定，奔入上邽城，闭门不出。所有麦田，已为蜀兵割尽，运往卤城打晒。

34.《乱楚宫》

1924年12月21日，高庆奎在中和园首演《乱楚宫》。高庆奎饰演伍奢。

剧情：战国时，楚王昏庸无道，强纳子妻，娶秦女孟嬴，以齐女马昭仪许婚太子建，并令他出镇城父。奸臣费无极与太子素日有仇，诬告太子与大臣伍奢有谋叛之意。平王先召伍奢讯问，伍奢直言相劝，平王怒而囚禁伍奢。平王同时强迫伍奢撰写书信，将两子从边关诓回朝内，并将伍奢父子及满门斩首。其间，伍子胥识破书信计谋，连夜逃走。

35. 全部《打渔杀家》

又名《庆顶珠》。全部《打渔杀家》是高庆奎和荀慧生排演的第一出本戏。1926 年 3 月 1 日在大新舞台首演。高庆奎饰演萧恩，荀慧生饰演萧桂英，白玉昆饰演卢俊义，赵宏林饰演华逢春，马富禄饰演教师爷，王连浦饰演倪荣。重组玉华社后，高庆奎与筱翠花再次排演了这出戏。1926 年 9 月 1 日，高庆奎在华乐戏院重排上演全部《打渔杀家》。高庆奎饰演萧恩，筱翠花饰演萧桂英，孙毓堃饰演华逢春，张鸣才饰演李俊，马连昆饰演倪荣，王长林饰演教师爷。

剧情：从萧恩父女打鱼演起，至讨渔税银子打教师，获宝顶珠杀丁府，避祸潜逃萧恩被擒，桂英投奔倪家，私行探监至华逢春劫法场，华萧两家结亲。

36.《新甘露寺》

《新甘露寺》是高庆奎、荀慧生在大新舞台合作排演的第二出本戏。1926 年 3 月 3 日，大新舞台夜戏首演《新甘露寺》。高庆奎饰演刘备，荀慧生饰演孙尚香，白玉昆前饰乔玄、后饰张飞，赵鸿林饰演赵云，刘永奎饰演诸葛亮，孟春帆饰演鲁肃，金仲仁饰演周瑜，王连浦饰演孙权，魏德奎、张鸣才配演。

剧情：全剧从“张文远校场操军，取合肥孙曹交战”演起，一直演到“猛张飞大展阳风，芦花荡气煞周瑜”为止，融合了京朝派和海派风格。

37.《新金水桥》

又名《秦英独闯锁阳关》。该剧

以传统剧目《金水桥》《锁阳关》为根据，增加头尾，丰富剧情，发展成一出整本大戏。1926 年 3 月 18 日在大新舞台首演。荀慧生饰演银屏公主，高庆奎饰演李世民，白玉昆饰演程咬金，王芸芳饰演詹妃，赵鸿林饰演秦英。

剧情：唐朝秦叔宝之孙秦英在金水桥玩耍钓鱼，恰逢詹太师下朝鸣锣开道惊跑了上钩鲤鱼，秦英一怒之下打死了太师，太师之女詹妃击鼓鸣冤要求皇帝做主，恰逢秦英的父亲——驸马公秦怀玉奉旨征西，银屏公主没有了主意，绑子上殿。在公主、皇后与皇帝、詹妃的争议、劝说之后，皇帝权衡再三没有斩杀秦英，让其戴罪立功。

38.《新珠帘寨》

《新珠帘寨》是高庆奎、荀慧生在大新舞台合作排演的一出本戏。1926 年 3 月 31 日晚在大新舞台首演。高庆奎饰演李克用，荀慧生饰演二皇娘，白玉昆饰演黄巢，张鸣才饰演程敬思，赵鸿林饰演周德威，王芸芳饰演大皇娘，高秋颦等配演。

剧情：《新珠帘寨》从唐僖宗开科取士，黄巢赴考被逐，聚义太行山演起，中间连演李克用得胜班师，五凤楼摔段贬职，程敬思保救功臣，沙陀路上收双美，黄巢祥梅寺造反，勇朱直大战潼关，解童谣敬思解宝，沙陀路自缢被救。随后便是旧本《珠帘寨》原剧，一直演到二皇娘发兵兴唐，老军独战收威止。

39.《雪艳女》

1926 年 4 月 17 日在大新舞台首演。荀慧生饰演前、后部雪艳，高庆奎前饰莫怀古、后饰陆炳，白玉昆饰演戚继光，王芸芳饰演中部雪艳，金少山饰演严世蕃，孟春帆饰演莫怀古，马富禄饰演汤勤，李庆棠饰演嘉靖帝，魏德奎饰演严嵩，毕小楼饰演都司。

剧情：前部主要情节是戚继光征战柯密，莫怀古妓院救雪艳，雪地救汤勤，钱塘登船起歹意，煽动世蕃锁玉杯等。随后中部、后部是丰富加工的《一捧雪》和《审头刺汤》。

40.《新玉堂春》

1926年2月20日首演于大新舞台。荀慧生饰演玉堂春，高庆奎饰演刘秉义，刘汉臣饰演潘必正，金仲仁饰演王金龙，马富禄前饰沈延林、后饰崇公道。

剧情：从王公子嫖院开始演起，包括关王庙聚会、苏三嫁沈洪、皮氏毒亲夫、苏三女起解、三堂大会审、王公子探监、装疯团圆等情节。

《哭秦庭》高庆奎秘本戏本封面

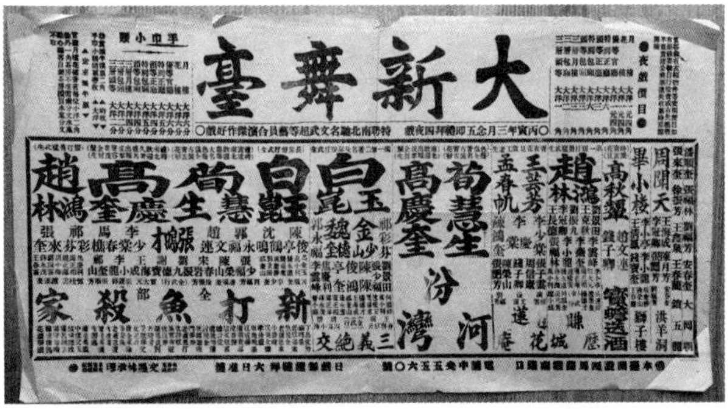

高庆奎主演《新打渔杀家》1926 年 5 月 6 日戏单

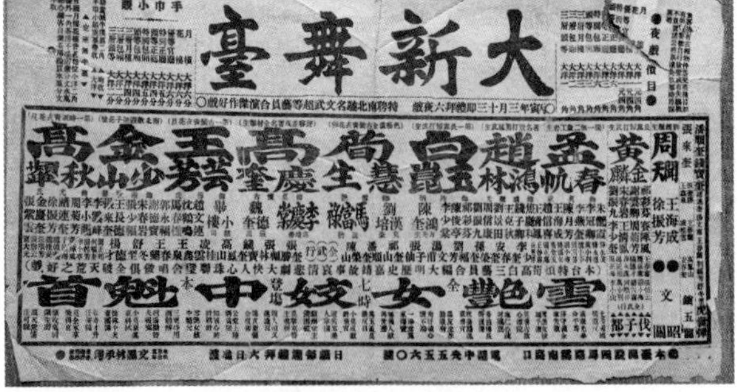

高庆奎主演《雪艳女》1926 年 4 月 24 日戏单

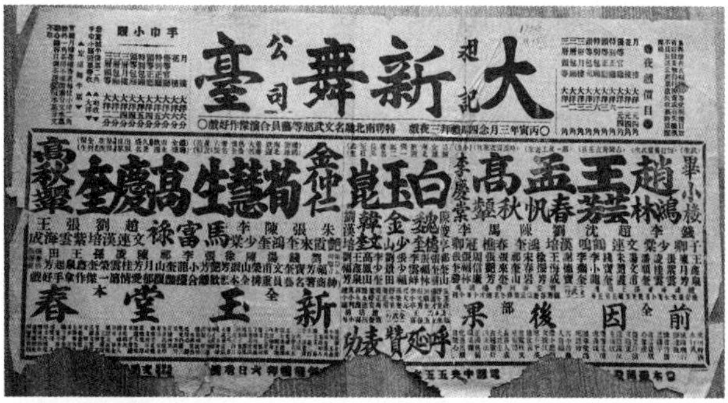

全部《新玉堂春》1926 年 5 月 5 日戏单

《重耳走国》，高庆奎（右）饰重耳，王幼卿饰齐姜

《珠帘寨》，高庆奎饰李克用

后 记

高派艺缘 天意铸分

多年前，我编著了一本文集《高韵和鸣：京剧艺术家李和曾》，对李和曾风格的高派有了系统的了解。在此之前，2012 年 9 月 3 日，我曾到银川采访过高庆奎之幼子高韵笙，从那时起，我才从高老师的口中得知更多有关高庆奎的艺术风格和逸事，而“搭桥”的人就是高韵笙老师的长子高伟强。如今他又将我和他的儿子高剑秋“连线”，共同编辑了这本《高庆奎评传》，这便是我和高派、高家人的缘分。

高庆奎的艺术风格是京剧张二奎体系的传承，属于京派。但他在学习刘鸿声的艺术韵味的基础上又融合了谭鑫培的艺术特色，更主要的是他将这些源流的神韵化为了自己的风格，形成了高派。他在继承传统剧目的同时，又根据时代的发展和观众对艺术发展的需求，和剧作者一起创作并演出了大量弘扬正气的新编戏。这些戏既带有时代色彩及思想性，又不失艺术性，并在这本书中得到了完整的收集和记载，其工程的浩大和辛劳也就可想而知了。

高庆奎的艺术从最初他确定“三不争”原则开始，就受到了内外行的赞誉。所谓的“三不争”即不争主角配角，不争戏码前后，不争戏份多少。正是因为这个“三不争”原则，在梅兰芳赴日本演出期间，人员的设置和剧目的安排上都有“高庆奎”的名字。

高庆奎不仅专攻老生行当，他还常常演出花脸戏和老旦戏，并且将这些戏的艺术美化用到本工之上。如《逍遥津》中汉献帝一句“父子们在宫院伤心落泪”就是由龚云甫在《游六殿》中的“刘清提站都城兢兢战抖”

变化而来。

高庆奎的资料几十年来散落各地，收集起来并不容易。这些资料被找到并囊括在《高庆奎评传》这本书中，这都是他的曾孙高剑秋的功劳。对大量的文字、剧照、生活照和戏单的整理，需要耐心细致的劳作。而这些史料证明了京剧史上发生的各种大小事情。我就曾看见一张 1934 年 5 月在我家举办庆寿的堂会戏单，上面都是顶级的京剧名家，高庆奎就在其中，当天演出的戏是《珠帘寨》。

在当代大谈余叔岩、周信芳、马连良、杨宝森时，切不可忘记传正音、颂国魂的高庆奎。我在与高剑秋完成《高庆奎评传》时，许多与高派、高家研习和交往的画面浮现于眼前，特别是本书的序，又是高韵笙老师生前所撰，对我寄予了希望。

看来，我与高派和高家人的缘分，乃是“天意”！

封杰

2023 年 11 月 25 日

于竟成轩

图书在版编目（CIP）数据

高庆奎评传 / 封杰，高剑秋著. —北京：中国工人出版社，2023.11
ISBN 978-7-5008-8141-4

Ⅰ. ①高… Ⅱ. ①封… ②高… Ⅲ. ①高庆奎（1890–1942）– 评传 Ⅳ. ①K825.78

中国国家版本馆CIP数据核字（2023）第227877号

高庆奎评传

出 版 人	董 宽
责任编辑	孟 阳
责任校对	张 彦
责任印制	栾征宇
出版发行	中国工人出版社
地 址	北京市东城区鼓楼外大街45号 邮编：100120
网 址	http://www.wp-china.com
电 话	（010）62005043（总编室）
	（010）62005039（印制管理中心）
	（010）62046408（职工教育分社）
发行热线	（010）82029051 62383056
经 销	各地书店
印 刷	天津中印联印务有限公司
开 本	710毫米×1000毫米 1/16
印 张	18.5
字 数	245千字
版 次	2024年1月第1版 2024年1月第1次印刷
定 价	68.00元

本书如有破损、缺页、装订错误，请与本社印制管理中心联系更换